Prof. Dr. med. Bruno Müller-Oerlinghausen
Gabriele Mariell Kiebgis

Berührung

Prof. Dr. med. Bruno Müller-Oerlinghausen
Gabriele Mariell Kiebgis

Berührung

Warum wir sie brauchen
und wie sie uns heilt

ullstein leben

Ullstein leben ist ein Verlag der Ullstein Buchverlage GmbH

ISBN 978-3-96366-006-1

3. Auflage 2021

Lektorat: Gudrun Jänisch
Umschlaggestaltung: zero-media.net, München
Innenillustration: freepik.com
Satz: Keller & Keller GbR
Gesetzt aus der Minion
Druck und Bindearbeiten:
CPI books GmbH, Leck
Printed in Germany

Inhalt

Vorwort

»Die Haut vergisst nichts« – eigentlich nur ein Spruch der Hautärzte – oder? Was aber wäre, wenn die Haut tatsächlich eine Art Intelligenz hätte, die nicht nur ein Zuviel an UV-Strahlung, sondern auch die positiven Wirkungen alltäglicher oder therapeutischer Berührung speichert, bearbeitet und an unser Gehirn weiterleiten würde, als elementare Bedingung für unser seelisches und körperliches Wohlbefinden?

Die Haut als unser ältestes und größtes Sinnesorgan vermittelt die vielfältigen Qualitäten jeder Art von Berührung inklusive des damit verbundenen Wohlgefühls. Sie vermittelt unser Ich-Bewusstsein. Können Sie sich vorstellen, dass unsere Haut auch dafür verantwortlich sein kann, dass wir den zu uns passenden Partner oder die richtige Partnerin finden? Besitzt die Haut, die uns umhüllt und unsere Grenze von außen und innen verkörpert, tatsächlich eine Art Gehirn wie z. B. auch unsere innere Haut – der Darm? Können wir uns dieser Intelligenz bedienen, um glücklicher und gesünder zu sein? Diese Fragen werden wir ausführlich beantworten. Wir laden Sie ein zu einer Reise in die Welt der Berührung. Sie werden etwas über Ihr eigenes, vielleicht bislang gar nicht bewusstes Grundbedürfnis nach Berührung erfahren. Studien haben gezeigt, dass die moderne gesellschaftliche Berührungsarmut krank macht. In der digitalisierten Welt streicheln wir wohl täglich unser Smartphone häufiger als unseren Partner oder unsere Partnerin.[1] Sollten wir uns weiterhin in Richtung einer »Fass-mich-nicht-an«-Gesellschaft entwickeln, werden wir zukünftig mehr und mehr Depressive, Spür-Autisten und Fühl-Betäubte um uns herum haben. Und die Sprache der Berührung haben wir irgendwann ganz vergessen. Bald wird dann auch der Tag kommen, an dem wir uns nicht mehr die Hand zur Begrüßung geben, vielleicht uns nur gegenseitig mit dem Smartphone eine standardisierte Berührungsformel senden, und unser Liebesleben wird in der neuen Cyberwelt digitalisierbaren Optimierungsformeln folgen. New brave world! Ob wir uns darin wohlfühlen werden?

Wir zeigen Ihnen, warum Körperkontakt durch Berührung lebensnotwendig ist, wie er in heilender Absicht schon immer genutzt wurde und auch heute noch genutzt werden kann. Wir können mit alltäglicher oder professioneller Berührung der drohenden physischen und psychischen Überbelastung entgegentreten. Sie ist eine Grundlage, um mit anderen Menschen auf natürliche Weise zu kommunizieren. Der große Naturforscher Charles Darwin soll gemeint haben, dass auch Pflanzen sich miteinander durch gegenseitige Berührung unterhalten.[2]

Sie erfahren, wie die Intelligenz Ihrer Haut funktioniert und wie Sie dieses vielfältige Kommunikationsorgan für sich nutzen können. Sie werden damit nicht nur zufriedener und kreativer, wissenschaftlich ausgedrückt mit einem besseren Kohärenzgefühl leben, auch Ihre Mitmenschen werden sich in Ihrer Gegenwart wohler fühlen.

Dieses Buch ist kein Kompendium über verschiedene Massagetechniken und auch kein Glücks-Ratgeber. Das große Thema Berührung vermitteln wir Ihnen auf der Grundlage unserer beruflichen Erfahrungen und mit Beispielen aus der Wissenschaft. Wir laden Sie zu einfachen Übungen ein, die Ihnen helfen, Ihre körperliche Selbstwahrnehmung zu verfeinern und Sie für passive und aktive Berührung empfänglich zu machen. Wir gehen auch auf Spielarten von Berührung im sinnlich-erotischen Kontext ein und zeigen, wie die Entwicklung erotisch-sexueller Energie Ihr Leben und das Ihres Partners oder Ihrer Partnerin farbiger und interessanter machen kann.

Wir gehen schließlich der Frage nach: Kann professionelle Berührung nicht nur bei Rückenschmerzen, sondern auch bei seelischen Störungen heilsam sein? Schon an dieser Stelle beantworten wir diese Frage mit einem ausdrücklichen Ja! Nicht nur weil inzwischen Forschungsergebnisse aus vielen Ländern darauf klare Antworten geben, sondern auch weil wir selber uns seit Jahrzehnten mit den körperlichen und psychischen Wirkungen professioneller Berührung praktisch und wissenschaftlich beschäftigen und sie auch selbst erfahren haben.

Kommen Sie mit auf eine Reise, die unter die Haut geht!

Berlin/Kressbronn am Bodensee, im April 2018

Prof. Dr. med. Bruno Müller-Oerlinghausen
Gabriele Mariell Kiebgis

Einführung

Der Mensch ist nichts
als ein Bündel von Beziehungen.

Antoine de Saint-Exupéry

Berührung – Kommunikation, die unter die Haut geht

Der Mensch lebt und definiert sich im Bezug zum anderen, sei er Mensch oder Gott. Seine Grundposition ist exzentrisch, und diese Sicht der menschlichen Existenz bedeutet: Ich bin erst Mensch, wenn ich Du denken und sagen, also kommunizieren kann. Kommunikation zwischen Menschen geht in unserer Kultur vor allem über das Wort. Aber die ältere und immer noch elementare Kommunikationsform ist nicht nur im Tierreich, sondern auch beim Menschen die körperliche Berührung. Berührung umfasst ein breites Spektrum: vom Handschlag zwischen Chef und Mitarbeiter bis zum unendlich langen Kuss zweier Verliebter, vom gemeinschaftlichen Raufen und Kräftemessen, wie es unter Männern auf dem Lande noch üblich ist, bis zur modernen Kuschelparty. Am meisten berühren wir kommunizierend mit unseren Händen. Hier befinden sich unzählige Tastrezeptoren, die sensorische Höchstleistungen vollbringen. Haben Sie schon einmal darüber nachgedacht, was wir so alles bewusst oder unbewusst am Tag berühren und wer uns berührt? Die Haut ist gesellig, sie will aktiv sein und das heißt: Berühren und berühren lassen, auch bis in die Seele hinein.

Kleiner sprachlicher Exkurs: Das Wort »begreifen« zeigt in seinen vielen Abwandlungen deutlich, wie wichtig die Funktion unserer Hände für das Begreifen, das »Erfassen« unserer Welt ist. Erhellend ist in diesem Kontext die Bildlichkeit unserer Sprache, wenn wir z. B. sagen, dass uns ein Vorkommnis oder ein Gedanke besonders ergriffen hat, oder wenn wir von einem begriffsstutzigen Menschen sprechen. Wenn wir jemanden fragen: »Hast du das kapiert?«, nehmen wir ebenfalls Bezug auf ein altes lateinisches Wort, das ursprünglich »fassen, ergreifen« bedeutete. Auch das Wort »berühren« hat nicht nur die Bedeutung des Betastens, sondern auch des seelischen Anrührens. Einen ähnlich weiten Bedeutungshorizont hat auch das englische Wort »to touch«: Es kann sowohl das Berühren eines Gegenstandes oder einer Person meinen, aber es kann auch im Sinne von »zu Tränen rühren« gebraucht werden. Zusätzlich hat es die Bedeutung, in Kontakt mit jemandem zu kommen, was nicht körperlich gemeint ist: »To get into touch with somebody«. Und noch ein sprachlicher Hinweis: Im Hebräischen soll das Wort für gut = thôhb eigentlich »sanft berühren« bedeuten.

Berührung im Alltag

Jeden Tag könnten wir ein ganzes Heft füllen mit dem, was wir von morgens sieben bis nachts um 24:00 Uhr an Berührungen erlebt haben. Zweifelsohne werden wir feststellen, dass wir sehr viel mehr berührt haben, als dass wir berührt wurden.

In den Erzählungen von Maria und Noah, die uns in diesem Buch begleiten, sind viele unserer konkreten Erlebnisse mit Patienten und Klienten eingegangen. Maria, die gerade 32 Jahre wurde, arbeitet als Bibliothekarin in einer großen Gedenkbibliothek. Die geregelte Arbeitszeit lässt ihr Zeit, den gemeinsamen Haushalt zu organisieren. Sie kocht gerne und probiert sich in neuen Gerichten aus. Noah ist nur wenig älter und Assistenzarzt in einer psychiatrischen Universitätsklinik. Dort setzt er sich intensiv für die Einführung einer wissenschaftlich fundierten Spezialambulanz für Körpertherapie ein. 12 Stunden und mehr Klinikalltag und Schichtdienst am Wochenende sind die Regel. Seit Monaten beschäftigte er sich, meist noch bis spät in die Nacht, mit seinem Konzept, das er der Klinikleitung vorschlagen wird. Beobachten wir einen normalen Arbeitsalltag von Noah:

> *Am Morgen berührt er seinen Wecker, den er ausschaltet, die Seife, die Zahnbürste, seine Kleidungsstücke, die Teetasse, den Hausschlüssel, das Autolenkrad, den Brief, den er noch zur Post bringt. Bis dahin hat er noch keinen Menschen berührt und wurde auch nicht durch einen Menschen berührt. Vielleicht hatte er Glück und Maria war schon auf und schenkte ihm zum Abschied an der Haustür ein Küsschen. In der Klinik angekommen, nickt er allen freundlich zu, gibt seiner Sekretärin vielleicht die Hand. Bei seinen Patienten vermeidet er wegen der derzeitigen Grippesaison die Begrüßung mit Handschlag, oder er desinfiziert seine Hände, wenn es nicht zu vermeiden war. Am frühen Nachmittag macht er mit seinen Studierenden, die keine Ahnung haben, ein Experiment: Im Seminarraum gibt es gut gepolsterte und nicht gepolsterte Stühle. Er nummeriert sie, ohne dass es für andere zu sehen ist. Die Studierenden setzen sich zufällig verteilt auf die einen oder anderen Stühle. Ihnen wird ein moralisch etwas schwieriger Fall vorgestellt. Noah bittet die Teilnehmer, das Verhalten der beteiligten Akteure*

kritisch zu bewerten. Das Ergebnis entspricht einer wissenschaftlichen Studie aus den USA[1]: Diejenigen, die hart gesessen hatten, beurteilten die jeweilige Handlungsweise härter und verständnisloser als ihre Kommilitonen auf den Polsterstühlen.

Tag für Tag spielen Berührungen und ihre Auswirkungen auf Gefühle und Entscheidungen eine Rolle. Dabei ist es egal, ob wir sie bewusst oder unbewusst wahrnehmen.

Nach dem Seminar geht Noah noch zu einem befreundeten Arzt. Ihn quälen seit kurzer Zeit stärkere Bauchschmerzen, und da er in einigen Tagen nach New York reisen wird, ist er etwas besorgt. Sein Kollege sitzt nach einer kurzen Begrüßung hinter seinem PC und fragt zuerst, ob schon einmal eine Darmspiegelung durchgeführt wurde. Noah verneint. Bevor ihn der Arzt zur Durchführung dieser Untersuchung anmahnt, beginnt er mit Noah gemeinsam über verschiedene Möglichkeiten als Ursache für seine Schmerzen zu diskutieren. »Vermutlich sind es entzündete Divertikel. Kann man da irgendetwas tun? Vielleicht die Ernährung ändern?« Sein Kollege antwortet: »Nein, eigentlich nicht.« Es entsteht ein kurzes Schweigen, dann sagt er: »Also, geholfen habe ich Ihnen eigentlich nicht«. »Stimmt«, erwidert Noah.

Der Arzt steht auf und meint: »Also, dann machen Sie sich mal frei und legen sich auf die Liege, ich werde Sie untersuchen.« »Endlich«, denkt Noah. 15 Minuten waren schon vergangen, bis er nun endlich die erfahrenen Hände seines Kollegen auf seinem Bauch spürt. Darauf hatte Noah gewartet, denn für ihn hat »behandeln« etwas mit den Händen zu tun. Der Tastbefund war in Ordnung, und Noah ver-

lässt ohne Diagnose die Praxis und ist beruhigt. Der Reise nach New York steht nichts mehr im Wege.

Anschließend trifft er in einem Café einen Freund, mit dem er sich angeregt unterhält. Die Serviererin ist freundlich, und Noah lächelt sie an. Als er später seine Rechnung bei ihr begleicht, sagt sie: »Danke, und kommen Sie mal wieder«, dabei berührt sie ihn ganz leicht an seiner Schulter. Noah fühlt sich plötzlich rundum wohl.

Die Serviererin hat am Monatsende mit diesem Verhalten den Kunden gegenüber mehr Trinkgeld in der Tasche als andere, die ihre Kunden nicht berühren. Man hat dieses Phänomen auch den *Midas-Effekt* genannt, nach dem König aus der griechischen Sagenwelt, der alles, was er berührte, zu Gold machen konnte[2]. Diese erstaunlichen Wirkungen von oft ganz zufällig wirkenden Berührungen zwischen zwei Menschen sind inzwischen wissenschaftlich untersucht worden[3,4]. Kunden in einem Warenhaus sind z. B. eher geneigt, an einer Befragung oder Verkostung teilzunehmen, wenn sie zuvor ganz unauffällig leicht berührt wurden. Auch Busfahrer waren in einer Studie eher bereit, einem Passagier eine Freifahrt zu gewähren, wenn sie von diesem im Gespräch leicht z. B. am Unterarm oder an der Schulter angetippt wurden.

Die Wissenschaftler haben auch herausgefunden, dass die meisten Menschen sechs verschiedene Gefühle aus einer Berührung heraus fühlen können, und zwar mit beachtlicher Genauigkeit: Sympathie, Dankbarkeit, Liebe, Ärger, Furcht und Widerwillen[5,6].

Die Forschung hat sich auch mit den positiven Effekten gegenseitiger Berührung bei Paaren beschäftigt. Ein Klassiker unter den Berührungs-Wissenschaftlern hat postuliert, *Berührung und Liebe seien untrennbar!*[7].

Die leichte Berührung eines Mannes durch eine junge Frau (sie ist eine Komplizin des Experimentators) in einer französischen Bar führt dazu, dass der Mann verstärktes Interesse an ihr zeigt. Er ist z. B. zu einer kleinen Hilfeleistung bereit oder bittet sie um ihre Telefonnummer[8]. Umgekehrt macht die leichte Berührung des Unterarms einer Frau durch einen dazu heimlich eingeschleusten jungen Mann in der Bar sie eher geneigt, ihm später ihre Telefonnummer zu geben oder mit ihm einen Slowfox zu tanzen[9]. Werden Studenten und Studentinnen, die derzeit sich im Zustand romantischer Liebe (das ist eine der wissenschaftlichen Klassifikationen für Zustände der Liebe)[10] befinden, befragt, was für sie der wichtigste Faktor für die Aufrechterhaltung ihrer romantischen Verbindung ist, so werden sie an erster Stelle körperliche Berührung, gegenseitige Massagen u.ä nennen[11]. Welche Bedeutung und Wirkung hat das Händchenhalten? Dazu haben amerikanische Forscher 16 verheiratete Frauen in einem Hirnscanner (MRT) untersucht und genau gemessen, wie sich die Hirnaktivität verändert, wenn vor einer stressbeladenen Situation, der sie ausgesetzt wurden, jeweils der zugehörige Mann ihre Hand hielt: Die Stressreaktionen waren vermindert und zwar deutlich mehr, als wenn eine fremde Person ihre Hand hielt[12]. Auch in einer späteren Studie einer amerikanischen Psychologin zeigte sich: Wurden Paare über vier Wochen speziell ermuntert, sich gegenseitig zu berühren, waren anschließend ihre Laborwerte, die Stressbelastung anzeigen, niedriger als bei Paaren, denen keine solche Instruktion gegeben wurde[13]. Wenn Paare nebeneinander gehen, geraten sie bald in eine synchrone Schrittfolge. Dieses Verhalten, das wir ja öfters im Freien beobachten können, scheint besonders schnell einzutreten, wenn sie sich an der Hand halten, egal ob sie sich schon länger kennen oder nicht[14]. In einer ganz neuen Studie aus den USA konnte mit aufwendiger Methodik gezeigt werden, dass *Sich-gegenseitig-an-der-Hand-halten* einen experimentell erzeugten Schmerz reduzieren kann und dass sich die Hirnstromaktivitäten der beiden Partner dabei quasi synchronisieren[15].

Als Noah nach Hause kommt, steht Maria schon erwartungsvoll an der Tür. Sie trägt ein Kleid, das ihrer Figur sehr schmeichelt. Sie hält einen Kochlöffel in die Luft: »Ich habe für uns gekocht, etwas, das du sehr, sehr gerne magst.« Noah freut sich und umarmt sie und lässt sich, mit Kochlöffel, von ihr umarmen.

Das erwartet Sie – ein Kurzführer durch das Buch

Sind Sie neugierig geworden und wollen Sie mehr erfahren über die Geheimnisse der Berührung und des Körperkontakts? Damit Sie sich in diesem Buch möglichst schnell zurechtfinden, skizzieren wir Ihnen nachfolgend, worum es in den folgenden Kapiteln gehen wird. Wie Sie gelesen haben, werden uns Maria und Noah dabei begleiten.

Zu Beginn zeigen wir Ihnen an sehr konkreten Beispielen, welche Lebenskraft Berührung für uns alle darstellt. Erst vor einigen Jahrzehnten ist die Bedeutung des körperlichen Erlebens und seiner Verbindung mit seelischen Vorgängen zum Beispiel von Wilhelm Reich wiederentdeckt worden. Wir sprechen den Zusammenhang zwischen gesellschaftlicher und individueller Berührungs-Armut und seelischen Verkümmerungen an und stellen Beispiele für den positiven Effekt von Berührung dagegen.

Im darauf folgenden Abschnitt werden gewichtige Themen wie der Zusammenhang von Körper, Geist und Seele berührt.

Damit betreten wir sowohl die neurophysiologische wie auch die philosophische und psychologische Ebene. Wir stellen uns die Frage, wie wir überhaupt zu unserem Selbst kommen und warum dies immer auch Körper-Ich bedeutet. Wir erklären das Kohärenzgefühl und die Resilienz und erörtern, was eigentlich einen glücklichen, harmonischen, lebendigen Menschen ausmacht.

Das Kapitel über den Tastsinn und unser Haut-Gehirn widmet sich aus einer primär biologischen Perspektive dem Medium der Berührung, also der Haut, unserem ältesten, größten und wichtigsten Sinnesorgan. Wie funktioniert der Informationsfluss zwischen Haut und Gehirn? Heilsame Berührung geht über die Haut, die aus unserer Sicht über eine *spezifische Intelligenz* verfügt. Sie erfahren faszinierende wissenschaftliche Befunde zur biologischen Grundlage unseres Wohlgefühls.

Nach diesen einleitenden Erörterungen befassen wir uns in dem nun folgenden Kapitel mit heilsamen Berührungen in der Praxis. Dabei geht es um therapeutisch intendierte Berührung und damit insbesondere auch um Massage, deren Praxis und Technik wir an vielen Beispielen beschreiben. Unser besonderes Interesse gilt den *Psychoaktiven* Massagen. Zudem illustrieren wir Ihnen die Prinzipien von Lomi-Lomi, Ayurveda, Therapeutic Touch und anderen Behandlungsformen in jeweils komprimierter Form.

Anschließend stellen wir zusammenfassend dar, welche wichtigen wissenschaftlichen Ergebnisse es zur Wirksamkeit insbesondere von Massagen mit psychoaktivem Hintergrund gibt. Welche Studien sind hierzu in unserem Land und anderswo gemacht worden? Wir konzentrieren uns dabei auf die Wirksamkeit von Massage speziell bei Depression und Angstzuständen, Traumatisierungen, Rückenschmerz und Brustkrebspatientinnen aber auch bei sogenannten Gesunden. Und wir versuchen auf verschiedenen Ebenen zu erklären, wie die psychischen Effekte von Massage, mit denen wir uns über Jahrzehnte beschäftigt haben, zustande kommen.

Das folgende Kapitel stellt Ihnen psychiatrische Störungen vor, die mit einem krankhaft veränderten Körpergefühl oder auch Berührungsängsten einhergehen. Ein Beispiel sind die verbreiteten Essstörungen, insbesondere die Magersucht. Wir beschreiben sie kurz und erklären moderne Methoden der für solche Patienten und Patientinnen wichtigen Körperpsychotherapie, wo auch Massagen ihren festen Platz haben.

Jetzt ist es Zeit, Sie mit praktischen Möglichkeiten vertraut zu machen, wie Sie selbst allein oder mit Ihren Partnern verschiedene Arten von Berührung erfahren und üben können. Sie finden dazu viele Vorschläge. Wir geben Ihnen auch Anleitungen zu einer verfeinerten, intensivierten Wahrnehmung Ihres eigenen Körpers. Und so werden Sie hoffentlich bald nicht mehr zu den vielen Menschen gehören – es sollen ca. 50 Prozent sein –, die auch während einer entspannenden Massage oder im intimen Zusammensein mit ihrem Partner ihr Smartphone nicht ausschalten.

Berührung ist das Medium und das Ziel von Erotik, einem wesentlichen Element unserer Lebenskraft und -freude. Deshalb wollen wir Ihnen in einem speziellen Abschnitt den Zusammenhang zwischen Berührung und erotischem Spiel in ausgewählten Beispielen näherbringen und nach der Bedeutung des Orgasmus fragen. Wussten Sie übrigens schon, dass Orgasmus schönere Haut macht? Sie werden auch erfahren, worum es bei der Tantra- oder auch bei der erotischen Massage geht, und was wir unter einer Paar-Wellness-Massage, die diesen Namen wirklich verdient, verstehen. Und schließlich wollen wir Sie mit den sinnlich-erotischen Berührungen im Tango Argentino bekannt machen.

Die Art und Weise, wie sich Menschen und insbesondere Mann und Frau gegenseitig berühren dürfen, ist in den europäischen und außereuropäischen Kulturen und Religionen sehr unterschiedlich geregelt. Wie sich das Verhältnis der Geschlechter und ihr Berührungs-Kodex im 19. und 20. Jahrhundert in Europa verändert haben, erfahren Sie im letzten Kapitel dieses Buches.

Sind Sie nun Berührungs-neugierig, vielleicht sogar Berührungs-hungrig geworden? Wenn ja, finden Sie im Anhang praktische Hinweise, Adressen, empfehlenswerte Literatur und Tipps, wie Sie die Qualität von Angeboten auf dem scheinbar unendlichen kommerziellen Berührungsmarkt kritisch beurteilen und für sich nutzbar machen können.

Und jetzt wünschen wir eine gute Reise durch die Berührungswelt – übrigens: Haben Sie heute schon jemanden umarmt?

Berührung – unsere oft vergessene Lebenskraft

Die Wiederentdeckung des Körpers und das Konzept ganzheitlicher Behandlung müssen als die wichtigsten Errungenschaften moderner (Psycho)-Therapien angesehen werden.

Hilarion Gottfried Petzold

Die Sprachbibliothek unseres Körpers

Ein Grundbedürfnis von Mensch und Tier ist Berührung. Diese natürliche Kommunikationsebene steht uns in vielen aktiven und passiven Berührungsformen zur Verfügung. Unser Körper besitzt eine ganze Bibliothek davon. Eine Hand auf die unsrige gelegt kann z. B. Wertschätzung, Verständnis oder Mitgefühl vermitteln, sie kann zärtlich oder liebevoll, aber auch warnend oder beschwichtigend sein. Durch Berührungen können wir uns hingerissen fühlen, glücklich, gerührt, erwartungsvoll, erstaunt und munter. Ein Handrücken, der unsere Wange streichelt, kann besänftigen oder trösten. Und ein Kuss am Morgen macht hellwach und gut gelaunt. Was glauben Sie, wie viele Gefühlsvarianten kann eine Umarmung auslösen? Sie kann neugierig machen, schwungvoll, stark, unbesorgt, lebendig, entschlossen, dankbar oder beruhigend. Sie kann uns aufrichten, aber auch klein machen, uns stressen, verwirren oder uns überwältigen und viele andere Gefühle entfachen. Auch ein Händedruck kann unendlich viele Bedeutungen haben, z. B. ein Versprechen, ein Siegel auf einen Geschäftsabschluss oder ein Ausdruck von Herzlichkeit nach einem angenehmen Abend mit der Botschaft, wir werden uns wiedersehen. Er kann auch kalt sein aufgrund einer enttäuschenden Begegnung oder eines missglückten Projektes. Er kann ausdruckslos, schwach oder langweilig sein. Er kann aufrichtend sein nach einem verlorenen Tennismatch oder in einem Trauerfall Mitgefühl und Hoffnung vermitteln.

Wir sind also in der Lage, Berührungen in ihren unterschiedlichen Bedeutungen wahrzunehmen und auch zu geben. Dass wir das können, liegt neben kulturellen und sozialen Bedingungen vor allem an der Intelligenz unserer Haut, die sowohl die empfangende wie auch die gebende Berührung in ihrer Qualität erkennt.

Die meisten Menschen wissen, wie wirksam eine berührende Kommunikation ist und wie sie positiv eingesetzt werden kann. Denken Sie daran, wie leicht es Ihnen fällt, ein weinendes Kind in den Arm zu nehmen oder eine Freundin oder einen Freund nach einer bestandenen Prüfung zu umarmen. Vielleicht kennen Sie auch den Impuls, Ihren Sitznachbarn im Flugzeug aufmunternd am Arm zu berühren, um seine Angst vor dem Starten zu lindern. Unsere Vorfahren bedienten sich ganz natürlich dieser Sprache. Sie legten ihre Kinder an die Brust und nahmen sie überall mit hin, wickelten sie in Felle um ihren eigenen Leib und stillten sie so lange, bis die Kinder selbst nicht mehr trinken wollten. Bei Verletzungen wurde erst einmal auf die Wunde gespuckt und dann kräftig gerieben. Die moderne Neurophysiologie kann das erklären: Die Fortleitung des Schmerzimpulses in sogenannten C-Fasern wird durch den starken Berührungsimpuls gehemmt. Denken Sie an Ihr eigenes Verhalten, wenn Sie sich stoßen. Sie reiben an der Körperstelle, bis der Schmerz erträglich ist.

Nach und nach haben sich unsere Berührungen kultiviert. Beobachten wir unsere moderne Umwelt, stellen wir fest, dass Berührungen im Alltag selten sind und unsere Einstellungen gegenüber Berührungen anderer eigentümlich schwanken. Wir erfreuen uns im Allgemeinen, wenn sich jüngere Verliebte küssen, und empfinden Unsicherheit, wenn es Ältere tun.

Berührungen haben für Kinder eine besondere Bedeutung. Neugeborene reißen die Augen auf und schauen. Sie wollen beachtet werden, es sichert ihre Existenz. Aus einem warmen, sicheren Raum, dessen Grenzen sie mit Händen, Füßen und ihrem Leib spüren konnten, kommen sie mit großer Anstrengung durch den engen Geburtskanal in einen grenzenlosen Raum. Die Füßchen strampeln in ein Nichts, die Hände berühren nur Luft, und die Haut spürt zum ersten Mal Raumluft[1]. Mit großen Augen sucht das Neugeborene nach Halt, nach einer Grenze, nach Aufgehobensein. Im besten Fall wird es in wissende Hände einer erfahrenen Hebamme gebettet und sanft an die Brust der Mutter gelegt. Beide werden so Zeit haben, bis sich das Kind selbst entnabelt und die Hebamme die Nabelschnur erst trennt, wenn der mütterliche Puls nicht mehr spürbar ist[2]. Wir vermuten, dass diese Art der *Auspulsierung* erst dann erfolgt, wenn sich das Neugeborene in den Armen der Mutter angenommen fühlt.

Die Reise der Berührung in der Außenwelt beginnt. Bewusste Berührungen helfen dem Kind, sich in der neuen Welt willkommen zu fühlen. Dieses hilflose Wesen kann seine Bedürfnisse nicht differenziert mitteilen, seine Sinne sind noch weit geöffnet. Es braucht Behutsamkeit, wenn es seine Lebensreise beginnt, in der es auch anstrengende und körperlich schmerzhafte Erfahrungen machen wird. Stellen Sie sich vor, welch ein Gefühl es sein muss, wenn sich das erste Mal der Magen vor Hunger schmerzhaft zusammenkrampft oder wie anstrengend noch das selbstständige Atmen ist. Schnell ist dieses zarte Wesen überfordert. Schon jetzt sollten wir mit Berührungen schützend und behütend sein und nicht durch unachtsame oder unsichere Tätscheleien die beginnende Lebensreise irritieren.

Im Laufe seines Lebens sammelt das neue Menschenkind viele Erfahrungen und erstellt sich damit eine ganz persönliche Berührungsbibliothek, die Sprachbibliothek seines Körpers. Hat es vorwiegend positive Erfahrungen gemacht, entwickelt es sich zu einem gesunden Menschen, der sein Bedürfnis nach Berührung, seinen Hauthunger, wahrnehmen und stillen kann. Das fördert seine Sensibilität für Berührungen und schult die Intelligenz seiner Haut.

Am Anfang war der Körper – die Geschichte der modernen Körpertherapie

In den 1960er- und 1970er-Jahren reiften neue Erkenntnisse aus dem Zusammenhang von Körper, Geist und Seele heran. Sie setzten neue Impulse, durch die sich lange unterdrückte physische und psychische Entwicklungspotenziale wieder entfalten konnten. Die große Welle neuer Inspirationen bedrängte unsere, bereits durch die Hippiebewegung etwas löchrig gewordenen, gesellschaftlichen Normen von Anstand und Sitte. Mit Erstaunen und Neugierde ließen sich viele Menschen von den durchaus auch provokanten Bewegungen innerlich berühren, obwohl auch vereinzelte Stimmen der Empörung laut wurden. Bilder aus der großen Bhagwan- bzw. Osho-Bewegung überfluteten uns. Sie zeigten Menschen, die in großer Lebensfreude frei und unkonventionell herumtanzten, zitternd und schüttelnd ihre Körper von Last und Druck befreiten und ihre sexuelle Energie miteinander, teilweise ekstatisch, tauschten. Noch in kopfschüttelnder Ablehnung sahen wir aber auch genau diese Menschen, wie sie still in einer großen Halle meditierten, ihren Geist beruhigten und ihn mit gewaltfreier Sprache nährten. Körperzentrierte Selbsterfahrungsseminare, neue Methoden der Körperarbeit und der Massagetechnik schossen wie Pilze aus dem Boden. Insbesondere revolutionierten Methoden, die den Menschen in seiner Ganzheit und Individualität erfassten, die bisherigen nicht-körperlichen Therapiemodelle[3].

Diese erstaunlichen und begeisternden Bewegungen erweiterten das Bewusstsein für den eigenen Körper. Meditationen, Tanz der Gefühle, Achtsamkeits- und Atemübungen lehrten uns, den Körper in seiner seelischen und sinnlichen Bedeutsamkeit sowie die Intelligenz der uns umhüllenden Haut wahrzunehmen. Diese neuen Körperbehandlungen hatten alle das gleiche Ziel: den Körper aus seinen Fesseln zu befreien, die ihm durch die moderne Zwangsgesellschaft[4] aufoktroyiert worden waren, und ihn wieder als lebendigen Leib erfahrbar machten. Jahrzehntelange unterdrückte Gefühle konnten jetzt durch diese empathischen, therapeutischen Berührungen freigesetzt werden, wie Noah es erlebt hat.

Noah, der sich von den beruflichen Belastungen zunehmend erschöpft und kraftlos fühlt, geht auf Anraten eines Kollegen zu einer körpertherapeutischen Behandlung. Dort erlebt er zum ersten Mal Kontakt mit seiner Stimme. Er erzählt am Abend Maria, was er erlebt hat: »Ich lag auf einer Matte auf dem Boden. Der Therapeut kniete neben mir und berührte mich mit der Handfläche auf der Brust. Er forderte mich auf, die Aufmerksamkeit auf meinen Atemrhythmus zu richten und beim Ausatmen einen Ton zu geben. Das war mir irgendwie peinlich, aber gleichzeitig drängte mich Neugier. Aus meiner anfänglich piepsigen Stimme arbeitete sich ein heftiger Schrei heraus, vor dem ich selbst erschrak. Dann heulte ich Rotz und Wasser und erinnerte mich, dass meine Mutter mir als Kind immer sagte: ›Halt deinen Mund‹, oder: ›Wenn du was sagen willst, dann was Kluges‹. Später, als ich mich beruhigt hatte und mich vom Therapeuten verabschiedete, hörte ich meine Stimme ganz anders. Auch jetzt finde ich sie ganz anders. Sie gefällt mir.«

Die Pioniere[5] der ganzheitlichen Therapie trugen zu einem neuen Verständnis über die Wirksamkeit von Berührungen bei: Wir entdeckten mit Faszination die vielschichtige Funktionswelt unseres Körpers wieder. Es entwickelten sich viele Methoden, und jede hatte einen anderen Ansatz. Manche stellten die Meridiane in den Vordergrund, andere die Atmung oder die Faszien, wieder andere die Haltungs- und Bewegungsmuster. Verschiedene Richtungen oder Leitprinzipien wurden thematisiert, z. B. Hingabe und Vertrauen. Natürlich waren die meisten Ansätze aus dem biografischen Kontext und der Persönlichkeit der jeweiligen Gründer entstanden. Wir sind diesen Pionieren für ihre Erkenntnisse und die von ihnen erarbeiteten körpertherapeutischen Methoden dankbar. Ihrer Saat verdanken wir ein reichhaltiges Angebot von bewusstseinserweiternden Praktiken, die in der modernen Körpertherapie angewandt werden. Einige Methoden sind inzwischen in Bereiche der Prävention, Nachsorge, Stressbewältigung, Psychosomatik und in die Chefetagen eingeflossen. Dazu gehört auch, dass wir unsere Wut und Frustration, die wir sonst mit hilflosem Getrommel gegen den schon wieder nicht funktionierenden Ticketautomaten loslassen, an dem von einem klugen Therapeuten uns angebotenen Punchingball kanalisiert abreagieren dürfen.

Dringend notwendig wären Studien zur therapeutischen und präventiven Wirksamkeit von Körpertherapien bei Kindern und

Jugendlichen mit psychischen Störungen. Gerade bei dieser heranwachsenden Bevölkerungsgruppe findet sich eine erschreckende Zunahme von seelischen Belastungen, für die nur beschränkt therapeutische Möglichkeiten zur Verfügung stehen und wissenschaftlich untersucht sind.

Verlust einer menschlichen Kernkompetenz – Bitte nicht berühren – oder doch?

Die Anzahl der Singlehaushalte in Deutschland wächst ständig. Es betrifft nicht nur Ältere, auch viele jüngere Menschen leben allein. Sie sind keineswegs in ihrem Kommunkationsbedürfnis durch den Einfluss der digitalisierten sozialen Medien befriedigt. Sie fühlen sich zunehmend unzufrieden, einsam und depressiv[6]. Dieses Alleinleben reduziert die Fähigkeit zur Empathie, d. h. auch das Interesse am anderen nimmt ab, und die Selbstbezogenheit nimmt zu. Schauen wir uns den Alltag einer berufstätigen Frau an, die keine Kinder hat und in keiner Beziehung lebt. Ihr wichtigster Kommunikationspartner könnte das Smartphone sein. Dort transportiert sie ihre Kontaktbedürfnisse und holt diese auch aus dem Smartphone heraus. Berührungen über die Finger auf das Display gehen in verschiedene Richtungen: rechts, links, rauf, runter. Dabei erfasst das Auge die Informationen, leitet sie an das Gehirn weiter, und dort werden sie je nach abgespeicherten Erfahrungen bewertet. Icons reduzieren die emotionale Bedeutung der Aussage. Wir schreiben nicht mehr: *Ich vermisse dich.* Wir senden ein trauriges Gesicht mit einer Träne und hängen ein klopfendes Herz dran. Der Adressat kann jetzt rätseln, was das bedeutet, wenn er dieser Sprache nicht mächtig ist. Und unser Gehirn lernt dabei, Emotionen in Bildern zu erkennen. Wie im Kindergarten, wo Kinder anhand von Zeichnungen lernen, wie ihre Innen- und

Außenwelt sich anfühlt: Warm ist die Sonne, kalt das Eis, freundlich die Oma, die lacht.

Begegnet dieser Frau ein Mann im Supermarkt, der äußerlich ihren Vorstellungen entspricht, wird ihr Gehirn diesen Menschen hinsichtlich der alltäglich verwendeten Sprache scannen und bewerten. Sie könnte folgende Icons verwenden: klopfendes Herz, in die Hände klatschender Smiley, Regenbogen, Sektglas und was da noch so zur Auswahl steht. Die Möglichkeit, Kontakt mit Augen, Sprache und Körperhaltung herzustellen wie das versehentliche Anrempeln an seinem Einkaufswagen, um Aufmerksamkeit zu gewinnen, hat sie verlernt. Vielleicht werden wir in Zukunft bei solchen Begegnungen nur noch das Smartphone hochhalten und über Bluetooth die Handynummern austauschen, damit anschließend entsprechende Icons versendet werden können. Leicht vorstellbar, dass Kontaktaufnahmen auf einer eingeschränkten Ebene stattfinden. Doch Berührungen, die von unserem Körper gesteuert werden und uns bei der Partnerauswahl unterstützen, sind anästhesiert und vergessen.

Berührungen haben im Lauf der Zeit ihren Glanz verloren. Sie gelten vielen als verfänglich, gehören sich nicht, sind unsittlich oder altmodisch wie der Handkuss, der eigentlich ja nur eine Berührung symbolisiert. Haben hier vielleicht die berechtigten Diskussionen zu Gender-Themen und zur Frage der politischen oder Alltagskorrektheit sich kontraproduktiv für persönliche Nähe zwischen Mann und Frau, Lehrern und Kindern, Pflegekräften und Patienten ausgewirkt? Sie kennen vielleicht den Slogan »Do not touch«, der lange Zeit in den USA zur Benimmregel wurde, insbesondere auch in Krankenhäusern und Schulen, um Anzeigen wegen sexueller Belästigung zu vermeiden.

In der digitalen Welt fehlt das Bit für den zeitlosen Raum einer Berührung. Das wohlige Gefühl einer Berührung ist bislang einmalig, nicht über irgendein Medium replizierbar. Das mag sich mit der Einführung neuer Berührungsroboter ändern. Schnell und jederzeit wiederholbar erklicken wir uns dagegen Lebensmittel, Pflanzen für den Garten, Handwerker, Kleidung, Theater- oder Fahrkarten in unser eigenes Heim, ohne dass wir dabei mit einem Menschen reden, ihn schon gar nicht anfassen müssen oder selbst angefasst werden. Bald könnte es auch Apps geben, mit denen der Mensch sich Kontakte auch ins eigene Wohn- bzw. Esszimmer erklickt: »Wollen Sie nicht immer alleine im Restaurant essen?«, dann kommen Sie zu »Eat with us«. Mit dieser App könnten Sie Gastgeber werden und für andere fremde Menschen ein Essen kochen und sich als Gast bei einem anderen Gastgeber per Klick einladen[7]. Womöglich werden solche Meetings die zukünftigen Kontaktportale erobern. Ob es irgendwann auch Apps für »Bitte berühre mich« mit Gastgeber und fremden Gästen geben wird? Die bereits in vielen Städten veranstalteten Kuschelpartys, wo Erwachsene ungezwungen in Körperkontakt kommen, könnten Signale einer neuen, noch fremdartig erscheinenden Berührungskultur darstellen. Bis dahin nehmen wir mit Reproduktionen vorlieb. Gehen wir in die Oper, können wir anschließend zu Hause eine CD einlegen und die Arien nochmals genießen. Sehen wir ein tolles Outfit, gehen wir ins Internet, um eine Reproduktion zu einem besseren Preis zu ergattern. Nein, das Internet hat am Sonntag nicht geschlossen. Aber die Spontaneität für Berührung steht hoffnungsvoll in der Abstellkammer und wartet auf ihr Comeback.

Berührungsraum – Hier bin ich! Ein Atlas der Berührungszonen

Hier bin ich! Der von Leonardo da Vinci gezeichnete Vitruvianische Mensch zeigt den vom Mittelpunkt ausgehenden kinesphärischen Raum. Dieser persönliche Raum wird durch unsere eigene Armlänge, einmal um den Körper herum geführt, gekennzeichnet. Und diese Grenzen darf keiner ungefragt überschreiten. Es sei denn, wir wollen das, damit wir einem anderen Menschen körperlich nahe sein können. Sobald aber jemand ungebeten oder zwangsläufig diesen Raum betritt und unser Schutzschild Haut bedroht, stellen sich alle unsere Alarmleuchten auf dunkelrot: Wir sind entschlossen, unseren Raum zu verteidigen.

Allerdings müssen wir täglich mehrere Male ertragen, dass wir unseren persönlichen Schutzraum mit anderen teilen. In der morgendlich überfüllten U-Bahn, im Supermarkt, in Wartezimmern, ob beim Arzt, Anwalt, im Krankenhaus, in Restaurants, in der Economy Class im Flugzeug, in Zügen, in Kinos, Theater oder Konzertsälen bedrängen andere Menschen unseren Schutzraum. Im Straßenverkehr haben wir als Autofahrer eine erweiterte Schutzzone: die Karosserie unseres Autos. Aber auch hier kommen wir uns zu nahe. Der Hintermann »sitzt uns im Kofferraum«, wir stehen gemeinsam Stoßstange an Stoßstange im Stau, wir teilen uns kämpferisch oder verteidigend die Autobahn. Täglich sind wir damit beschäftigt, unseren persönlichen Raum zu schützen.

Wem wir erlauben, uns an dieser oder jener Stelle unseres Körpers zu berühren, verdeutlicht eine von Forschern aus Finnland und Großbritannien erstellte Berührungskarte. Welche Berührungen wir als zulässig empfinden, hängt nicht nur vom Verhältnis zu der Person, sondern auch vom berührten Körperteil ab. In einer Studie über erlaubte Berührungen sollten mehr als 1300 Studienteilnehmer aus fünf verschiedenen Ländern jene Körperstellen markieren, an denen sie anderen gestatten würden, sie zu berühren. Unterschieden werden sollte dabei zwischen Fremden, Bekannten, Familienangehörigen, engen Freunden und Partnern. Die Ergebnisse zeigen unter anderem, dass Fremde Frauen nur oberhalb des Schlüsselbeins berühren dürfen, dabei spielt es keine Rolle, ob der oder die Fremde eine Frau oder ein Mann ist. Bei Männern ist das anders. Sie wollen von einem fremden Mann auch nicht am Kopf berührt werden. Hingegen sind Männer wesentlich offener, wenn sie von einer Frau berührt werden. Mit einer Einschränkung: Sie darf keine weibliche Verwandte sein. Männer lassen sich also lieber von einer völlig fremden Frau berühren als von ihrer eigenen Mutter. Italiener ließen sich insgesamt weniger gerne anfassen als Russen. Am offensten gegenüber Berührungen waren jedoch Finnen. Ein Körperteil hingegen ist für alle anderen Menschen zugänglich, egal ob Freund oder Fremder: die Hand. Und die Autoren stellten zudem fest, dass Frauen für Berührungen empfänglicher sind[8].

Übung

Beobachten Sie bei der nächsten Geburtstagsfeier, wer wen und wo berührt und wo Sie sich selbst von wem berühren lassen. Versuchen Sie auch einmal im Gespräch eine Berührung am Oberarm Ihres Zuhörers einzuflechten und nehmen Ihre Gefühle dabei war. Und sollte Ihnen auf dieser Feier jemand unsympathisch sein, verfolgen Sie Ihre Vermeidungsstrategie, um diesen Menschen nicht näher kommen zu müssen, bewusst, und bemerken Sie, wie Ihr Körper dabei reagiert.

»Fass mich nicht an!« – Berührungseremiten, Berührungsphobiker

Vielleicht haben Sie schon einmal erlebt, dass Ihr Partner während oder nach einer Auseinandersetzung Ihre Umarmung zur Versöhnung mit den Worten ablehnt: »Fass mich nicht an!« Was bedeutet das? In diesem Fall ist Ihr Partner innerlich noch aufgewühlt und hat seine Fassung, also seine sichere Position, noch nicht wiedererlangt. Wir können uns das wie eine Wunde vorstellen. Bevor sich diese nicht geschlossen hat, können wir sie nicht schmerzfrei berühren. So ist das auch bei einem hitzigen Streit: Unsere Poren sind geöffnet, unser Herz schlägt schnell und laut, wir beginnen zu schwitzen und verspüren vielleicht Angst. Erst wenn wir uns wieder beruhigen, schließen sich bildlich gesprochen auch wieder alle Poren, und unser Schutzschild Haut ist in seiner natürlichen Beweglichkeit wieder funktional. Dann können wir erneut jemanden an uns heranlassen. Deshalb warten Sie nach einem Streit, bis Ihr Partner sich beruhigt hat und bieten Sie ihm erst einmal Ihre Hand an. Sie können dann an seiner Reaktion erkennen, ob er schon für eine versöhnliche Umarmung bereit ist.

Es gibt Menschen, die vor Berührungen Angst haben. Sie fühlen sich in ihrer Haut nicht wohl. Ihre Beweglichkeit ist drastisch eingeschränkt. Einrichtungsentwickler für U- und S-Bahnen, für Züge und Flugzeuge limitieren zunehmend die Zahl der Einzelplätze – eine Herausforderung für diese Menschen, deren Isolation dadurch noch verstärkt wird. Sie suchen Alternativmöglichkeiten, um dieser bedrohlichen Nähe aus dem Weg zu gehen, oder verzichten ganz auf das Reisen. Oft helfen Therapien, in denen die Aufmerksamkeit auf den eigenen Berührungssinn gerichtet wird. Versuche, seinen eigenen Körper zu spüren und ihn positiv zu erleben, ob durch eigene

Berührungen beim Eincremen oder durch sehr vorsichtige und langsam herangehende Körpertherapeuten, können oft hilfreich sein. Sensible und erfahrene Körpertherapeuten oder Psychotherapeuten erleben, dass diese Menschen nicht eigentlich Angst vor der Berührung haben, sondern vielmehr vor ihren Gefühlen, die durch diese Berührungen geweckt werden können.

Noahs Erschöpfung und zunehmende Überlastung, die von Maria mehr und mehr Aufmerksamkeit und Sensibilität fordert, hinterlässt Spuren. Sie ist traurig und unzufrieden. Sie sucht das Gespräch mit Noah, sieht aber ein, dass eine Veränderung weder im Arbeitseinsatz in der Klinik noch in der Gestaltung ihrer freien Zeit als Paar möglich ist. Noah lässt sich davon überzeugen, dass ein Gespräch mit einem Therapeuten hilfreich sein wird. Dort wird ihm klar, dass seine Ruhelosigkeit, der innere Druck, die Schlafstörungen, das Herzklopfen und die immer wiederkehrenden Bauchschmerzen Anzeichen für ein beginnendes Burn-out sind. Maria wird in den Gesprächen bewusst, dass sie eine große Scheu vor Berührungen in sich trägt und gleichzeitig eine Sehnsucht, sich wieder selbst zu spüren.

»Mama, wenn wir kuscheln, dann repariert man sich gegenseitig«

Wie kann sich unser Bedürfnis nach Berührung im Alltag erfüllen? Kuscheln repariert tatsächlich und fördert unser natürliches Verhalten, Berührungen zu empfangen und zu geben.

Es mag Ihnen merkwürdig erscheinen, aber auch beim Kuscheln sollten wir in gewisser Weise aufmerksam bleiben.

Tätscheleien und unachtsame Berührungen mögen die meisten Menschen nicht. *Kuscheln* hingegen im Sinne von Aneinanderhalten, sanft streicheln oder wiegen, aktiviert unser Wohlgefühl und die damit verbundenen hormonalen Veränderungen. Der argentinische Tango erlebt seit einigen Jahren einen enormen Zuwachs. Tango (lat.) bedeutet: Ich berühre. Die enge Umarmung im sogenannten *Milongerostil*, die nur beim argentinischen Tango getanzt wird, stillt nicht nur den Wunsch nach Zuwendung und körperlicher Nähe, sie fördert auch die Qualität körperlicher Berührungen und führt zu hormonalen Veränderungen. Im Tanz bildet diese enge Umarmung einen Rahmen, der bis zum Ende einer Tanzrunde nicht aufgelöst wird. Hände, Köpfe und Oberkörper berühren sich. Wenn es glückt, ist dies die ideale Harmonie von aktiver und passiver Berührung. Das durch die Tanzbewegungen entstehende Aneinanderreiben oder Aneinandergleiten der Oberkörper hat eine beruhigende und gleichzeitig auch eine anziehende Wirkung. Ist die Umarmung angenehm, kann sich in der Paarbegegnung ein Wohlgefühl ausbreiten. Was für den einzelnen Partner auch heilsam sein kann.

Das große Bedürfnis nach Berührung zeigt sich auch in der zunehmenden Beliebtheit von sogenannten Kuschelpartys, die bereits in vielen großen Städten angeboten werden. Das Sich-Gegenseitig-Berühren findet unter genauen Regeln statt. Übergriffiges Verhalten, Berühren der Intimbereiche sind untersagt. Sie lernen also, mit Ihrer individuellen interpersonellen Körperdistanz umzugehen, Ihre jeweils eigene Berührungskarte und die des u. U. gewählten Partners zu berücksichtigen und zu akzeptieren. Auch der Blick in das Internet zeigt, dass es offenbar viele Menschen gibt, die hier ihre Sehnsucht nach Berührung stillen konnten, ohne gleich an sexuelle Erweiterungen zu denken oder sie ständig abwehren zu müssen.

Kann Berührung auch geschädigte Ehen reparieren? Im Laufe der Zeit kann bei vielen Paaren aus den verschiedensten Gründen das Berührungspotenzial stark reduziert sein. Das wird oft beklagt, und es werden psychologische Hilfen angeboten, um auch wieder mehr Körperkontakt und erotische Momente in die Partnerschaft zu bringen. Es gibt eine Reihe interessanter Studien auf diesem Gebiet. So wurden z. B. in den USA junge verheiratete Paare im Alter von 20 bis 39 Jahren untersucht. Die Hälfte von ihnen wurde über vier Wochen lang immer wieder motiviert, sich gegenseitig zu berühren. Bei den anderen fand keine solche Motivation statt. Es zeigte sich in der motivierten Gruppe eine deutliche Verringerung von Laborwerten, die auf eine Stressreaktion hinweisen, z. B. reduzierte Blutdruckwerte – vor allem bei den Männern – und erhöhtes Oxytocin im Speichel[9].

Die gleiche Autorin brachte auch überzeugende Argumente dafür, dass eine romantische Partnerschaft einen günstigen Einfluss auf die seelische Gesundheit hat und gute soziale Kontakte das statistische Sterberisiko signifikant reduzieren, während Einsamkeit und soziale Isolation es erhöhen[10]. Gegenseitige körperliche Zuwendung und liebevolle Berührung bei Paaren wirkt sich auch positiv auf das Maß an alltäglichen gesundheitlichen Beschwerden aus, wie eine andere Versuchsreihe ergab[11].

Sogar der Effekt von Händchenhalten wurde untersucht[12]. Bei 16 verheirateten Frauen, die in Erwartung versetzt wurden, sie könnten einen elektrischen Stromstoß bekommen, wurde die Aktivität verschiedener Hirnareale gemessen. Ihre Erwartungsangst, gemessen an einer für emotionale Prozesse wichtigen Hirnaktivität, war deutlich geringer, wenn der Ehemann ihre Hand hielt. Und dies umso mehr, wenn ihre eheliche Beziehung als sehr gut von ihnen bewertet wurde. Der Effekt war deutlich schwächer, wenn ein Fremder, z. B. ein Institutsangestellter, ihre Hand hielt.

Auch während des Geburtsvorganges synchronisieren sich Herzschlag- und Atemfrequenz der werdenden Eltern, wenn sie sich an den Händen halten. Berührungen während der Schwangerschaft und Geburt wirken ebenfalls beruhigend und schmerzlindernd[13].

Ich berühre einen Stein, ein Tier, einen Baum

An manchen Stränden finden wir schöne Kiesel, bunt und auch manchmal sehr seltsam geformt. Oft können wir Menschen beobachten, die hier nach ganz bestimmten Steinen suchen, z. B. nach herzförmigen. Sie nehmen sie in die Hand, wägen sie ab, prüfen, wie sie sich in der Hand anfühlen, rollen sie hin und her. Manche, die ganz runden, glatten und so groß wie ein Taubenei, werden eingesteckt. Sie werden zum Handschmeichler. Immer wieder werden sie angefasst. Warum? Damit wird Berührungshunger auf kleinstem Raum gestillt. Der Rosenkranz mit seinem Kreuz und 59 Perlen dient dem katholischen Christen als Gedächtnisstütze für bestimmte Gebetsabläufe, etwa Vaterunser und Ave Maria. Er fokussiert seinen Geist auf die Litanei, bringt sich zu sich selbst durch die Konzentration auf die kleinen und größeren glatten Kugeln, die durch seine Finger gleiten. Die Komboloi, die griechische Männer gerne dabei haben, sind quasi das orthodoxe Gegenstück. Obwohl sie eigentlich keine religiöse Bedeutung mehr haben, weisen sie auf die emotionale Bedeutung der ritualisierten, gleichmäßigen Berührung hin. Moderne Menschen machen das vielleicht unbewusst beim ständigen Streicheln ihres Handys oder – was wir oft beobachten –, das Nachzeichnen mit dem Fingern an der

Stoffkante der eigenen Jacke oder der Naht auf der Stuhllehne. Vermutlich löst dieser wiederholte haptische Berührungsreiz eine beruhigende Wirkung aus.

Vielleicht erinnern Sie sich an ein bestimmtes Kleid Ihrer Mutter und meinen zu wissen, wie es sich anfühlte. Vielleicht haben Sie auch noch eine Erinnerung an den Geruch der Mottenkugeln im Kleiderschrank Ihrer Großeltern. Solche Erinnerungen können Empfindungen auslösen und Bilder aus Ihnen hervorholen. Dieser Ihnen bereits bekannte Zusammenhang von Emotion und Körperreaktion funktioniert auch auf diese Weise. Nämlich anders herum: Sie fühlen einen Stoff, erinnern sich an ein Ereignis und erleben ein Gefühl.

Deshalb betasten einige Menschen auch Gegenstände gern oder umarmen Bäume, um besondere Bilder und Gefühle in sich zu erzeugen. Woran erinnert uns die raue oder glatte Rinde, wenn wir den Baum wie einen Menschen umarmen? Was erzählt uns das Rauschen seiner Blätter? Was für eine Geschichte hat dieser einzigartige alte Baum? Was hat er schon alles gesehen? Es ist etwas ganz anderes, wenn ich in dieser Weise mit dem Baum im unmittelbaren Körperkontakt bin, als wenn ich ihn nur von unten betrachte oder zeichne.

Diesen Effekt nutzt auch unsere Wirtschaft. In Laboren wird untersucht, wie sich das Lenkrad eines Porsche oder BMW anfühlen muss, damit schon bei der ersten Berührung der Wunsch entsteht, dieses Auto haben zu müssen. Oder wie muss sich ein Bonbon im Mund anfühlen oder schon in der Hand, wenn es aus seinem Papier ausgepackt wird, damit es ganz schnell zum Lieblingsbonbon wird? Dann wird es immer wieder unter Hunderten von Angeboten ausgewählt werden, weil es an eine positive Erinnerung geknüpft ist, eben ein ganz bestimmtes taktiles Erlebnis an Zunge, Gaumen, Lippen, das mit einem Gefühl des Angenehmen, einem Wohlgefühl verbunden ist.

In der Therapie alter behinderter Menschen werden heute gerne speziell dafür trainierte Hunde eingesetzt. Die Hunde müssen lernen, sich übermäßig lange Zeit streicheln zu lassen, ohne unruhig zu werden. Hier wird ein haptisches Ereignis zu therapeutischen Zwecken genutzt. Die Heimbewohner in ihrer Einsamkeit spüren ein lebendiges Wesen, sein Fell, seine Wärme, seine Lebensenergie und damit auch wieder sich selbst. Das ist quasi ein Resonanzphänomen, ein selbstreflexives System. Ähnliches geschieht auch, wenn wir unsere Katze streicheln, bis sie anfängt zu schnurren. Dabei entsteht auch in uns ein Wohlgefühl, wir schnurren sozusagen mit. Wir werden noch darauf eingehen, dass dies in etwas anderer Weise auch bei Körpertherapeuten in der unmittelbaren Berührung mit ihren Klienten geschehen kann (s. S. 118).

Übung

Versuchen Sie einen Baum zu umarmen. Gehen Sie in den Wald oder in Ihren Garten und suchen Sie sich einen Baum aus, der Ihnen gefällt. Umfassen Sie ihn und lehnen Ihren Körper an seinen Stamm. Atmen Sie ganz ruhig und erspüren Sie, ob er Ihnen durch seine raue oder glatte Rinde etwas von sich erzählen will.

Das Körper-Ich. Wie entsteht unser Selbst?

Wo immer ich gehe,
folgt mir ein Hund namens Ego.

Friedrich Nietzsche

Das Körper-Ich – dic Einheit von Körper und Seele

Ist das nicht merkwürdig? Gleichgültig was Sie tun oder wo Sie sich gerade aufhalten, ob in einem Kloster zur Meditation, beim Rasenmähen, auf dem Oktoberfest in München oder im Supermarkt beim Einkaufen: Sie wissen immer, wer Sie sind. Ja, aber *wie* wissen Sie überhaupt, wer Sie sind?

Wie können Sie sicher sein, dass Sie, wenn Sie morgens aufwachen, derselbe Mensch sind, der vor acht Stunden eingeschlafen ist, obwohl während des Schlafes in Ihrem Gehirn Tausende von Vorgängen abgelaufen sind und sich selbst Ihre Gene verändert haben können?

Kennen Sie das, wenn Sie beim Aufwachen manchmal durch einen Traum verwirrt sind und für wenige Sekunden nicht genau wissen, wo Sie und wer Sie sind? In der Aufwachphase gleiten wir aus unserer Traumwelt allmählich wieder in unser alltägliches Ich. Dazu gehört: Wir wissen unseren Namen. Aber nur das reicht oft nicht aus, um sicher zu sein, dass wir es selbst sind. Wir beginnen uns deshalb zu berühren. Wir fassen unsere Haare an oder reiben unsere Nase oder unsere Hände. Warum?

Weil wir selber zuallererst in unserem Körper sind. Wir sind nicht eine sich in der Form stündlich verändernde Wolke, wir sind nicht ein abstrakter Geist, und wir sind nicht nur ein Gehirn. Wir sind zuallererst dieser unverwechselbare Körper, der durch seine Haut eine gegebene Grenze zur Außenwelt darstellt. Als dieser Körper bin ich, existiere ich in der Welt, in der Welt der Gegenstände und in der Welt der anderen Menschen. Stellen Sie sich einmal vor, Sie würden eines Morgens als ein riesiges Insekt aufwachen, wüssten aber gleichzeitig genau, dass Sie es sind. Zu welchen schrecklichen Störungen Ihrer Identität müsste das führen?[1]

Der Satz des berühmten Philosophen Descartes »Weil ich denke, weiß ich, dass ich bin« hat die Wissenschaft jahrhundertelang in die Irre geführt[2]. Körper, Geist und Seele sind nicht, wie man früher annahm, strikt voneinander getrennt. Weder entspricht dies unserer subjektiven Erfahrung noch dem heutigen Stand der Wissenschaft.

Unser Körper macht Tag für Tag neue Erfahrungen, sodass wir jeden Tag einen neuen Körper haben, ein neuer Körper sind. Trotz dieser Verwandlungen wissen wir immer, dass dies unser Körper ist, dass wir dieser Körper, besser noch dieser *Leib* sind und nicht nur eine Seele in diesem Körper. Das Wort Leib, das sprachlich eine Beziehung zum *Leben* hat, ist dem fundamentalen Erlebnis, von dem wir hier sprechen, näher.[3]

Meinen Körper habe ich also nicht wie irgendeinen Gegenstand, sondern ich bin mein Körper, ich bin mein Leib. Gewiss, manchmal sagen wir wohl: Ich habe noch alle meine Haare, ich habe zwei Hände, mit denen ich dir helfen kann; ich habe eine schwache Gesundheit oder sie hat eine rasch alternde Haut. Aber wenn wir z. B. zusehen, wie innig und intensiv viele Frauen ihre Haare endlos lange bürsten, umstecken, festbinden, losbinden, lange selber streicheln oder von einer Freundin streicheln lassen, dann wird doch klar: Sie haben nicht diese Haare, sondern sie sind ihr Haar, dieses Haar, das für sie mannigfache Bedeutung hat, die ihnen vielleicht nicht einmal bewusst ist[4]. »Rapunzel, Rapunzel, lass dein Haar herunter«, sagt der Verliebte im Märchen, um an ihrem Haar zu ihr hinauf in den Turm zu kommen. Und die Loreley sitzt auf dem Felsen am Rhein, kämmt unentwegt ihr Haar, singt und bringt dem betörten Fischer das Verderben

Wir sagen auch, wir haben diese und jene Krankheit, aber de facto sind wir aus dem Lot, weil uns die Krankheit geschlagen hat. Unser Körper fühlt sich anders an, unser Ich-Gefühl ist geschwächt, wir sind »gekränkt«, dass gerade uns dies geschehen ist. Dieser Unfall, diese Infektion, das Fieber, das von uns Besitz genommen hat – da kann es auch mal sein, dass wir ein schmerzendes Organ, einen eingegipsten Fuß wie fremd empfinden. Wir fühlen eine Störung unserer Körperganzheit: Etwas ist, nein, wir sind aus der Balance geraten. Wir sind auf unseren anatomischen Körper zurückgeworfen. Wir werden aber in unserer Zeit auch von unserem Leib getrennt, weil die moderne Kulturentwicklung sich unsere Umwandlung in verfügbare, instrumentalisierte und manipulierbare Körper zum Ziel gesetzt hat.[5]

Unser Selbst: Gefühle und körperliche Signale

Unser Körper ist der Ort unserer Emotionen und Empfindungen. Wir wissen aus der Neurobiologie, dass das Gehirn mit dem Körper nicht einfach nur durch den Hals verbunden ist, sondern dass Körper und Gehirn eine Einheit darstellen und Emotionen immer einen Bezug zum Körper haben.[6]

Haben Sie schon einmal mitangesehen, wie sich jemand mit dem Messer in den Finger schneidet und das Blut aus der Wunde herausquillt? Bei diesem Anblick zieht sich in Ihrem Körper etwas zusammen, und Sie glauben, den Schmerz selbst zu spüren. Dieses körperliche Mitfühlen, an dem die *Spiegelneuronen* beteiligt sind, gibt es in mannigfaltiger Weise und ist ein klarer Beleg, dass Emotion und Körperreaktion zusammenhängen. Wir finden auch in unserer Sprache Hinweise für dieses Phänomen: Wir beben vor Wut, auch wenn wir uns nur eine Konfliktsituation mit einem für uns ungerechten Menschen vorstellen. Wir zittern vor Angst oder machen uns vor Angst in die Hose, wenn wir vor der Prüfungskommission stehen. Wir spüren unser Herz klopfen vor lauter Aufregung oder bekommen Schweißhände vor einem wichtigen öffentlichen Auftritt. Wir werden bleich vor Entsetzen, wenn wir einen Unfall beobachten müssen, oder es stehen uns vor Schreck die Haare zu Berge. Wir weinen vor Trauer über einen erlittenen Verlust oder auch in der späteren Erinnerung daran. Wir haben ein unbeschreibliches Wohlgefühl seelisch und körperlich, wenn wir ganz in Harmonie mit uns und der Welt sind. Davon werden Sie später im Zusammenhang mit *Kohärenz* Näheres erfahren.

Unser Gehirn hat nicht etwa die Aufgabe zu denken, sondern unseren Körper zu managen, Beziehungen und vor allem ein optimales Gleichgewicht aller Lebensvorgänge in uns herzustellen. *Homöostase* nennt das die Medizin. Befindet sich Ihr ganzer Organismus insgesamt in einem optimalen Bereich, haben Sie ein angenehmes Gefühl. Erfolgt umgekehrt eine Abweichung in gefährliche Bereiche, fühlen Sie sich nicht mehr wohl oder haben sogar Schmerzen. Also wie beim Anblick eines Unglücks. Der optimale Zustand ist assoziiert mit dem Gefühl von Wohlbefinden und Lust, was die Basis für den Zustand darstellt, den wir als Glück bezeichnen. Gefühle dienen also als *Barometer unseres Lebensmanagements.* So haben wir unseren Körper stets im Kopf[7].

Wir sind als Menschen in der Lage, uns einen bewussten Geist zu schaffen und unsere Verhaltensweisen und Denkmuster zu reflektieren. Das dazu nötige Wissen müssen wir jedoch von unten nach oben konstruieren[8,9].

Wie geht das? Über verschiedene Regelkreise erhält unser Gehirn einen ständigen Strom von Informationen, die unbewusst bleiben und die Grundlage für das ganz unbestimmte, sich selbst nicht bewusste *Proto-Selbs*t darstellen. Bei einem neugeborenen Kind entwickelt sich später durch Verkopplung mit bestimmten Hirnarealen, die für emotionale Vorgänge zuständig sind, ein fühlbares Kern-Selbst oder *Körper-Selbst*, das sich noch nicht in Sprache ausdrücken kann.

Das aber ist die Grundlage, um später ein »Ich« zu entwickeln. Das Körper-Selbst entwickelt sich im Wesentlichen aus der Interaktion zwischen Mutter und Kind. Wir leben erst einmal in einem Wust von inneren Bildern, von denen einige durch die Verknüpfung mit bestimmten Emotionen hervorgehoben werden. Dieses Körper-Selbst ist das Referenzsystem, auf dem jetzt ankommende Signale *bewertet* werden, z. B. in *angenehm* oder *unangenehm*. So kommt es zu einer ersten Strukturierung des Erlebnisfeldes. Dabei wird das Prinzip für die Auswahl der jeweiligen Bilder mit den Notwendigkeiten des Lebensmanagements verknüpft. So entsteht zunächst ein noch ganz diffuses *Bauchgefühl*. Das alles entwickelt sich weitgehend unterhalb der Schwelle des Bewusstseins, stellt also eine bleibende Masse an unbewussten Bildern und deren Verknüpfung dar. Und das lebenslang. Es gibt daneben auch *Hintergrundemotionen*, wenn wir etwa sagen, jemand ist angespannt, fröhlich oder niedergeschlagen. Solche Emotionen können Bezug zu wechselnden körperlichen Zuständen haben, wie ein Hochgefühl nach einem Jogging-Lauf oder ein Tiefgefühl nach einem monotonen oder ärgerlichen Bürotag[10].

Wie entwickelt sich unser Körper-Selbst im Mutterleib?

Sie haben bereits einiges erfahren über Ihr Selbst und Ihr Körper-Ich. Aber ab wann in unserer Entwicklung können wir von einem Körper-Ich und somit auch von einem *Körpergedächtnis* sprechen? Unser Selbst entwickelt sich schon sehr früh, wenn auch in einer noch sich selbst nicht bewussten Weise, nämlich schon im Mutterleib. Berührungen spielen hierfür eine große Rolle!

Die Erkenntnisse darüber sind relativ neu. Lange Zeit ging eine materialistische, chemisch-physikalisch ausgerichtete Wissenschaft davon aus, dass nach der Verschmelzung von Ei- und Samenzelle sich die Entwicklung des Embryos nach einem genetisch eindeutig fixierten Programm abspult. Was als Neugeborenes nach neun Monaten Schwangerschaft das Licht der Welt erblickt, sei, so dachte man, ein genetisch in allen Details vorher bestimmtes Produkt. Erst nach der Geburt würde die *Seele* in den neun Monate alten Körper eintreten. Heute wissen wir, dass in der Gebärmutter ein Lebewesen heranwächst, dessen körperliche und seelische Reaktionen durch vielerlei Erlebnisse während der Schwangerschaft schon ganz individuell geprägt sind. Viele Mütter sind sich instinktiv dieser Entwicklung bewusst und spüren genau, wie sich Freude oder Stress, sexuelle Aktivität oder Alkoholgenuss, eine lange Autofahrt oder ein entspannendes, warmes Bad auf die Aktivität ihres Ungeborenen auswirken. Und Mütter, die mehrmals schwanger waren, können oft schon ab dem fünften Monat sagen, dass dieses Kind ganz anders sein wird als das zuvor geborene.

Ein fünf Wochen alter Embryo kann schon Berührungsreize z. B. an Lippen oder Nase wahrnehmen. Natürlich noch auf einer sehr niedrigen Entwicklungsstufe des Nervensystems, das sich schon früh aus der Anlage der Haut entwickelt. Der Embryo kann fühlen und kann das Erlebte speichern. Wie wir heute wissen, kann dies für die Ausbildung seines späteren Körper-Ich positive oder negative Folgen haben.

Ein etwa zweimonatiger Embryo spürt zunächst mit seinen Lippen und reagiert auf Berührungsimpulse mit einer Bewegung. Doch schon ab dem dritten Monat kann er fast über seine gesamte Körperoberfläche verteilt Berührungsreize, die über die Gebärmutter geleitet werden, wahrnehmen und auch in seinem sich entwickelnden Gehirn verarbeiten und speichern. Die Fähigkeit, Berührungsimpulse wahrzunehmen, entwickelt sich zuerst in den Hautbereichen, die im späteren Leben besonders feinfühlig sind: Lippen, Gesichtshaut und Genitalien.

Im weiteren Sinne gehören zu diesen im Mutterleib wahrgenommenen Berührungen auch die Gefühlsregungen seiner Mutter, die die Gebärmutter mit einbeziehen und körperliche Reaktionen beim Ungeborenen auslösen können. Das Ungeborene hat aber noch keine Möglichkeit, sich gegen negative Empfindungen, bedingt etwa durch einen Migräneanfall der Mutter, Streit mit dem Partner oder einen Auto-Crash, zu schützen. Es hat noch keine Widerstandsfähigkeit, und deshalb haben diese frühen körperlich-seelischen Erlebnisse solch eine tief sitzende Bedeutung und können sich später auch als seelische Störung bemerkbar machen.

Im Laufe des embryonalen Wachstums entwickeln sich die verschiedenen Sinnesorgane, die dem Ungeborenen ein zunehmend komplexer werdendes Bild seiner erfahrbaren Welt, also seiner Gebärmutterwelt, vermitteln. Diese Eindrücke werden im embryonalen Gehirn verarbeitet und gespeichert. Die Hirnentwicklung wiederum wird durch den Strom verschiedener Sinneseindrücke wie Fühlen, Hören, Schmecken vorangetrieben und differenziert. So nimmt schon der Embryo den

Körpergeruch der Mutter wahr und findet ihn dann nach der Geburt im Körperkontakt mit der Mutter wieder.

Nach allem, was Sie bis hier gelesen haben, werden Sie schon vermuten, dass es der Tastsinn ist, welcher sich als erstes Sinnesorgan entwickelt. Nach neun Schwangerschaftswochen hat sich der Embryo in einen *Fötus* entwickelt und kann nicht nur auf die verschiedenen Berührungsreize reagieren, die er in der immer enger werdenden Gebärmutter empfängt, z.B. wenn Vater oder Mutter sanft ihre Hände auf den mütterlichen Bauch legen. Er berührt sich auch selbst. Ab dem fünften Monat lutscht er am Daumen. In Ultraschalluntersuchungen konnte sogar beobachtet werden, dass ein sieben Monate alter Fötus lächeln kann! Was das Ungeborene dabei empfindet, wissen wir natürlich nicht. Vermutlich sind seine Empfindungen noch sehr diffus, doch bald kann er positive von negativen, angenehme von unangenehmen Eindrücken unterscheiden. Das führt uns zu unserem zentralen Thema, dem Körper-Ich, zurück, denn das Ungeborene lernt schon jetzt in einer noch sehr wenig bewussten Weise die Grenzen seines Körpers kennen. Das aber ist die Vorstufe zu einem Ich-Bewusstsein, welches immer ein Körper-Ich beinhaltet.

Bedeutung des Körperkontaktes zwischen Mutter und Neugeborenem

Ein enger Körperkontakt zwischen Mutter und Neugeborenem ist wichtig für eine gesunde Entwicklung des Kindes. Das können Sie inzwischen überall lesen. Und es ist ja auch richtig, aber es wird oft nicht in einen größeren Zusammenhang gestellt.

Die Wissenschaftler vergangener Jahrzehnte haben sich vor allem mit den negativen Folgen von früh erfahrenem Stress, von Gewalt oder Trennungserlebnissen auf die Entwicklung des Kindes beschäftigt. Erst in neuerer Zeit ist die Bedeutung von häufigem Hautkontakt zwischen Neugeborenem und seiner Mutter, aber auch zu anderen Bezugspersonen, z. B. dem Vater, erkannt und näher untersucht worden.

Aufschlussreich sind in diesem Zusammenhang auch die wissenschaftlichen Beobachtungen an verschiedenen Säugetieren. Die meisten Säugetiere wie Katzen, Hunde, Ziegen, Pferde oder Kühe lecken unentwegt ihre neugeborenen Jungen. Katzenmütter verbringen einen großen Teil ihrer Zeit damit, ihr eigenes Fell und das ihrer Jungen liebevoll zu lecken. Das ist für Tiere die unmittelbarste Form der Zuwendung, da sie ja keine Hände mit feingliedrigen Fingern wie der Mensch haben, um damit sanft zu streicheln. Sie haben aber eine sehr bewegliche Zunge und erzeugen damit ein andauerndes Wohlgefühl.

Dieses Leck-Verhalten wird bei großen Affen wie Schimpansen nicht mehr beobachtet und natürlich auch nicht beim Menschen. Wir Menschen streicheln unsere Babys. Die Hautstimulation spielt also eine große Rolle für die frühe Entwicklung von Säugetier und Mensch und stärkt auch das Immunsystem.

Besonders bekannt wurden die Versuche eines englischen Forschers namens Harry Harlow, der mit jungen Affen arbeitete[11]. Er konstruierte eine mit einem flauschigen Stoff überzogene Drahtpuppe mit einer eingebauten Wärmequelle als eine Art Ersatzaffenmutter. Daneben stellte er eine zweite Drahtpuppe, die nicht mit Stoff umkleidet, sonst aber identisch mit der anderen war. Zusätzlich konnten die zwei bis drei Tage alten Affenbabys von diesen Ersatzmüttern auch Milch bekommen. Dabei zeigte sich, dass die Art der Berührung, entweder durch den Draht oder durch das flauschige Fell, die entscheidende Rolle dafür spielte, wie lange sich die Affenbabys bei der jeweiligen Puppe aufhielten. Sie hielten sich deutlich länger an der mit flauschigem Fell überzogenen Drahtpuppe auf. Das

Berührungsbehagen spielte also eine sehr viel größere Rolle als die Nahrungsaufnahme. Es wurde deshalb spekuliert, ob nicht vielleicht die primäre Rolle des Säugens darin besteht, eine körperliche Nähe von Mutter und Kind herzustellen, während die Nahrungsaufnahme dagegen zweitrangig ist.

Das Saugen an der Brust der Mutter und von ihr gestreichelt werden sind Urerfahrungen inniger Kontakte. Das ist die erste Welt für das Baby, sein erstes Objekterlebnis. Es lernt dadurch aber auch seinen eigenen Körper und die Grenzen seines Körpers kennen. Denn zunächst weiß das Baby nicht, wer oder was es ist. Es kann sich im Spiegel nicht als es selbst erkennen. Es sieht sein eigenes Händchen, aber bis es versteht, dass dies nicht das der Mutter, sondern sein eigenes ist, braucht es Zeit.

Viele neuere Befunde deuten darauf hin, dass ein zu geringer Hautkontakt zwischen Mutter und Kind in der späteren Entwicklung zu psychischen Störungen, darunter auch Störungen der Sexualität führen kann. Das Konzept Siegmund Freuds, die Haut schlechthin als erogene Zone zu betrachten, ist dennoch eindeutig zu kurz gefasst. Die häufigen intensiven Hautberührungen mit der Mutter und anderen Personen sind prägend für viele spätere Verhaltensweisen und keineswegs nur für die Sexualität.

Das bei Naturvölkern verbreitete Bei-sich-Tragen des Babys in einem Tragetuch hat sich auch bei uns eingebürgert. Es kann eine positive Rolle in der körperlich-seelischen Entwicklung eines Kindes spielen. Auch die Einführung der »Känguru-Methode« bei Frühgeborenen hat sehr positive Effekte gezeigt: Känguru-Babys nehmen mehr an Gewicht zu und entwickeln sich schneller als Babys, die nur im Brutkasten aufgezogen werden[12].

Der unmittelbare Körperkontakt bei der Känguru-Methode bewirkt auch ein besseres Trinkverhalten. Das hängt mit einer vermehrten Ausschüttung des Hormons Oxytocin zusammen, auf dessen wichtige Bedeutung wir im Zusammenhang mit Berührung später noch zu sprechen kommen. Beim Stillvorgang wird dieses Hormon sowohl beim Baby wie auch bei der Mutter vermehrt produziert. Es stärkt die Kind-Mutter-Bindung und erleichtert es damit der Mutter, die Bedürfnisse ihres Kindes wohlwollend zu erkennen[13].

Bei Vätern zeigen sich ebenfalls biologische Veränderungen, wenn sie viel körperlichen Kontakt mit ihren Kindern haben. Der Oxytocin-Blutspiegel der Väter steigt an, während der Testosteronspiegel und damit ihr Aggressionspotenzial abnimmt[14].

Nichts kann also falscher sein, als ein schreiendes Baby einfach schreien zu lassen in der Vorstellung, es wird schon wieder aufhören, wenn es merkt, dass es damit nichts bezwecken kann. Auch wenn es zeitgemäß ist, Kinder zur frühen Selbstständigkeit zu erziehen, erhöhen wir doch das Risiko späterer seelischer Störungen, wenn wir ein hilfloses Wesen in einem unbegrenzten Körperraum allein lassen, statt es mit Berührung zu trösten und ihm Halt und Sicherheit zu vermitteln.

Mein Körper in der Welt – Erfahrungen und Erinnerungen im Körpergedächtnis

Jede Zelle speichert in ihrer Erbsubstanz lebenslang ab dem embryonalen Stadium die Erfahrungen aus der Interaktion mit ihrem zellulären Umfeld. Epigenetik, ein Fachgebiet der Biologie, das sich mit der Frage befasst, welche Faktoren die Aktivität eines Gens und damit die Entwicklung der Zelle während des Lebens bestimmen und immer wieder verändern, ist ein großes Thema in den modernen biologischen Wissenschaften. Ein bekanntes Beispiel sind die Untersuchungen an *eineiigen Zwillingen*, die getrennt voneinander aufwachsen und selbstverständlich die gleiche genetische Ausstattung in ihrer DNS besitzen und behalten. Untersucht man sie im Alter von 50 Jahren, zeigen sie aber erhebliche Unterschiede in ihrer epigenetischen Struktur und damit in der Expression ihrer DNS-gebundenen Erbsubstanz, d.h. in der Art und Weise, wie die Umsetzung dieser Information in einzelne zelluläre Prozesse erfolgt.

Auf einer höheren Ebene gibt es dazu eine Parallele: Mein Körper besteht aus unzähligen bewussten und unbewussten Erinnerungen, die alle gespeichert sind. Dabei erscheint besonders wichtig: Die Verbindung zwischen einer körperlichen Erfahrung und der dazugehörigen emotionalen Reaktion wird gespeichert und kann auch wieder in dieser Kopplung abgerufen werden[15]. Viele verschiedene Hirnareale sind an diesem Vorgang beteiligt, obwohl neurophysiologisch noch nicht klar ist, wie und wo das im Einzelnen geschieht und ob tatsächlich solche *Gedächtnisspuren* im Gehirn vorhanden sind. Die Erfahrung als Grundlage dieser Erinnerungen macht aber unsere Haut. In einer komplexen Weise können hierbei auch andere Sinnesorgane beteiligt sein. Dabei können es gute oder schlechte Erfahrungen sein. Eine über 80-jährige schon lange verwitwete Frau wurde gefragt, was sie von der Person ihres vor vielen Jahren verstorbenen Mannes am meisten erinnerte und vermisste. Spontan antwortete sie: »Seine warmen Hände.« Die folgenden kurzen Beispiele sollen nochmals illustrieren, in welchen Situationen das Körpergedächtnis eine oft überraschende Rolle spielen kann.

Johannes ist ein vom Berufsalltag oft gestresster 45-jähriger Geschäftsmann. Wenn er nachts nicht einschlafen kann, streicht er mehrmals ganz sanft mit seiner Hand über den Handrücken seiner anderen Hand. Dabei hört er leise eine Stimme, deren Worte er nicht versteht. Durch diese Berührung empfindet er nach einer Weile ein kindlich-geborgenes Gefühl, das ihn an die kleine Zeremonie erinnert, die das von seinen Eltern angestellte japanische Au-pair-Mädchen mit ihm machte. Wenn er als Kind nicht einschlafen konnte, murmelte sie japanische Kinderreime oder Segenssprüche und strich dabei immer wieder in gleicher Weise über seine Hände. Und noch heute schläft er dabei ein – mit einem guten Gefühl.

Justus ist 85 Jahre, schon lange verwitwet und muss in einem Senioren-Pflegeheim wohnen. Er kann mit Mühe alleine aufstehen und sich waschen und ankleiden. Die Pflegerin macht sein Bett, lüftet das Zimmer und fragt, ob er noch etwas braucht. »Ach, Schwester, können Sie mich nicht einmal anfassen?« Die Pflegerin stutzt und fragt, wie er das meint. »Einfach so, einfach mal Ihre Hand auf meinen Rücken legen.« Die Schwester legt ihre Hand auf seinen Rücken und lässt sie ganz ruhig dort liegen. Im Gesicht von Justus zeigt sich ein kleines, fast kindliches Lächeln, es ist ganz still im Zimmer. Nach einer Weile sagt Justus: »Wissen Sie, so hat meine Mama mich als Kind beruhigt, wenn ich unruhig oder traurig war. Oder wenn ich Husten hatte, dann hat sie meinen Rücken mit etwas eingerieben. Daran musste ich gerade denken.«

Barbara, 49 Jahre, ist in ihrer Kindheit einmal von einem Hund ins Bein gebissen worden. Noch heute kann sie sich keinem Hund nähern, ohne ein massives Angstgefühl zu entwickeln, das sich zu Panik-Reaktionen steigern kann. Wenn das passiert, beginnt die Stelle an ihrem Bein zu schmerzen, in die der Hund hineingebissen hatte. Trotz einiger psychotherapeutischer Behandlungen konnte diese

Phobie nicht geheilt werden. Das damalige Erlebnis, die Kombination von Schmerz und Angst, scheint auf ewig in ihrem Körper gespeichert zu sein.

Nach einer Psychoaktiven Massage erzählt Peter, dass die Massage am Bauch ihn an die warmen Hände seiner Mutter erinnerte. Sie hatte seinen Bauch immer gestreichelt, wenn er Bauchschmerzen hatte.

Der Geruch, ein im Tierreich besonders bedeutsamer Sinn, spielt auch im Zusammenhang mit körperlichen Erinnerungen eine große Rolle. Wir haben das schon im Zusammenhang mit der Interaktion vom Neugeborenen und seiner Mutter erwähnt. Zwei weitere Beispiele sollen dies illustrieren.

Antonio, 59 Jahre, fährt in einem Kaufhaus die Rolltreppe hinauf. Plötzlich kommt ihm der betörende Duft eines Parfums entgegen, das ihn augenblicklich fesselt. Er blickt der Frau nach, von der dieser Duft vielleicht ausging. Könnte sie es sein? Doch sie erinnert ihn an niemanden. Dennoch, in ihm werden starke Bilder wach, und er spürt etwas in sich vibrieren. Vor vielen Jahren hatte er eine intensive Affäre, sie trug gerne dieses Parfüm, das ihm sonst nie wieder begegnet war. Er war damals verzweifelt, als sie wegging, denn er meinte, sie wäre die Frau seines Lebens geworden. Antonio kann nicht mehr weitereinkaufen. Er setzt sich ins Café, überlässt sich seinen Gedanken, versucht die Gedächtnisbilder, die sich überschlagen, in eine Ordnung zu bringen. Doch am Grunde seiner Seele liegt wie ein tiefer See die schmerzhafte und gleichzeitig beseligende Erinnerung an ein vorher nicht gekanntes Begehren.

Sabine, 56 Jahre, seit über 10 Jahren von ihrem Mann geschieden, steht bei der Post in der Schlange vor dem Schalter. Ein Mann kommt ihr vom Schalter entgegen, um das Gebäude zu verlassen. Ihre Nase wird von einer Wolke seines After Shaves berührt. Plötzlich zieht sich ihr Magen zusammen, und für eine Sekunde hat sie Mühe zu verstehen, was gerade passiert. Doch dann wird ihr bewusst, dass dieser Geruch sie an das Gespräch vor vielen Jahren erinnert, in dem ihr Mann ihr seine Entscheidung mitteilte, dass er sich von ihr trennen werde.

Wenden wir uns jetzt einmal unserem normalen Lebensbereich zu. Morgens nach dem Aufstehen folgt fast jeder Mensch einem Ritual. Für viele beginnt der Morgen mit dem Bedienen der Kaffeemaschine. Die gewohnten Handlungen laufen automatisch ab, wir müssen nicht mehr überlegen, wie viel Wasser oder Kaffeepulver wir in die Maschine geben. Das ist in unserem Körpergedächtnis gespeichert, und wir können uns darauf verlassen. Oder denken Sie an die komplexen Abläufe, die wir täglich beim Autofahren absolvieren: schalten, kuppeln, Gas geben, bremsen, lenken, den Blinker setzen usw. Nun, okay, das sind keine so komplizierten Abläufe. Aber haben Sie sich schon einmal Gedanken darüber gemacht, wie ein Flötist im Orchester an genau der richtigen Stelle eine extrem schnelle Partie fehlerfrei spielen kann? Er setzt nicht jede der vielen schwarzen Noten in diesem Moment in komplizierte Griffe um. Er hat es hundert Mal geübt, und dabei den präzisen Ablauf der Fingerbewegungen, der Lippen- und Zungenpositionen und der Zwerchfellspannung in seinem Körper so gespeichert, dass er ihn jederzeit abrufen kann. Das Gleiche trifft für die Sängerin zu, die zu einem bestimmten Moment in der Oper einen schwierigen Spitzenton zu produzieren hat. Auch sie hat jetzt nicht die Zeit zu überlegen, wie sie ihre Gesichtsmuskulatur, ihren Gaumen und ihren Kehlkopf einstellen, ihre Resonanzräume öffnen muss. Dies alles ist körperlich abgespeichert und ist damit im entscheidenden Augenblick präsent. Intelligentes Üben und die körperliche Speicherung von Problemstellen ist die Voraussetzung für eine optimale Performance eines Profi-Musikers. Auch ein Motorradfahrer ist auf sein Körpergedächtnis angewiesen. Der beste Sensor ist sein Hintern, der ihm aufgrund von konkreter Erfahrung präzise signalisiert, ob er in einer etwas forsch genommenen Kurve mit seiner schweren Maschine in den Grenzbereich kommt, wo sie ihm abschmieren könnte.

Kohärenz – raus aus der Burn-out-Falle

Können Sie sich unter Harmonie von innen und außen etwas vorstellen? Wir erleben viele Menschen in unserer praktischen Körperarbeit, die an einer Störung leiden, die man heute als *Burn-out,* also als Ausgebranntsein, bezeichnet. Tatsächlich kommt dieser Ausdruck aus der Technikersprache und bedeutet: ausgebranntes Raketentriebwerk. Menschen im Burn-out haben die Balance zwischen Anspannung und Entspannung verloren. Damit ist ihre natürliche Harmonie gestört. Was ist das für eine Harmonie? Geht es Ihnen gut, befinden Sie sich in einer ständigen Wechselbeziehung zwischen Außenwelt und Ihrer Innenwelt. Stellen Sie sich vor, Sie gehen in einem kleinen Bio-Laden einkaufen, den es vielleicht noch in Ihrem Wohnort gibt. Dieser kleine Laden ist Ihre Außenwelt. Sie kaufen dort dies und jenes und erfreuen sich an den frischen Angeboten. Ihnen ist vertraut, was Sie dort tun, und das steht in einem natürlichen, verständlichen Zusammenhang mit Ihren innerlichen Wünschen und vergangenen Ereignissen. Das passt alles zusammen. Da Ihre Gefühle, Ihre Wünsche und Ihr Innenleben immer einen Bezug zu Ihrem Körper haben, erleben Sie eine Interaktion, die Ihre Innenwelt mit der Außenwelt harmonisch verbindet. Sie fühlen sich wohl. Diese Harmonie von innen und außen nennen wir in der Psychologie *Kohärenz,* was nichts anderes als Zusammenhang bedeutet. Wir fühlen uns wohl, wenn ein solcher lebendiger Zusammenhang zwischen innen und außen existiert. Ein bekannter Forscher hat von *Kohärenzgefühl* gesprochen und die Behauptung aufgestellt, dass ein intaktes Kohärenzgefühl eine wesentliche Voraussetzung für unsere körperlich-seelische Gesundheit ist[16]. Westliche Mediziner haben sich früher eigentlich immer nur die Frage gestellt: Warum wird ein Mensch krank? Das ist das Thema der *Pathogenese.* Aber die doch wohl ebenso wichtige Frage ist: Warum wird ein Mensch, der genetisch oder körperlich-seelisch belastet ist, *nicht* krank? Diese Frage ist erst in neuerer Zeit aufgekommen. Heute wird deshalb verstärkt über wissenschaftliche Probleme der *Salutogenese,* also den Bedingungsfaktoren für seelische und körperliche Gesundheit geforscht[17]. Das Kohärenzgefühl, die wohltuende Harmonie von innen und außen, ist eng verknüpft mit unserer seelisch-körperlichen Widerstandsfähigkeit, der sogenannten *Resilienz.* Diese Fähigkeit hilft uns, gegen innere und äußere Störungen anzukommen. Resilienz ist nicht einfach ein genetisch bestimmtes, also angeborenes Persönlichkeitsmerkmal. Sie entwickelt sich in der Auseinandersetzung mit Herausforderungen, also in der Interaktion von Kind und Umwelt. Es gibt Faktoren, die für die Entwicklung von Resilienz eine Rolle spielen. Manche liegen in der Person selbst, etwa Intelligenz, realistische Selbsteinschätzung, soziale Kompetenz wie z. B. Übernahme von Verantwortung, Empathie, also emotionale Teilnahme am

Schicksal anderer Menschen. Andere Faktoren zur Entwicklung der Widerstandsfähigkeit liegen in der sozialen Umgebung, wie in der Familie oder Schule[18]. Menschen, die innerlich und äußerlich desorganisiert und bezüglich ihrer menschlichen Bindungen unsicher sind, haben eine geringe Chance auf Ausbildung ausreichender Resilienz.

Was hat das nun alles mit unserem Thema Körperkontakt und Heilsame Berührung zu tun? Die Antwort ist: Sehr viel! Eine Massage, die Sie Ihren Körper wieder spüren, wieder finden lässt, stärkt damit auch Ihre Möglichkeit, innen und außen wieder in Harmonie zu bringen. Beim klassischen Burn-out ist genau dieser natürliche Zusammenhang von innen und außen zerbrochen. Vielleicht kennen Sie selbst Phasen Ihres Lebens, wo Ihnen Ihre Arbeit, die Ihnen früher viel Freude gemacht, Ihr persönliches Engagement und Ihre Kreativität herausgefordert hat, durch eine Veränderung in Form und Struktur plötzlich keinen Spaß mehr macht. Sie arbeiten, wie es verlangt wird, sehen aber keinen Sinn darin und erleben keine Befriedigung mehr. Mehr und mehr bewegen Sie sich in einem Hamsterrad, werden unzufrieden und lustlos. Können Sie nicht gegensteuern und Ihre Situation verändern, kann sich daraus eine handfeste Depression entwickeln.

Nach den Erkenntnissen der Kohärenzforschung werden in Kliniken, die sich auf die Behandlung von Menschen mit aktuellem oder drohendem Burn-out spezialisiert haben, auch Körpertherapien in Form Heilsamer Berührung angeboten. Über deren spezifische Wirksamkeit berichten wir in den nachfolgenden Kapiteln.

Zuvor wollen wir Sie nochmals in das Leben von Maria und Noah mitnehmen und Ihnen verdeutlichen, was mit Kohärenz bzw. Kohärenzverlust gemeint ist.

Maria hat das Abendessen vorbereitet. Sie wartet auf Noah, der heute die Entscheidung über sein Konzept für die Einführung einer Spezialambulanz für Körpertherapie durch den Klinikchef erhalten hat. Für Noah würde die Annahme des Projektes einen lang erhofften beruflichen Aufstieg bedeuten. Als Noah die Wohnungstür aufschließt, die Aktentasche achtlos auf den Boden stellt und sich stumm in den Sessel wirft, ist ihr klar, dass das Gespräch nicht gut gelaufen ist. Nach einer Weile fragt sie, wie die Entscheidung ausgefallen ist. Noah schaut sie mit leerem Blick an: »Der Chef hat es abgelehnt.« Er reibt sich die Augen. Maria bemerkt, dass es Tränen sind, die er versucht wegzuwischen. Nach einer Weile sagt er: »Einige Kollegen fanden das Konzept ganz gut, aber es sei derzeit so nicht zu verwirklichen. Das war ja noch o. k., aber dann haben sie gesagt, der ganze Projektplan sei zu unstrukturiert.« Noah wird plötzlich ganz still, so als würde er kaum noch atmen. Sein ganzer Körper scheint zu erstarren. Mit kraftloser Stimme sagt er: »Danach hat der Chef mir noch gesagt, ich hätte insgesamt nachgelassen und dadurch das Renommee der Station beschädigt. Einige Kollegen hätten sich bereits über mich beschwert.« Noah ballt plötzlich die Faust: »Das war so demütigend. Die waren so selbstherrlich. Vor allem der Klinikchef. Vor lauter Wut hätte ich aus der Haut fahren können.« Maria bleibt ruhig. Ein falsches Wort und Noah würde seinen Zorn und seine Enttäuschung nicht mehr kontrollieren können. Nach einer Weile fragt sie ihn: »Und jetzt, wie fühlst du dich jetzt?« Noah sagt: »Ach, ich bin irgendwie noch wütend oder enttäuscht, ach, ich weiß gar nicht mehr, wie ich mich fühle. Eigentlich will ich jetzt nur noch weg.« Maria legt ihre Hand auf die seine und bleibt bei ihm. Sie meint zu spüren, dass Noah in sich zusammenfällt. Irgendwann sagt Noah: »Wenn wir uns nicht hätten, gäbe ich mich auf.«

Was hat Maria mit ihrem Verhalten bewirkt? Ob es ihr bewusst war oder nicht, sie tat das Richtige. Wo Worte nicht mehr ankommen oder jedes Wort missverstanden werden könnte, sind wir auf die alte Geste des Vertrauens angewiesen: auf eine Berührung. Sie kann den anderen wieder zu sich selbst kommen lassen. Zwei Hände verbinden zwei Körper. Außen und innen haben eine Chance, wieder zueinander zu kommen.

Wie wir den Körper des anderen wahrnehmen

Unser Körper drückt unser Ich aus, und wir ziehen wiederum Rückschlüsse aus dem Anschauen oder Berühren eines anderen individuellen Körpers. Ist er uns angenehm oder nicht? Fühlen wir uns angezogen? Ist er rätselhaft oder ein offenes Buch? Sind wir versucht, ihn anzufassen? Eine lebhafte Gestik kommuniziert der Umwelt geistige Beweglichkeit und Neugier, eine gebeugte Haltung, anliegende Arme und sparsame Bewegungen signalisieren einen eher kummervollen oder depressiven Zustand. Der Körper einer Magersüchtigen, eines Dirigenten vor dem Auftritt, eines Profisportlers, einer Krankenschwester, sie alle kommunizieren uns etwas. Haare, Geruch, Hautbeschaffenheit, Bewegungsmuster sind Details und spielen eine Rolle. Wäre dies nicht so, könnte ein Schauspieler uns eine von ihm darzustellende Figur nicht konkret vor Augen führen. Wir kontrollieren unser eigenes Aussehen, blicken mehrfach am Tag in den Spiegel und setzen unseren Körper im Umgang mit unserer Umwelt auch bewusst ein. Wir nutzen dieses Wissen, um unsere Darstellung in bestimmten Rollen zu optimieren. Menschen, die in der Öffentlichkeit auftreten wie Politiker, lassen sich coachen, damit sie mit wirkungsvollen und überzeugenden Körperhaltungen andere Menschen und sich selbst beeindrucken oder gar manipulieren können.

Beobachten Sie einmal Ihre Mitreisenden im Zug oder in der U-Bahn. Ihr Verhalten ist unterschiedlich: die Art und Weise, wie sie z. B. mit dem Zugbegleiter sprechen, das Telefon bedienen oder die Zeitung lesen. Sie brauchen gar nicht mitzuhören, allein die Gestik eines Telefonierenden kann etwas über seinen Charakter und seine aktuellen Emotionen verraten.

Ein Beispiel aus dem Alltag:

Sie wollen sich etwas Neues zum Anziehen kaufen, sind aber noch unschlüssig, wie es aussehen sollte. Sie gehen in die Damen- oder Herrenabteilung eines Kaufhauses. Dort sehen Sie zwei Verkäuferinnen stehen. Die eine schaut etwas gelangweilt aus, wirkt sehr mit sich selbst beschäftigt. Die andere schaut ihre Kundschaft an und bewegt sich lebendig, spricht mit den Händen wie eine Italienerin. Ihr ganzes Äußeres ist ansprechend und vertrauenswürdig. Ohne viel nachzudenken, werden Sie sich entscheiden, zu welcher Verkäuferin Sie gehen, um sich beraten zu lassen.

Die moderne Medizin untersucht den Patienten mittels hochkomplexer technischer Systeme. Aber in der alten Erfahrungsmedizin galt schon der Blick auf den Patienten, wenn er das Sprechzimmer betrat, als diagnostisch wichtig. Ganze Lehrbücher beschäftigten sich inhaltlich nur mit dem Gesicht, dem gesamten Erscheinungsbild des Patienten und spezieller Körperteile bei verschiedenen Krankheiten. Und auch damit, wie sich erkrankte Körperbereiche anfühlen, z. B. auch die eines depressiven Menschen.

Mein Körper – wie ich und wie ihn andere sehen

Es gibt meinen Körper, so wie ich ihn habe, wie ich ihn fühle, wie ich ihn von innen wahrnehme – und es gibt meinen Körper, wie ihn andere von außen sehen. Diese beiden Perspektiven müssen sich nicht unbedingt decken. Sie schauen vermutlich wenigstens einmal am Tag in den Spiegel. Warum tun Sie das? Sie möchten sich und Ihren Körper mit seiner Hauthülle nicht irgendwie Ihren Mitmenschen zeigen, sondern in einer von Ihnen definierten Form. Wir haben ein bestimmtes Bild von unserem Körper, von seiner Außensicht, die wir gegebenenfalls korrigieren und optimieren wollen.

In besonderer Weise erleben wir dieses Zwiegespräch zwischen dem Körper, dem Leib, der wir sind, und unserem von außen gesehenen Körper, wenn wir ein fotografiertes oder gemaltes Bild von uns sehen. Wir fragen uns, ob wir tatsächlich so aussehen und ob die Welt uns so sieht. Es gibt Bilder von uns, mit denen wir uns nicht identifizieren wollen, ja, auf denen wir uns ganz fremd sind. Vielleicht wollen wir uns nicht an unseren damaligen seelischen Zustand, den unser hier abgebildeter Körper ausdrückt, erinnern oder umgekehrt nicht die Sehnsucht spüren an Momente in unserem Leben, die vergangen und nicht wiederholbar sind.

Blicke können töten, sagt man. Der Blick des anderen, der liebevoll meinen Körper umfängt, ihn nicht wie ein Röntgenauge abtastet, sondern Sympathie vermittelt mit der Person, die mein Körper ausdrückt, tut mir wohl. Blicke, die mich personifizieren oder auch freundlich den Zustand akzeptieren, in dem mein Körper sich gerade befindet, vielleicht erhitzt vom Tanz, eilends dem anderen entgegengehend, bewegt vom Applaus des Publikums, einem Ball nachlaufend oder versonnen an einem Grab stehend – das sind Blicke, die mich bestätigen wie eine liebevolle Berührung. Es gibt andere Blicke, die einen körperlichen Zustand von mir missbilligen oder verlachen, mein großes Tattoo am Oberarm, meine lila gefärbten Haare. Diesen Blicken kann ich standhalten oder mit Trotz begegnen: »Ihr ewigen Spießer!« Aber es gibt Blicke, die mich prüfend abschätzen und kalt betrachten, die mich ausziehen, mich objektivieren, wie etwa die des Bordellbesitzers, der prüft, ob der ihm präsentierte Körper für seine Kunden taugt. Solche Blicke werfen mich auf meinen Körper als anatomisches Gebilde zurück. Das ist die Situation, in der Schamgefühl entsteht, wie etwa in der so oft gemalten Szene der lüsternen Männer, die Susanna im Bade beobachten[19].

Erinnerungen an gute und schlechte Berührungen formen unser Leben

Jeder Hundebesitzer weiß, welche Rolle die negativen oder positiven Vorerfahrungen für das Verhalten eines Hundes bedeuten. Ein Hund, der immer nur geschlagen, getreten, misshandelt wurde, zuckt schon bei jeder Handbewegung zusammen und lässt sich auch nicht gern anfassen. Trotz der schlimmen Erfahrung kann man ihn erziehen. Er wird aber nicht das gleiche anhängliche Tier sein wie sein Spielgefährte, der als Welpe von seiner Mutter großgezogen und von seinem Vorbesitzer immer freundlich behandelt wurde. Auch Katzen, die nicht von der Mutter aufgezogen wurden, sind schreckhafter und in ihren Reaktionen schwieriger vorhersehbar als Katzen mit natürlichen Aufzuchtsbedingungen.

Ein Mensch, der in der frühen Kindheit wenig Zuwendung erfuhr, vielleicht in einem schlecht geführten Heim aufwachsen musste, oft körperlich gestraft wurde oder ständig gewärtig sein musste, dass sein alkoholisierter Vater ihn noch nachts tätlich angreift, wird es schwer haben, Vertrauen zu anderen Menschen in seinem späteren Leben zu entwickeln, sich auf freundliche Zuwendung, auf körperliche Nähe einzulassen. Er wird von anderen Menschen eher Schlechtes erwarten, immer neue Schutzmauern aus Misstrauen heraus entwickeln, und er trägt das Risiko in sich, dadurch an schweren psychischen Störungen zu erkranken. Andere Menschen werden Schwierigkeiten haben, mit ihm zu kommunizieren, weil seine Verhaltensweisen oft nicht einfühlbar, nicht vorhersehbar sind.

Vielleicht kennen Sie solche Menschen und wundern sich, warum sie sich das Leben so unnötig schwer machen. Das geprägte Muster des konstanten Misstrauens der Welt gegenüber führt immer wieder schnell zu Konflikten. Das ursprüngliche Vertrauen, das Lebensvertrauen, das sich durch Zuwendung und körperlichen Kontakt gerade in den ersten Lebensmonaten und Jahren bildet, ist die Grundlage für die spätere Fähigkeit, anderen Menschen mit einem Vertrauensvorschuss zu begegnen und auch Vertrauen in eine freundschaftliche oder zärtliche Berührung zu haben, in die eigene wie die des oder der anderen. Die Franzosen haben einen schönen Ausdruck für einen groben, ungehobelten Menschen, der also ungeschickt ist im Umgang mit anderen. Sie sprechen von einem »ungenügend geleckten Bär«. Das geht zurück auf eine alte, aus der Antike stammende Vorstellung, wonach die Bärenjungen so unentwickelt auf die Welt kommen, dass sie von der Bärenmutter erst in die richtige Form geleckt werden müssen[20]. Ein solcher Mensch, der wie ein nicht geleckter Bär ist, hat Mühe, die Welt und sein menschliches Umfeld zu be-greifen, weil er das eben nicht gelernt hat. Wenn er in seiner Kindheit nicht berührt wurde, so kann er auch später andere Menschen nicht be-rühren. Er wird an sozialer Isolation leiden, was nicht ausschließt, dass er ein Geschäftsimperium aufbaut, und sei es als Mafia-Boss.

Menschen, die eine vertrauensvolle Zuwendung zur Reifung ihrer körperlich-seelischen und geistigen Entwicklung nicht erfahren haben, müssen sich schützen, um ihre eigene Unsicherheit nicht zu spüren. Sie legen einen seelischen und körperlichen Panzer um sich herum. Der menschliche Körper kann diesen Schutz tatsächlich mit erhöhter Muskelmasse und Erhöhung des Muskeltonus aufbauen. In der Gestalttherapie wird sehr treffend von *emotionaler Anatomie* gesprochen[21]. Ein solcher Mensch wird vielleicht einen ausgeprägten Spürsinn für Gefahren entwickeln, er wird aber keinen offenen Blick, keine Resonanz mit dem Schönen und dem Leid in der Welt entwickeln. Bindungsarmut und Bindungsunfähigkeit verhindern die Bildung von Resilienz (s. S. 57 f.) und bedingen einen Verlust an Autonomie und damit ein unterentwickeltes Selbstwertgefühl[22].

Berührungsmangel in der Kindheit findet sich auch bei Frauen mit Magersucht. Folter und sexueller Missbrauch sind schwere Traumata, die lebenslange Störungen hervorrufen können. Ihre Behandlung ist schwierig, unter anderem auch deswegen, weil die Aufarbeitung von in frühen Jahren erlittenen Traumata erst im Erwachsenenalter möglich ist.

Eltern und Pflegepersonen können durch ihr Verhalten in den ersten Lebenstagen und Monaten des Kindes Anlass für eine unterentwickelte Bindungsfähigkeit sein. Grundsätzlich gilt wohl, dass wir in unserem Land im Vergleich etwa zu Indien oder Afrika durch Berührungsarmut gefährdet sind. Die dadurch bedingten Störungen präsentieren sich bei vielen Klienten psychotherapeutischer Praxen als eine spezielle Form von chronischem Trauma. Wir haben aber auch glücklicherweise die alternative Möglichkeit, unseren Kindern eine stabile emotionale Basis für ihr Leben und für einen niedrigen Stresspegel mitzugeben. In den weiteren Kapiteln werden wir Ihnen praktische Wege dazu aus körpertherapeutischer Sicht aufzeigen.

Der Tastsinn – unser Haut-Gehirn

Die Haut – Spiegel der Seele

nach Uwe Gieler

Unsere Haut – ein multifunktionales Kommunikationsorgan

Wenn wir über die vitale Bedeutung von Berührung in ihren verschiedensten Formen sprechen wollen, müssen wir uns etwas näher mit dem biologischen Medium des Körperkontakts und der Heilsamen Berührung beschäftigen. Und dieses Medium ist die Haut, ein Organ, mit dem wir tagtäglich bewusst oder unbewusst Umgang haben.

Welche Bilder, Erinnerungen oder Wünsche werden in Ihnen wach, wenn Sie an Ihre Haut denken?

Maria stellt sich vor, wie zart und warm sich ihre Haut vom Schlaf direkt nach dem Aufstehen anfühlt. Noah dagegen denkt an das große Muttermal an seinem linken Oberschenkel, das ihn immer davon abhält, kurze Hosen zu tragen.

Viele Frauen denken wohl sofort an ihr Gesicht. Und manche eher besorgt, wenn sie die ersten Fältchen entdecken. Mütter denken an die rosige, samtige Haut ihrer Babys, pubertierende Jugendliche eher an die quälende Akne in ihrem Gesicht. Jeder

Mensch hat seine eigenen Gedanken und Vorstellungen, wenn er an seine Haut denkt.

Die Haut ist für uns also ganz wesentlich ein Ausdrucksorgan. Sie vermittelt anderen, wer wir sind oder sein wollen, sie vermittelt aber auch Gefühle der verschiedensten Art: Wir erröten aus Scham oder Ärger, wir bekommen eine Gänsehaut, wenn wir frieren, werden bleich oder die Haare stehen uns zu Berge vor Angst und Entsetzen. Wir sagen auch, dass uns eine unangenehme Nachricht unter die Haut geht, oder die Angst vor einer bevorstehenden Prüfung lässt uns den Schweiß auf die Stirn treten. Wir sagen von jemandem, er sei dünnhäutig, oder auch, er habe ein dickes Fell. Wir könnten manchmal buchstäblich aus der Haut fahren, oder wir tun ein potenziell ärgerliches Ereignis ab: Das juckt mich nicht. Unsere Haut ist die Eintrittskarte in die soziale Welt. Ihr Aussehen wird von anderen bewertet. Sie ist gepflegt oder ungepflegt; jung oder alt; blass oder sonnengebräunt; weiß, gelb oder schwarz – daran machen sich soziale Unterschiede fest. Die Haut des Gesichts oder der Hände hat eine Geschichte, die teilweise aus ihr ablesbar ist. Die Haut einer englischen Gräfin mit Bediensteten sieht anders aus als die eines 60-jährigen Handwerkers.

Ein schönes Beispiel finden wir in der biblischen Überlieferung: Als Moses das zweite Mal vom Berge Sinai herabsteigt zu seinem abtrünnigen Volk, das dem Goldenen Kalb gehuldigt hat, die zwei neuen Gesetzestafeln unter dem Arm, da glänzt und leuchtet sein Gesicht in einer noch nie gesehenen Weise. Nachdem er auf dem Berge mit Gott gesprochen hat, ist er erfüllt und ergriffen von dem neuen Geist. Das Leuchten in seinem Gesicht ist so stark, dass er es künftig mit einem Tuch bedecken muss, wenn er mit seinem Volk etwas zu bereden hat.[1]

Unsere Haut und die unseres Gegenübers können also Emotionen der verschiedensten Art ausdrücken: Die Haut ist der

Spiegel der Seele. In einer sehr extremen Weise zeigt sich die Haut als unser Aushängeschild und Ausdruck unserer Lebenseinstellungen bei Menschen mit Tätowierungen oder Piercings[2]. Tätowierungen gelten heute als besonderer Körperschmuck. Sie sind Blickfänger, und der Blick des Betrachters endet meist nicht auf den Hautbildern, sondern auch auf ihrem Träger, der durch die Auswahl der Bilder seine Lebenseinstellung ausdrückt. Auch Piercings sind Körperschmuck, der wie beim Tätowieren beim Aufbringen auf oder durch die Haut mit Schmerz verbunden ist. Der Schmuck wird damit *einverleibt* und gewinnt so eine Besonderheit für den Träger. Auch beim Betrachter können sich körperliche Empfindungen bemerkbar machen, wenn beim Anblick Erinnerungen an eigene Körperschmerzen angeregt werden.

Kommunikation ist eine wichtige Funktion unserer Haut. Sie transportiert nicht nur unsere inneren Zustände nach außen, sie vermittelt auch in vielfältigster Weise externe Information wie die Größe eines Gegenstands, Temperatur, Schmerz, zärtlich gemeinte Berührung nach innen. Anatomisch gesprochen transportiert sie externe Informationen in unser Gehirn. Speziell begabte Menschen können über Berührung einen Trance-Zustand beim Berührten auslösen. Selbstverständlich kommunizieren wir auch über Sehen und Hören miteinander. Was aber ist das Besondere an der Kommunikation über die Haut? Die Antwort ist: Sie ist doppelt gerichtet. Was bedeutet das? Während beim Sehen oder Hören die Kommunikation immer von außen, von einem Objekt nach innen in Richtung unseres Gehirns fließt, ist die Richtung des Informationsflusses bei der Haut: von innen nach außen *und* von außen nach innen. Dies kann gleichzeitig erfolgen, ist ineinander verwebt. Wie das funktioniert, erfahren Sie im folgenden Abschnitt.

Die Haut – unser größtes Sinnesorgan. Was ist taktil und was ist haptisch?

Die Haut ist der Ort des Tastsinns, den man etwas allgemeiner auch als Berührungs-Sinn bezeichnen könnte. Unter den fünf Sinnen Sehen, Hören, Schmecken, Riechen, Fühlen und ihrer entsprechenden Organe ist die Haut unser größtes und ältestes Sinnesorgan. Sie wiegt bei einem Erwachsenen ohne Unterhautfettgewebe ca. fünf Kilogramm und bedeckt fast zwei Quadratmeter Fläche. Im Gegensatz zu den übrigen vier Sinnen lässt sich der Tastsinn nicht ausschalten wie etwa der Gesichtssinn, wenn wir die Augen schließen, oder das Gehör, wenn wir uns Ohropax ins Ohr stopfen. Wir fühlen immer, 24 Stunden am Tag. Und ein von Geburt blinder Mensch kann über den Tastsinn bei ausreichender Stimulation eine räumliche Vorstellung seiner ihn umgebenden Welt erlangen, er benötigt dazu die anderen Sinne im Prinzip nicht[3]. Und: Unser Tastsinn ist immer intakt bis ans Ende unserer Tage, auch wenn wir nicht mehr oder nur noch eingeschränkt sehen oder hören können. Der Tastsinn ist die Grundlage unseres Welt-*Begreifens* und unseres Kontaktes zu anderen Menschen. Umso erstaunlicher erscheint es, dass die Wissenschaft und die Philosophie sich lange Zeit nicht mit dem Tastsinn beschäftigt haben, während es Tausende von Untersuchungen zu den Mechanismen des Sehens gibt. Vermutlich liegt die Ursache im fehlenden Profit für die Pharmaindustrie. Eine Pille gegen Störungen des Tastsinns brauchen wir nicht, weil es derartige Störungen kaum gibt. Das Gleiche dürfte für die fehlende Forschung über die heilsame Wirkung von Berührung gelten. In Deutschland gibt es derzeit kein Forschungsinstitut, das sich zum Beispiel mit den theoretischen Grundlagen von Massage oder Physiotherapie beschäftigt. In den letzten Jahren ist jedoch ein erstaunlicher Wandel zu beobachten: An vielen Orten der Welt wird jetzt über die Natur und Bedeutung *taktiler und haptischer Reize* geforscht. In Deutschland untersucht Professor Grunwald[4] in seinem Leipziger Labor die Welt der Haptik. Ingenieure arbeiten neuerdings an Robotern, die taktile Reize vermitteln und in der Therapie eingesetzt werden sollen. Auch über das Internet werden wir demnächst Cyber-Massage beziehen können[5,6,7].

Worin liegt nun der Unterschied von taktilen und haptischen Reizen? Als *haptisch* wird bezeichnet, was Sie spüren, wenn Sie aktiv einen Gegenstand, zum Beispiel einen Apfel oder das Lenkrad Ihres Autos berühren. *Taktile* Reize sind solche, die wir empfinden, wenn wir von jemand anderem oder etwas anderem berührt werden. Hier ist also von aktiver im Gegensatz zur passiven Berührung die Rede. Ein Massagetherapeut vermittelt an Sie als Massageempfänger taktile Reize, gleichzeitig aber spürt er mit seinen Händen die Beschaffenheit Ihrer Haut, Ihrer Muskulatur und Faszien als haptische Reize. Wenn ein Arzt Sie anfasst, um die Spannung oder Temperatur Ihrer Haut zu untersuchen, hat er es mit haptischen Empfindungen zu tun. In gewisser Weise ist ein absichtlicher Körperkontakt zwischen zwei Personen z. B. bei einem Händedruck immer *reziprok*, d. h. taktile und haptische Berührungselemente verbinden sich. Das könnte der Grund sein, warum wir keinen Leichnam umarmen wollen. Im Gegenteil: Wir achten die geheimnisvolle Würde und Abwesenheit, die der Tote ausstrahlt, berühren vielleicht nur ganz leicht und vorsichtig seine kühle Hand.

Wie ist unsere Haut aufgebaut? Was kann sie alles?

Wir wollen uns jetzt genauer die Struktur des Hautsinnesorgans ansehen und sprechen dabei größtenteils von der behaarten Haut. Die Haare auf unserer Haut können wir uns wie feine Antennen vorstellen, die jede Berührung registrieren. Über 80 Prozent unserer Hautoberfläche ist mit Haaren bedeckt. Rasieren Sie sich an verschiedenen Körperstellen, verringert sich dieser Anteil entsprechend. An diesen Körperstellen fällt die feine Ortung von Berührungen weg. Um die Haarwurzel, auch Haarfollikel genannt, liegen zahlreiche Rezeptoren. Das sind spezielle Sensoren, die ganz präzise dem Gehirn in einem nicht abreißenden 24-Stunden-Informationsstrom signalisieren, ob und in welcher Weise die Haarposition gerade verändert wurde: z. B. durch darüber wehenden Wind, durch ein Kleidungsstück, durch die Berührung einer Mücke oder einer Hand. Weil diese Nervenimpulse sehr schnell weitergeleitet werden, spüren wir eine Berührung schon, bevor sie tatsächlich die Haut erreicht hat, und können rechtzeitig die Stechmücke noch vertreiben. Zusätzlich befinden sich um die Haarwurzel herum auch winzig kleine Muskeln, die das Haar senkrecht aufstellen können. Wissenschaftler sprechen dann von einer Haar-Erektion, wenn wir z. B. unter dem Einfluss von Kälte eine Gänsehaut bekommen.

Die Haut ist aus drei Schichten aufgebaut: die Oberhaut, die Zwischenhaut, auch Lederhaut genannt, und die Unterhaut mit dem darunter befindlichen Unterhautfettgewebe, das je nach seiner Ausprägung positive oder negative Bedeutung für unsere individuelle Körperform besitzt. Insbesondere beim weiblichen Geschlecht ist es dafür verantwortlich, welche Kurven die Natur in unserer Körpersilhouette modelliert.

Die Oberhaut, auch Epidermis genannt, ist zwar nur etwa ein Zehntel Millimeter dick, stellt aber unseren wichtigsten Schutz gegen schädliche äußere Einflüsse wie Chemikalien, Allergene oder äußere Krankheitserreger dar. Sie kennen vielleicht den Begriff *Säureschutzmantel der Haut* oder haben etwas von der

Hautschutzbarriere gehört[8]. In der Oberhaut münden verschiedene Duft- und die Schweißdrüsen. Wenn wir also sagen, dass wir jemanden *nicht riechen* können, führt uns unsere Sprache schon wieder zu unserem Hautorgan. Und auch die kleinen Hornschuppen, die wir ständig verlieren, stammen aus der Oberhaut.

Für die biologische Erklärung von Berührungsempfindungen spielt die mittlere Hautschicht, also die Lederhaut, die wichtigste Rolle. Sie hat sehr viele Funktionen, von denen uns aber hier nur eine interessieren soll: die Sensibilität für taktile und haptische Reize aller Art. Es wurden schon die Mechanorezeptoren, die Sensoren um die Haarwurzel herum, erwähnt, die sich in der Lederhaut befinden. Dazu kommen weitere Hunderte Millionen Rezeptoren, die sich in dieser Hautschicht und zum kleineren Teil auch in der Unterhaut befinden. Sie sind für die Wahrnehmung der verschiedensten Reizqualitäten zuständig wie Temperatur, Schmerz, Druck, Vibration und eben Berührung. Berührungs-Sensoren sind insbesondere im Bereich der Finger, der Lippen, der Zunge, der Brustwarzen und der äußeren Genitalien in großer Zahl vorhanden. Wir können beispielsweise an unserer Fingerkuppe einen Berührungsimpuls von einem anderen, der nur einen Millimeter entfernt erzeugt wird, noch gut unterscheiden. Auf unserem Rücken dagegen werden wir zwei Berührungspunkte, die weniger als fünf Zentimeter voneinander entfernt sind, nicht als getrennte Reize wahrnehmen können. Sie erscheinen uns bei Berührung als ein und derselbe Berührungspunkt. Und schließlich gibt es sogar spezielle Sensoren, die nur für unser Wohlgefühl zuständig sind. (s. S. 79 ff.). Die vitale Bedeutung dieses Systems können wir daran erkennen, dass es z. B. angeborene Taubheit, Blindheit gibt, aber ein völliger Ausfall des Tastsinns ist mit dem Leben nicht vereinbar.

Der Tastsinn ist von allen fünf Sinnen derjenige, der uns erlaubt, uns überhaupt als ein konkretes, nicht nur fantasiertes, sondern real existierendes Subjekt zu erleben. Taubblinde Menschen sind für das Leben ihrer körperlichen Existenz einzig und allein auf den Tastsinn und damit auf die Millionen von Sensoren ihrer Haut angewiesen. Dieser Tastsinn aber ist immer zugleich auch »Grenzflächenverwalter« und »Grenzanalysator« des eigenen Körpers[9]. Deshalb wollen wir im nächsten Abschnitt noch auf die dritte Funktion unserer Haut kurz eingehen, auf ihre Bedeutung als Körpergrenze und Körperhülle.

Unsere Haut – Körpergrenze und Körperhülle

Die Haut ist unsere Körperhülle, sie hält Muskeln und Organe zusammen. Sie ist aber auch die Grenzfläche zu dem, was ich nicht bin, zur Welt der Gegenstände, zum anderen Menschen, auch solchen, mit denen ich durch gegenseitige Berührung in Kontakt trete. Auch aus psychoanalytischer Sicht ist die Haut primär Hülle, Schutzbarriere, Filter – manchmal wird sie zusätzlich auch als Spiegel der Realität aufgefasst[10].

Die Bedeutung und Entwicklung der Körpergrenze wird im aufwendigen therapeutischen Umgang mit einem taubblind geborenen Kind sichtbar. Da geht es unter anderem auch darum, ein Gefühl für die eigenen Körpergrenzen und die Distanz zum unsichtbaren Partner zu entwickeln. Zum Beispiel können ein blindes Kind und der Therapeut zunächst viele Male einfach nebeneinander auf einer Matte liegen, bis das Kind erstmals den Therapeuten mit dem Fuß von sich abstößt[11].

Es kann auch Fälle gestörter oder unterentwickelter Körpergrenzen geben, wenn die Bindung eines erwachsenen Menschen z. B. an seine Mutter krankmachend ist und sich in der Fantasie so darstellt, als ob er noch nicht von der Haut der Mutter getrennt sei. Ein französischer Psychoanalytiker hat eine Patientin »Marie« beschrieben, der er im therapeutischen Prozess sagte: »*Sie müssen sich von der mütterlichen Haut befreien,* damit sich Ihre eigene Haut bilden kann.« Und im Weiteren verglich er sie mit einer *Schlange, die sich häuten und ihre alte gegen eine neue Haut austauschen müsse*[12].

Die anatomische Verbindung von Haut und Nervensystem

Der Tastsinn, also das Sinnesorgan, das den ganzen Körper umspannt, weshalb wir auch vom »Körper-Sinn« sprechen könnten[13], entwickelt sich sehr früh und begleitet unser Leben fast von der Zeugung an bis zum Tod[14]. Die Haut ist immer beteiligt, auch wenn wir irgendwelche Objekte mit ihren Bewegungsimpulsen wahrnehmen. Dennoch wird in der wissenschaftlichen Literatur heute meist der Begriff Tastsinn durch *somatosensorisches System* ersetzt. In früheren Jahrhunderten wurde übrigens nicht vom Tastsinn, sondern vom Fühlen oder vom Gefühl gesprochen, was der Natürlichkeit dieser Interaktion von Haut und Objekt eher entspricht.

Dieses wichtigste Sinnesorgan entwickelt sich sehr früh in der vorgeburtlichen Periode. Der Zellhaufen, der zunächst nach der Befruchtung des menschlichen Eis entsteht, differenziert sich schon in den ersten Wochen, also in der präembryonalen Phase, in drei sogenannte *Keimblätter*, Ektoderm, Mesoderm und Endoderm. Aus denen entstehen später die einzelnen Organe und Gewebe. Das äußere Blatt, also die Hülle der embryonalen Zellkugel, ist das Ektoderm. Aus ihm entwickeln sich die Haut, die Haare, der Zahnschmelz, verschiedene Sinnesorgane wie das Auge und auch das gesamte Nervensystem. Von Anfang an gibt es also die anatomische Verbindung von Haut und Gehirn. Im Einzelnen müssen wir uns das so vorstellen: Am Ektoderm entstehen zunächst verdickte Stellen, die *Neuralplatte*. Diese wiederum faltet sich später zum *Neuralrohr*, und das ist der Ursprungsort des Gehirns und des Rückenmarks. Die feineren Nervenendigungen, von denen wir im Zusammenhang mit den Hautsensoren schon sprachen, entstehen alle aus dem Ektoderm.

Aus dem Endoderm, dem mittleren Keimblatt, entwickeln sich u. a. unser ganzer Verdauungstrakt, die Leber, die Lunge, aber auch die Harnblase. Das Mesoderm ist der Ursprungsort für die Knochen und Muskeln, für das Bindegewebe, die Blutgefäße, für das Herz und die Niere.

In ungemein komplexen Teilabschnitten bilden sich die einzelnen Hirnteile und vor allem die unzähligen Verbindungen zwischen den einzelnen Nervenzellen aus, die wir in der Fachsprache *Synapsen* nennen. Zum Zeitpunkt der Geburt sind zwar alle Nervenzellen schon im Überfluss vorhanden, aber die Bildung der tausendfachen Vernetzungen zwischen ihnen über die Synapsen benötigt noch viele Jahre Zeit und ist nicht genetisch programmiert[15]. Abgeschlossen ist die Hirnentwicklung erst mit etwa dem 20. Lebensjahr! Und in dieser Zeit können taktile Reize, also Berührungen der verschiedensten Art, die Gehirnfunktion und damit das spätere Verhalten und Erleben des Individuums entscheidend beeinflussen.

Wie kommuniziert Haut mit Gehirn?

In der Haut befinden sich die verschiedensten Sensoren, medizinisch Rezeptoren genannt, mit oft fantasievollen, italienisch klingenden Namen wie Vater-Pacini-Körperchen oder Ruffini-Körperchen, aber auch Merkel-Zellen. Diese Mechanorezeptoren verwandeln, wie schon beschrieben, mechanische Reize z. B. Vibration in einen elektrischen Impuls. Welche Berührungsreize sind es nun, die in dieser Weise kommuniziert werden können? Das sind beispielsweise Vibration, Druck oder auch Spannung. Und wie kommen nun diese unentwegt einströmenden Informationen in das Gehirn? Dies geschieht sehr differenziert durch unterschiedlich funktionierende Nervenbahnen, z. B. durch die Nervenfasern vom A beta- oder A delta-Typ. Sie schicken den Reiz über das Rückenmark zum Gehirn. An der Innenhand haben wir die fast unvorstellbare Menge von 17.000 Nervenfasern, die solche Impulse weiterleiten können und zwar mit einer Geschwindigkeit von bis zu 70 Metern pro Sekunde. Unglaublich – in Sekundenbruchteilen erreicht die Information das Gehirn! Die Berührung als solche wird von fast allen Sensoren erfasst und dem Gehirn gemeldet. Aber nur ein oder zwei Sensorenarten reagieren auf Druck oder Spannung. Sie haben schon erfahren, dass die Anzahl der jeweiligen Rezeptoren in einzelnen Hautbezirken ganz unterschiedlich ist. Von den Meißner-Körperchen, die vor allem auf Berührung anspringen, kann es bis zu 150 auf einem Quadratzentimeter Haut geben!

Was geschieht nun, wenn wir z. B. langsam über den Handrücken streichen? Einige der Sensoren haben ein Gedächtnis für den jeweiligen Reiz. Sie informieren also das Gehirn nicht nur darüber, dass jetzt hier etwas passiert, sondern auch, dass vor einer halben Sekunde dort etwas geschah. Aber die Hälfte der Sensoren adaptiert schnell, d. h. sie vergessen diesen Reiz sofort und können deshalb auch gleich wieder neu ankommende Reize verarbeiten. Und so können wir spüren, dass dort auf unserer Hand nicht nur eine Berührung gerade stattfindet, sondern auch, dass die berührende Hand sich über unsere Hand bewegt. Dabei ist die Empfindlichkeit dieses Systems faszinierend: Es reicht, dass ein einziger solcher Sensor angesteuert wird, wenn wir die Haut nur minimal eindrücken – und wir werden darüber informiert.

Aber nun gibt es ja auch noch Empfindungen, die nicht unbedingt angenehm sind, wenn wir z. B. versehentlich die heiße Herdplatte berühren. Jetzt geht es um schnelle Gefahrenabwendung. Schmerz und Hitze werden von freien Nervenendigungen in der Lederhaut erkannt und schnellstens dem Gehirn kommuniziert. Damit ich gerade noch rechtzeitig meine Hand zurückziehen kann, verliert das Nervensystem keine Zeit mit komplizierter Reizverarbeitung im Gehirn, sondern der Reiz wird schon im Rückenmark so umgeschaltet, dass sofort eine Reflexbewegung meiner Hand erfolgt.

Was geschieht nun mit den unentwegt einströmenden Berührungsreizen im Gehirn? Über das Rückenmark, teilweise über bestimmte Umschaltstationen, gelangen die Nervenimpulse ins Gehirn und werden dort in einem quasi hierarchischen System verarbeitet, bewertet und gespeichert. Unterschiedliche Hirnareale sind zuständig für die räumliche Lokalisation einer einzelnen Berührung oder auch eines Schmerzreizes. Eine zentrale Schaltstelle ist dabei der *Thalamus*, ein entwicklungsgeschichtlich sehr alter Hirnteil, und seine verschiedenen Kerngebiete. Aber auch die Großhirnrinde ist an der Auswertung der eingehenden Informationen beteiligt. Wir sprechen dann von *Repräsentationen* taktiler oder haptischer Reize in bestimmten Hirnarealen. Und Sie können sich vorstellen, dass diese Repräsentationen oder *rezeptiven Felder* im Laufe der Zeit sich vergrößern oder verkleinern, je nachdem, ob jeweils sehr viele oder sehr wenige Berührungsimpulse dort regelmäßig ankommen. Vielleicht haben Sie schon einmal etwas von der *Plastizität* des Gehirns gehört? Damit ist gemeint, dass z. B. bei einem Berufs-Violinspieler die Repräsentation seiner Greifhand, mit der er täglich unzählige, komplizierte Fingerbewegungen ausführen muss, in einem definierten Hirnareal größer ist als die Repräsentation seiner Bogenhand, die wesentlich einfachere Bewegungen zu machen hat. Und dies gilt für alle Bereiche unseres Berührungslebens. Wenn wir unsere Füße nie berühren, sie von unserem Partner nicht massieren lassen oder nie barfuß laufen, oder was immer Schönes wir mit den Füßen machen können, dann wird sich die Repräsentation unserer Fußhaut im zugehörigen Hirnareal verkleinern, und wir werden keine schönen Erinnerungen aus ihm abrufen können. Unser Körpergedächtnis ist in Bezug auf unsere Füße dann leer, verkümmert. Und so ist es mit jedem anderen Körperteil, den wir nicht benutzen. Was heißt es denn, wenn wir von jemandem sagen, er sei ein sinnlicher Mensch? Nun, es bedeutet doch offensichtlich, dass er seine Sensibilität für Berührung und vermutlich auch für andere Sinnesreize durch ständigen Gebrauch seiner vielen Rezeptoren und der zugehörigen rezeptiven Felder wach gehalten hat. Er sensibilisiert seine Hautwahrnehmungsfähigkeit. Das kann sich auch darin auswirken, dass er besonders empfindlich ist z. B. gegenüber zu starken Farben, Gerüchen oder auch gegenüber zu groben, ungeschickten oder einfach unpassenden Berührungsreizen. Es gibt Menschen, medizinisch *Synästhetiker* genannt, die sehr empfindlich auf Berührungsreize reagieren. Wenn sie jemanden beobachten, der sich gerade an einem zu heißen Kaffee die Zunge verbrannt hat, verspüren sie sogar selber einen bösen Schmerz an ihrer eigenen Zunge. Synästhetiker haben es im Alltagsleben nicht leicht und müssen sich speziell schützen.

Von der Berührung zum Wohlgefühl – das C-taktile Netzwerk

Das beschriebene Zusammenspiel von Haut und Gehirn, das ankommende Reize aufnimmt, unterscheidet, sortiert und bewertet, bedeutet, dass die Wahrnehmung einer Berührung immer eine Summe der verschiedensten Reizqualitäten darstellt: Lokalisation, Druck, Temperatur, Bewegung und eventuell Schmerz. Aber eine entscheidende Dimension haben wir noch nicht im Blick gehabt. Wie kommt es, dass wir einen Berührungsreiz als angenehm, wohltuend empfinden können? Manchmal als so angenehm, dass wir gleich oder später mehr davon haben möchten. Vielleicht stand, ganz materialistisch gedacht, schlussendlich das Ziel der Fortpflanzung im Hintergrund, als die Natur zumindest für die behaarten Säugetiere ein spezielles Wohlfühl-Erzeugungs-Programm erfunden hat. Glücklicherweise gehören auch wir Menschen zu den behaarten Säugern. Ein Krokodil dagegen scheint keinen Mechanismus zu haben, um eine Berührung speziell als wohlig zu empfinden. Dafür dürfte es sicher ein sehr angenehmes Gefühl haben, wenn es ein großes Beutetier verspeist hat.

Schwedische Forscher haben erst vor wenigen Jahrzehnten ein spezielles Nervenfaser-Netz, das C-taktile Nervennetz, beschrieben und damit große Überraschung ausgelöst. Es dient nämlich wesentlich nur dazu, uns einen Berührungsreiz als angenehm empfinden zu lassen[16]. Neurophysiologen klassifizieren sie als *C-taktile Afferenzen*, weil sie über spezielle nichtisolierte C-Fasern laufen. (Afferenz ist alles, was zum Gehirn geleitet wird, Efferenz dagegen bezeichnet die Information, die vom Gehirn zur Peripherie geht.) Was wir als so wohltuend bei einer sanften Berührung empfinden, wird nicht erst im Gehirn zu der Wahrnehmung von z. B. Wärme und Berührung, also

Empfindungen, die über die A beta- bzw. A delta-Nervenfasern fortgeleitet werden, hinzugetan. Die angenehmen, wohligen Empfindungen werden von niedrigschwelligen Mechanorezeptoren in unserer Haut, die früher noch unbekannt waren, ausgelöst. Niedrigschwellig bedeutet, dass sie nur anspringen, – die Neurophysiologen sagen dazu: *sie feuern* –, bei ganz sanften, rhythmischen Berührungen der behaarten Haut. Behaart ist unsere Haut z. B. am Unterarm oder auf dem Handrücken. Im Handinnern oder an der Fußsohle finden wir diese speziellen Nervenendigungen nicht. Rhythmisches Streicheln der Fußsohle löst deshalb eher Kitzeln als Wohlgefühl aus.

Es bedarf ganz bestimmter Eigenschaften des taktilen Reizes, um diese Rezeptoren durch eine Berührung zu stimulieren. Die Berührung muss sehr sanft sein, also nur geringen Druck entfalten. Ein weicher Pinsel, wie ihn Frauen für ihr Make-up nutzen, ist dafür sehr geeignet. Die Geschwindigkeit, mit der über die Haut gestrichen wird, sollte ungefähr bei drei Zentimetern pro Sekunde liegen. So werden Sie vermutlich Ihre Katze kraulen, damit sie zufrieden schnurrt. In einer Studie an 5- bis 12-jährigen alten Kindern konnte kürzlich gezeigt werden, welchen Einfluss die Berührungsgeschwindigkeit in diesem Zusammenhang hat: Variierte man die Geschwindigkeit, mit welcher der mechanische Pinsel über ihren Vorderarm strich, zwischen 0,3 und 30 Zentimetern pro Sekunde, so gaben die Kinder durch jeweiliges Zeigen auf ein Smiley eindeutig der Berührung mit einer Geschwindigkeit von drei Zentimetern pro Sekunde den Vorzug. Diese Berührung fanden sie am schönsten.[17]

Die Fortleitung des Berührungsimpulses geschieht in nicht isolierten und deshalb relativ langsam leitenden dünnen C-Fasern mit einer Geschwindigkeit von nur einem Meter pro Sekunde; das ist im Vergleich zur Fortleitung anderer Reizqualitäten sehr langsam[18,19].

Wir beschreiben Ihnen dieses spezielle Nervensystem genauer, da es große Bedeutung für die heilsame Wirkung von Berührung hat, z. B. auch bei bestimmten Massagen an Menschen, die an chronischem Schmerz, Depression und anderen psychischen Störungen leiden. (s. S. 132) Vor langer Zeit, als man diese Rezeptoren schon bei Katzen entdeckt hatte[20], meinte man, sie seien für das Kitzelgefühl verantwortlich. Heute wissen wir, dass sie zumindest beim Menschen wesentlich nur eines vermitteln, nämlich das Wohlgefühl, das Gefühl des Angenehmen, das eine sanfte Berührung in uns auslöst.

Die CT-Fasern sind verantwortlich dafür, dass wir eine Berührung am Handrücken als zärtlicher erleben als eine solche an der Hand-Innenfläche. Die besondere Funktion dieses Systems ließ sich sehr überzeugend an einer Patientin demonstrieren, die aufgrund einer schweren neurologischen Erkrankung keinen der Reize wie Wärme oder Schmerz, die über die A Beta-Fasern weitergeleitet werden, wahrnehmen konnte. Die dafür zuständigen Rezeptoren waren bei ihr zerstört. Patienten mit dieser Erkrankung verletzen sich ständig, verbrennen sich z. B. an der heißen Herdplatte. Verbindet man einer solchen Patientin die Augen und streicht sanft mit einem weichen Pinsel über ihren Unterarm, so kann sie Ort und Art des Berührungsreizes nicht nennen, denn ihre A Beta-Fasern sind ja praktisch nicht existent, aber sie berichtet über ein angenehmes, schönes Gefühl, das sie nicht weiter lokalisieren kann[21].

Wo im Gehirn werden diese über das CT-System weitergeleiteten Berührungsreize verarbeitet? In der wissenschaftlichen Fachsprache würden wir fragen: Wohin werden sie projiziert? Oder: Wo sind sie repräsentiert? Interessanterweise projizieren diese speziellen Impulse in Gehirnareale, wie zum Beispiel in die *Insel-Rinde*. Die Insel-Rinde ist ein Hirnareal, das speziell für emotionale Vorgänge zuständig ist. Damit werden wir in die Lage versetzt, einen Berührungsreiz auf der emotionalen Ebene zu charakterisieren: Ist er mehr erregend oder beruhigend, gar langweilig, erotisierend oder inneren Widerstand erzeugend? Macht er mich unangenehm nervös, oder möchte ich ihn gerne noch länger wahrnehmen? 262 verschiedene Wörter haben sich Forscher für ein Berührungs-Lexikon ausgedacht[22] und Versuchspersonen gebeten, verschiedene Berührungsreize damit zu klassifizieren. Danach kann sich eine Berührung an der Hand samtig, seidig oder spröde, grob oder sanft, klebrig oder glitschig, trocken oder feucht, leicht oder fest, erotisch oder schläfrig usw. anfühlen.

In diesem Zusammenhang wird deutlich, warum wir heute im Zusammenhang mit diesen CT-Afferenzen von sozialer oder interpersoneller Berührung sprechen. Denn Berührung als solche, aber auch die Qualität von gegenseitig empfangener oder erteilter Berührung, spielt eine äußerst wichtige Rolle für unser gemeinschaftliches Leben, z. B. zwischen Eltern und Kindern oder zwischen Mann und Frau und auch im erotischen Kontext[23,24]. Die schwedische Forschergruppe sieht deshalb auch einen möglichen Zusammenhang zwischen einer Störung des CT-Systems und der Berührungsüberempfindlichkeit bzw. den schmerzhaften Hautempfindungen (Allodynie) bei Menschen mit *autistischen Störungen*[25]. Auch eine verstärkte Freisetzung des Bindungshormons Oxytocin durch Aktivierung dieser speziellen Rezeptoren wird von einigen Forschern für möglich gehalten[26]. Eine über die CT-Afferenzen spürbar gemachte Berührung vermittelt eine emotionale Botschaft, sei es im positiven oder negativen Sinn. Sowohl amerikanische wie spanische Versuchspersonen konnten in einem Experiment über die Berührung des Unterarms soziale Gefühle wie Liebe, Sympathie, Dankbarkeit wahrnehmen, auch wenn sie den jeweiligen Versuchspartner gar nicht sehen konnten oder sogar wenn sie nur andere Versuchspaare beobachteten, die sich in einer bestimmten Weise gegenseitig am Vorderarm berührten[27].

Hauterkrankungen und psychische Leiden

Die gemeinsame Entwicklungsgeschichte von Haut und Gehirn lässt schon vermuten, dass es zwischen psychischen Prozessen bzw. psychiatrischen Störungen und Krankheiten der Haut Verbindungen geben muss. Und das verhält sich auch so.

Einige Beispiele für Hautreaktionen, die durch normale, nicht krankhafte Emotionen ausgelöst werden, haben wir schon angeführt, wie z. B. schamhaftes Erröten oder schreckhaftes Erbleichen. Die Haut verleiht unseren Gefühlen Ausdruck. Auch im dermatologischen Bereich, d. h. bei den eigentlichen Hautkrankheiten, kann ein Einfluss psychischer Belastungen auf die Hautfunktion beobachtet werden. So berichtete eine kanadische Forscherin über ein erhöhtes Depressionsrisiko bei Menschen mit Akne, wobei allerdings unklar bleibt, ob die Akne depressiv macht oder Depressionen eine Akne auslösen können[28]. Frauen sind besonders häufig von Akne geplagt – aber auch von Depressionen. Wenn sie anfangen, die Eiterpusteln auch noch aufzukratzen (engl. Skin picking), werden sie durch ihr entstelltes Aussehen umso mehr zu depressivem Verhalten mit geringem Selbstwertgefühl und Rückzugstendenzen neigen. Dieses selbstschädigende Verhalten kommt häufig bei Menschen mit zwanghaften Charakterzügen oder auch bei einer echten Zwangskrankheit vor, auch ohne dass eine Akne besteht. Im Gegensatz zu echten Zwangshandlungen, z. B beim Waschzwang, wird dieses Aufreißen der Haut mit den eigenen Nägeln, mit Messern oder Pinzetten oft als lustvoll empfunden, ja manchmal auch als erotisch erregend. Einige Patienten beschreiben dabei einen geradezu ekstatischen, Trance-artigen Zustand[29].

Eine größere Rolle als die depressive Stimmung spielt akuter und chronischer Stress für die Auslösung krankhafter Hautveränderungen. Vielleicht kennen Sie es bei sich selbst: Befinden Sie sich in einer unangenehmen Situation, spüren Sie vielleicht einen Juckreiz an einer Körperstelle, z. B. am Kopf, und kratzen sich daran. Manchmal können wir auch an dem Autofahrer vor uns, der in einer für ihn unsicheren Situation steckt, beobachten, wie er sich am Kopf kratzt.

Viele Menschen sind vom Herpes-Virus befallen. Der Herpes mit seinen schmerzenden kleinen Bläschen, vor allem an den Lippen oder im Genitalbereich, wird durch zwei verschiedene Virenarten ausgelöst. Das Besondere an dieser Infektion ist, dass die Viren in den Nervenbahnen aufwärts, also in Richtung Gehirn, wandern und sich dabei an bestimmten Nerven-Knotenpunkten festsetzen können. Sie schlummern dort, eventuell über viele Jahre, können aber in bestimmten Situationen, z. B. während eines grippalen Infekts, wieder aktiv werden. Die Aktivierung kann auch durch körperlichen und seelischen Stress, der das Immunsystem schwächt, erfolgen. Dadurch wird wieder die Bahn frei für eine neue Herpes-Attacke, die sich auch als ein besonders schmerzhaftes Leiden manifestieren kann: die Gürtelrose. Warum befällt der Herpes so oft die Lippen? Die Antwort ist einfach. Dort befinden sich besonders viele Nervenfasern, an denen sich die Viren entlangbewegen. Die Herpes-Infektion ist also ein besonders anschauliches Beispiel für den Zusammenhang von Haut und Gehirn.

Die Haut ist auch bei vielen anderen Störungen bzw. Erkrankungen tatsächlich der Spiegel der Seele.

Grundsätzlich kann psychischer Stress über das Immunsystem die Hautfunktion negativ beeinflussen. Ein Beispiel: Steigt der Pegel des Stresshormons Cortisol im Blut, hat dies längerfristig negative Auswirkungen auf die Haut, die bei solcher chronischer Belastung früher altert. Auch Wunden heilen dann schlechter[30].

Ein relativ neues klinisches Fachgebiet, die Psychodermatologie beschäftigt sich mit diesen therapeutisch wichtigen Zusammenhängen zwischen Haut und Seele[31]. Schätzungsweise ein Drittel bis die Hälfte aller Patienten mit dermatologischen Erkrankungen haben gleichzeitig seelische Störungen bzw. eine psychiatrische Diagnose.

Um etwas Ordnung in diese Zusammenhänge zu bringen, können wir folgende drei Situationen unterscheiden:

1. Hauterkrankungen, die primär Ausdruck einer psychiatrischen Erkrankung sind.
2. Hauterkrankungen, die vielfältige Ursachen haben, unter denen aber auch psychische Stressoren eine Rolle spielen, wie z. B. die normale Akne oder auch die Schuppenflechte.
3. Psychische Störungen, die als Folge einer Hauterkrankung auftreten, z. B. bestimmte Formen des umschriebenen Haarausfalls oder der Weißfärbung der Haut[32].

Wir möchten hier nur zwei Beispiele für den unter Punkt 2. genannten Zusammenhang herausgreifen.

Es gibt viele genetische und umweltbedingte Ursachen für die Entstehung der *Schuppenflechte* (Psoriasis). In neuerer Zeit fiel auf, dass die betroffenen Patienten häufig auch an Depressionen und anderen psychischen Störungen leiden. Neuen Attacken dieser unangenehmen und sozial isolierenden Erkrankung geht in fast 90 Prozent der Fälle Stressbelastung voraus. Je schwerer die Krankheit die Patienten belastet, umso häufiger entwickeln sich auch Selbsttötungsgedanken[33]. Es entsteht ein Teufelskreis, weil die Schuppenflechte selber für ihren Träger sozialen Stress bedeutet, Stress aber die Symptomatik verstärkt[34]. Sehr häufig ist im Rahmen der sozialen Isolation auch die Sexualität dieser Patienten gestört, was wiederum einen neuen Stressfaktor darstellt.

Viele Kinder und auch Erwachsene werden durch Ekzeme gequält. Ursache dafür ist eine sogenannte *Atopische Dermatitis*, eine Hautentzündung, an der mehr als fünf Prozent der Bevölkerung leidet. Sie ist mit starkem Juckreiz verbunden, der dann zu hemmungslosem Kratzen und daraus resultierenden bleibenden Hautschäden führt. Psychischer Stress ist ein wichtiger Auslöser für diesen anfallartigen Juckreiz. Von einigen Forschern wird eine über das Nervensystem bewirkte Entzündung als Krankheitsursache angenommen[35]. Durch die vermehrte Ausschüttung des Stresshormons Cortisol soll es zu speziellen Veränderungen in der Lederhaut mit einer Schädigung ihrer Schutzfunktion kommen. Dies kann auch ein Grund für die zunehmende Trockenheit der Haut sein, die dann wiederum zu unstillbarem Kratzbedürfnis führt. Es gibt auch einen rein psychischen Juckreiz, der zwanghaftes Kratzen verursacht, aber nicht mit krankhaften Veränderungen der Hautoberfläche verbunden ist.

Diese beiden Beispiele illustrieren deutlich den engen Zusammenhang zwischen Haut und Nervensystem, der Ihnen vielleicht aus dem Alltagsleben vertraut ist. Er ist auch die neurophysiologische Grundlage für die psychischen Wirkungen Heilsamer Berührungen etwa in Form Psychoaktiver Massagen, denen das zentrale Kapitel dieses Buches gewidmet ist.

Praxis der Heilsamen Berührungen

Menschen sind wie Musikinstrumente,
ihre Resonanz hängt davon ab, wer sie berührt.

Constancio C. Vigil[1]

Die Haut ist ein Organ der Berührungen – das haben Sie bereits erfahren. Und auch das wissen Sie schon: Berührung ist nicht gleich Berührung. Heilsame Berührung ist immer Berührung mit den Händen. Das ist das Kernelement jeder Massage, der ältesten Form der Heilbe*hand*lung.

Die Berührungspyramide

Die Intention und die Bedeutung unterschiedlicher Berührungen lassen sich in der folgenden Berührungspyramide veranschaulichen:

©Berührungspyramide GMK/BMOe

Ebene 1: Selbstberührung

Einige Beispiele für die Selbstberührung, die wir meist unbewusst Hunderte von Malen am Tag vornehmen: Wir reiben uns die Stirn oder die Augen, wenn wir müde werden und uns besser konzentrieren wollen, oder wir richten unsere Haare oder die Kleidung, damit wir uns wohler fühlen.

Ebene 2: Alltagsberührungen ohne spezielle Intention

Wir zählen hierzu die oberflächlichen oder zufälligen Berührungen, die z. B. durch den Friseur, die Serviererin, die Arzthelferin gegeben werden. Auch andere beruflich bedingte Berührungen oder der Körperkontakt mit Kollegen und Kolleginnen, wie z. B. ein aufmunterndes Schulterklopfen, gehören dazu.

Ebene 3: Alltagsberührungen mit spezieller Intention

Das sind Berührungen wie ein spontanes, schnelles Reiben auf dem Oberarm, wenn wir jemandem klarmachen, dass etwas »wieder gut wird« und er es nicht mehr so wichtig nehmen soll. Oder wir bieten einer älteren Dame unseren Arm an: »Darf ich Ihnen helfen?«, und führen sie über die Straße[2]. Aber genauso können wir jemanden, mit dessen Handlung wir gar nicht einverstanden sind, erregt am Arm festhalten. Mit diesen Berührungen »sprechen« wir in alltäglicher Form miteinander, ihnen unterliegt gelegentlich auch eine Absicht: Ich schiebe meine Freundin oder meinen Freund mit der Hand auf den Rücken in eine bestimmte Richtung.

Ebene 4: Berührung im erotischen Kontext

Das sind alle Berührungen, die im erotischen-sexuellen Kontext benutzt werden mit der Intention, Nähe und Intimität herzustellen, wie z. B. der verführerische Kuss oder das sinnliche Streicheln.

Ebene 5: Heilsame Berührungen im sozialen Kontext

Hierzu zählen Berührungen, die wir auch *bewusste Berührungen* nennen, z. B. wenn wir unsere Tochter in den Arm nehmen, die vor Liebeskummer weint und wir sie halten, bis der Weinanfall nachlässt. Oder wir bitten selbst einen Menschen, uns zu umarmen, weil wir unsicher sind und uns Halt wünschen. Es sind Berührungen mit einer bestimmten Intention. Wir reiben oder tätscheln nicht, wir umarmen in Stille oder legen die Hand auf. Wir sind aufmerksam und zugewandt. In ihrer Absicht liegt die Hoffnung auf eine Wirksamkeit, die wir anstreben: Trost, Halt, Fürsorge, Mitgefühl.

Ebene 6: Professionelle Heilsame Berührungen

Bei diesen Berührungen geht es um Berührungen, die professionell und therapeutisch eingesetzt werden, um psychophysische Effekte auszulösen, die wir im folgenden Kapitel detailliert vorstellen.

Massage – die älteste Heilmethode

Die älteste Form der Heilsamen Berührung ist wohl die natürliche, reflexartige und instinktive Handlung, eine schmerzende oder »angeschlagene« Körperstelle zu berühren, zu drücken und mehrfach darüber zu streichen.

Erste Nachweise für Massagebehandlungen findet man in verschiedenen östlichen Ländern wie dem Irak und Syrien, Ägypten, China. Das Wort Massage hat möglicherweise einen arabischen Ursprung: *massa* bedeutet im Arabischen »anfassen«. Im Mittelalter nach dem Untergang des römischen Weltreichs und der Ausbreitung des Christentums verbot die damalige Kirche jegliche körperliche Berührung und erachtete die körperliche Ertüchtigung in Form von Sport als unzüchtig. Naturheilkundliche Prozeduren, wie die zur damaligen Zeit von sogenannten Knet- oder Streichfrauen durchgeführten Massagen mit Heilkräuterölen, wurden verboten und hart bestraft. Erst im späteren Mittelalter zwischen 1250 bis 1500 finden sich wieder Beschreibungen über Behandlungen. Dem schwedischen Dichter, Autor und Fechtmeister Pehr Henrik Ling, 1776–1839, verdanken wir die Gründung der neuzeitlichen Heilgymnastik und das System der heute bekannten klassischen Massage, auch Schwedische Massage genannt. Er gründete 1813 in Stockholm die erste staatliche »Gymnastische Zentralanstalt«.

Medizinische Massagen und andere Massagetechniken

Medizinische Massagen, die der physikalischen Therapie zugeordnet sind, müssen in Deutschland – im Gegensatz zu manchen anderen europäischen Ländern – im Rahmen der Gesetzlichen Krankenversicherung (GKV) von Ärzten verschrieben werden. Die dazugehörigen medizinischen Indikationen sind im Heilmittelkatalog gelistet. Dort werden u. a. folgende Anwendungsgebiete der Massage aufgeführt: Bandscheibenvorfälle, entzündliches Rheuma, Wirbel-Blockierungen, Osteoporose, statische Störungen, chronifizierte Schmerzsyndrome, Phantomschmerz nach Amputation, Neuralgien und Fibromyalgie. Auffällig ist, dass für psychiatrische Störungen kein einziges physikalisches Heilverfahren genannt wird. Die wissenschaftliche Grundlage, auf der diese Indikationen als Leistungen der GKV gelistet werden, erscheint zumindest stark variabel.

Ziel der klassischen Massagetherapie sind Funktionsverbesserungen, Schmerzreduktion, Beseitigung von muskulären Fehl- und Überlastungen, Verbesserung des Allgemeinzustandes und der Beweglichkeit. Dafür werden Teilmassagen sowie Ganzkörpermassagen eingesetzt. Die im Rahmen der GKV vorgegebenen Zeiteinheiten für Massagebehandlungen (5–20 Minuten pro Behandlung) gewährleisten jedoch in vielen Fällen nicht das Auslösen der positiven Effekte, von denen wir primär in diesem Buch sprechen.

In der klassischen Massage werden fünf verschiedene Massagegriffe, deren Bezeichnungen einen französischen Ursprung haben, je nach Art der Massage mal kräftiger oder sanfter und in unterschiedlicher Kombination angewandt.

Die fünf Massagegriffe

Effleurage – Streichung

Effleurage steht für Streichungen oder sanfte Berührung. Sie werden als sehr angenehm und entspannend erlebt. Meist werden sie zu Beginn und zum Ende der Massage und als eine Art Erholung zwischen stärkeren Massagegriffen während der Massage angewandt. Ihr Zielorgan ist im Wesentlichen die Haut und die oberflächliche Faszie, eine bindegewebige Struktur, die sich im Unterhautfettgewebe in den meisten Teilen des Körpers befindet und sich mit der Lederhaut vermischen.

Pétrissage – Knetung

Diese knetenden Massagegriffe kommen zum Einsatz, um muskuläre oder gewebliche Verspannungen zu lösen. Petrissage heißt soviel wie Knetung oder Walkung der Haut und Muskulatur. Die Wirkung auf die Muskulatur wird durch die Hände des Therapeuten erzeugt, wenn die Knetung vorgenommen wird. Bei einer Walkung hingegen wird die Wirkung erzeugt, indem der Muskel auf den Knochen, der darunter liegt, gedrückt wird. Beide Techniken verbessern die Durchblutung und Sauerstoffzufuhr.

Tapotement – Klopfung

Hierunter fallen alle klopfenden, schlagenden und hackenden Handgriffe. Sie werden mit der Handkante, den Fingern oder der flachen Hand ausgeführt, wobei die Bewegungen kurz und leicht schlagend sind. Sie fördern die periphere Durchblutung und haben einen Einfluss auf den Muskeltonus. Sie wirken ausgesprochen stimulierend und aktivierend.

Friktion – Reibung

Friktion bezeichnet alle kreisenden, reibenden Handgriffe. Dabei werden die Fingerspitzen aufgesetzt und führen kreisförmige Bewegungen aus. Auch das Einsetzen der Handballen ist möglich. Vor allem bei Verspannungen und Verhärtungen, z. B. oberflächlichen Faszien, kommt dieser kräftige Griff zum Einsatz. Er muss jedoch wohl dosiert und vorsichtig eingesetzt werden.

Vibration

Der Begriff umfasst alle vibrierenden, zitternden Handgriffe. Vibration heißt Erschütterung oder Zittern. Durch den Therapeuten wird mit diesem Griff ein Zittern der Muskeln erzeugt. Die Fingerspitzen werden aufgelegt, möglich ist auch die flache Hand. Die Wirkung des so ausgelösten Zitterns reicht bis in die tieferen Gewebeschichten hinein und sogar bis zu den inneren Organen. Der Griff wirkt lockernd und kann zur Lösung muskulärer Verspannungen eingesetzt werden.

Kosmetische Massagen

Im kosmetischen Bereich finden wir die kosmetische Gesichtsmassage, die sich aus Griffen der klassischen Massage, Streichungen, Reibungen, ausgewählten Akupressurpunkten, leichtem Drücken an den Nervenaustrittspunkten und aus speziellen Lifting-Griffen, Hautdehnungen und -ziehungen, zusammensetzen. In verschiedenen Kombinationen wird die Haut mit kreisenden, leicht zupfenden oder ziehenden Behandlungstechniken massiert, um Durchblutung und Sauerstoffzufuhr zu mobilisieren. Spezielle Hautverschiebungen sollen die angespannte Gesichtsmuskulatur lockern und die Festigung der Konturen unterstützen. Einige Kosmetikfirmen haben ihren eigenen Massageablauf auf ihre Produkte hin ausgearbeitet, die dann aus der Vorbereitung zur Reinigung der Haut, deren Ernährung und Vitalisierung sowie des Liftings und der Entspannung bestehen. Je nach Ausführungsqualität im Hinblick auf Ruhe und Entspannung sowie Professionalität kann diese Massage eine sehr tiefe Entspannung der Gesichtszüge bewirken.

Viele Kosmetikstudios bieten auch eine kosmetische Lymphdrainage an, um angesammelte Gewebeflüssigkeit im Gesicht zum Abtransport in die Lymphbahnen zu aktivieren. Sie entspricht nicht den Behandlungsvorschriften der medizinischen Lymphdrainage, für die eine entsprechende ärztliche Verordnung vorliegen muss.

Wellness-Massagen

Unter dem Begriff »Alternative Massage« werden u. a. auch die Wellness-Massagen verstanden, die zur Entspannung im ganzheitlichen Sinn eingesetzt werden. Sie werden mit verschiedenen Ölen, Kräutern, heißen Stempeln, heißen Steinen aber auch mit Gold und Schokolade angeboten. In seriösen Instituten angewandt und von erfahrenen Körper- oder Massagetherapeuten ausgeführt, können sie sehr gute Wirkungen entfalten. Mitunter wirken sie auch angstlösend, und es können ihnen auch psychische Effekte zugesprochen werden. In diesem Kontext sind ausgewählte Wellness-Massagen auch zur Burn-out-Prävention geeignet.

Beispiele unterschiedlicher Massagetechniken

Viel zu früh – Berührung für Frühgeborene

Für Frühchen ist die Geburt, der Moment des auf die Welt-Kommens, ein traumatisches Erlebnis. Aus dem warmen und sicheren Mutterleib kommen sie in eine kalte Welt der Apparaturen. Die meiste Zeit sind sie von der Mutter getrennt und der täglichen Pflege- und Krankenhausroutine hilflos ausgesetzt. Ihre Haut ist durch verschiedene Interventionen in ihrer Sensibilität und ihrem Gefühl für Berührung gestört. An verschiedenen Hautarealen kann es zu Überempfindlichkeiten kommen, die durch Verletzungen, wie z. B. durch kapillare Blutentnahmen, verursacht wurden. Daher ist es sehr wichtig, den Kindern immer wieder wärmende Berührungen zu geben. Eltern und Pflegepersonal helfen und unterstützen mit leichtem Handauflegen und kleinen, gleichmäßigen Streichungen auf der Haut. Das Konzept der Basalen Stimulation weckt positive Impulse, damit das Kind entwicklungsgerechte Erfahrungen über das Medium Haut und die tiefer liegenden Muskeln erlebt. Sie helfen ihm, seinen eigenen Körper wahrzunehmen und äußerliche Reize einzuordnen. Dabei wird stets von der Mitte des Körpers ausgegangen und nach außen über Arme und Beine bis hin zu den Händen und Füßen gearbeitet. Fließende, langsame, gleichmäßige und konstante Berührungen vermitteln den Kindern Stabilität und Sicherheit. Plötzliche Unterbrechungen in Bewegungsabläufen wirken irritierend und stören die Körperwahrnehmungen des Kindes[3]. Die Forschungsgeschichte dieser Massage reicht bis in die 1980er-Jahre zurück[4]. Wesentliche Wirkungen zeigen sich in einer schnelleren Zunahme des Körpergewichts, geringerem Stressniveau und einer schnelleren motorischen Entwicklung.

Babymassage

Die Babymassage sollte immer mit dem Baby und nicht am Baby gemacht werden. Damit lernen Eltern die Bedürfnisse und Möglichkeiten ihres Kindes während der Massage kennen. Wollen Sie Ihr Baby massieren, prüfen Sie vorher, ob es dafür bereit ist. Es ist ratsam, ein bestimmtes Ritual einzuführen, damit das Baby lernt, dass es auf eine besondere Weise berührt wird. Wird z.B. dem Baby die Ölflasche mit dem Massageöl gezeigt und gleichzeig gefragt: »Möchtest du massiert werden?«, kann das Kind selbst entscheiden, ob es massiert werden möchte oder nicht. Ein schlafendes oder weinendes Kind sollte nicht massiert werden. Massagen fördern die positiven Erfahrungen von angenehmen Berührungen. Es gibt Initiativen von Babymassage-Gruppen, die diese positiven Erfahrungen unterstützen[5].

Eine Babymassage ist ein sanftes, rhythmisches Streicheln über den Babykörper. Mit Zärtlichkeit werden Fuß- und Handgelenke und die Finger und Zehen massiert. Regelmäßig massierte Babys sind ruhiger und weinen weniger, schlafen gut und werden seltener krank. Das können wir nach all den heutigen Erkenntnissen über die Kraft und heilende Wirksamkeit von Berührung sagen. Eine Babymassage ist ein Rund-um-Paket mit großer Zuwendung und Beachtung – ein inniger Kontakt zwischen Kind und Mutter in einem ganz besonderen Raum von Wärme und Frieden[6].

Kinder

Kinder sollten immer gefragt werden, ob und wo sie massiert werden wollen. Einige Studien können belegen, dass durch Massagen eine antiaggressive Wirkung entsteht.

Schwangere

Sanfte Massagen oder therapeutische Berührungen vor der Geburt bewirken bei Schwangeren weniger Depressivität und Angst, weniger Bein- und Rückenschmerzen und vor allem eine geringere Rate an Frühgeburten. Regelmäßige Massagebehandlungen über 36 Schwangerschaftswochen können auch das Schmerzempfinden während der Geburt verringern und das Risiko von Depressionen nach der Geburt reduzieren. Massagen während der Geburt lindern Angst und Schmerzen, können die Geburtsdauer und den Krankenhausaufenthalt verkürzen. Auch bei Vätern können mit professionellen Massagen psychische Störungen im Zusammenhang mit der Schwangerschaft und Geburt sowie der veränderten psychischen Situation der Mutter überbrückt werden. In China wurden spezielle Massageräume für Gebärende eingerichtet, da sanfte Massagen von ihren Partnern offenbar günstige psychische Wirkungen ausgelöst haben. Kräftige, auf die Muskulatur fokussierte Massagen stellen in den meisten Lehrbüchern eine relative Kontraindikation dar[7].

Mobiler Massagestuhl

Der Einsatz dieser mobilen Massagetechnik ermöglicht vielen Arbeitnehmern, Messe- und Eventbetreibern sowie ihren Besuchern eine schnelle und unkomplizierte Massagebehandlung im Rücken- und Nackenbereich. Diese kleine Auszeit von ca. 20 Minuten, z.B. in der Mittagspause, setzt einen Gegenpol zum pausenlosen Leistungsdruck: Sie entschleunigt. Gezielte Massagegriffe entspannen die Muskulatur, die Berührung wirkt beruhigend, und der Kopf wird wieder frei für kreatives, produktives Arbeiten.

Alternative oder ganzheitliche Massagen

Der häufig verwendete Begriff *Alternative* Massagen, der auch auf viele Wellness-Massagen zielt, ist unseres Erachtens nicht glücklich gewählt. Alternativ im Zusammenhang mit Massage sagt eigentlich nur, dass diese Behandlung nicht im Rahmen der GKV erstattet wird. Für die Erstattungsfähigkeit einzelner Methoden scheinen aber unterschiedliche Bewertungskriterien bislang eine Rolle gespielt zu haben. Manche der angebotenen Methoden, sofern sie seriös und standardisiert sind, gehören u.E. durchaus in den medizinischen Bereich, denn ihre Wirksamkeit bei psychischen Erkrankungen oder aber auch beim chronischen Rückenschmerz konnte in Studien nachgewiesen werden. Wir verstehen unter »Alternativen Massagen« generell ganzheitliche Massagen. Einige wollen wir anhand konkreter Beispiele noch genauer darstellen.

Thai-Massage

Im Taoismus, einer traditionellen chinesischen Lebensphilosophie, spielen Yin und Yang, die zwei gegensätzlichen männlichen und weiblichen Energieformen, eine wichtige Rolle. Sie sollen sich im Gleichgewicht befinden, damit der Körper, der Geist und die Seele zueinander in Harmonie stehen. Nur so kann der Mensch zufrieden und glücklich sein. Das ist auch der gedankliche Hintergrund der klassischen Thai-Massage, die auf eine 2500-jährige Tradition zurückblickt. Sie ist eine stark vitalisierende Massageform. Durch die Massage werden Energiestaus auf den Meridianlinien aufgehoben, damit das Fließen des Chi, d.h. der körperlich-seelischen Energie, wieder möglich ist. Bei der Anwendung werden Handballen und Daumen, gelegentlich auch Ellenbogen und Füße eingesetzt. Im Ursprungsland wird als Gleitmittel oft Talkumpuder verwendet, denn warmes Öl wird in diesem feucht-heißen, tropischen Klima als unangenehm empfunden. In manchen Instituten in Thailand wird vor der Massage der Körper mit einem weichen Schwamm eingeseift und mit lauwarmem Wasser abgespült. Die thailändischen Frauen sind meistens klein und zierlich. Dennoch verfügen sie über eine starke persönliche Präsenz und können mit ihren Händen kräftig zulangen. Vereinzelt gibt es auch Thai-Masseure. Es gehört zur Thai-Massage, dass sie punktuell durchaus auch mal schmerzhaft sein kann. Viele Menschen, auch in Europa, gehen inzwischen gerne zu einer thailändischen Teilmassage, z. B. wenn sich Muskeln im Nackenbereich schmerzhaft verhärtet haben.

Die Massagezeit beträgt ca. 90 Minuten; in Thailand sind Klient oder Klientin meist unbekleidet bzw. nur mit einem Handtuch abgedeckt. In Europa wird oft auch in leichter Bekleidung behandelt.

Ayurveda-Massage

Die Entwicklung der Vedischen (Veda ist in den indischen Religionen ein Begriff für allumfassendes Wissen) Heilkunst zum heute noch gültigen und bekannten Ayurveda vollzog sich etwa 3000–1000 v. Chr. Das Wissen vom gesunden Leben ist schriftlich in der indischen Heilkunde festgehalten, die über 5000 Jahre alt ist. Ayurveda, das Wissen vom Leben, hat den Grundgedanken: *Die Gesundheit erhalten, die Kranken heilen, das Leben verlängern*[8]. Ayurveda versucht, den Menschen in einem ganzheitlichen Sinn zu heilen. Bereits die Namen der verschiedenen Behandlungen können ein Wohlgefühl auslösen: Abhyanga, die traditionelle Ganzkörpermassage; Shiroabhyanga, Kopfmassage; Mukabhyanga, Gesichts- und Dekolleteemassage; Padabhyanga, Fussmassage; Upanahasveda, Rückenmassage; Shirodhara, Stirnölguss. Letzterer kann zu tiefer geistiger und seelischer Entspannung führen und soll das gesamte Nervensystem stabilisieren. In der klassischen Massageanwendung werden zwei Streichrichtungen angewandt: Ausstreichungen mit der Haarrichtung, die eher eine beruhigende und ausgleichende Wirkung haben sollen und eine Ausstreichung gegen die Haarrichtung, die eher anregend und belebende Effekte hat. Bei der ayurvedischen Massagebehandlung spielt das Öl eine bedeutende Rolle, das je nach Konstitution und Indikation vom Ayurveda-Therapeuten nach einem persönlichen Gespräch ausgewählt wird. Die Massage dauert zwischen 45 und 90 Minuten, und es wird unbekleidet behandelt.

Kalifornische Ganzkörpermassage

Die Kalifornische Massage stammt aus den 1970er-Jahren und hat seinerzeit das Tor zur sensitiven Berührung in der Massagetechnik geöffnet. Die Technik entwickelte sich aus verschiedenen körpertherapeutischen Ansätzen, die zum Ziel haben, den Körper aus festgefahrenen Haltungen zu befreien, ihm Ausdruck zu gewähren und das persönliche Gleichgewicht von Körper, Geist und Seele wiederherzustellen. Die Massagetechnik legt viel Wert auf harmonische Massageabläufe. Es werden deshalb vor allem Streichungen und weniger Knetungen angewandt. Alle Körperteile werden durch spezielle Griffführung miteinander verbunden. Manche kombinieren die Technik mit sanften Gelenkmobilisationen. Die sanfte, eine bis eineinhalb Stunden dauernde Ganzkörpermassage wird unbekleidet ausgeführt.

Esalen-Massage

Die Esalen-Massage wurde in den 1960er-Jahren am Esalen Institut in Kalifornien entwickelt. Der Name stammt von den Esselen-Indianern, die früher in dieser Region lebten. Ziel der

Esalen-Massage ist es, die Körperwahrnehmung jeder Person, ob Klient oder Behandler (Practitioner), zu erhöhen. Der jeweilige Practitioner soll sich in den Behandelten einfühlen. Auf diese Art entwickelt jeder Esalen-Massage-Practitioner seinen eigenen Massagestil. Die Esalen-Massage wird auch als *Kunst der bewussten Berührung* bezeichnet und ist eine Ganzkörpermassage. Sie besteht aus leicht fließenden Streichungen über die Gesamtlänge des Körpers, passiven Gelenkbewegungen und tiefer Strukturarbeit an Muskeln und Gelenken. Sanfte, wiegende Bewegungen, stets im Einklang mit der Atmung, sind charakteristisch für die Esalen-Massage. Die Massagezeit beträgt mit Vorgespräch ca. 90 Minuten.

Lomi Lomi Nui (»Hawaiianische Tempelmassage«)

Diese Massage ist in Hawaii entstanden und wurde ursprünglich von den weißen Kahunas im Tempel praktiziert. Sie ist Bestandteil der traditionellen hawaiianischen Heilkunst und wird für die Behandlung von Kranken genutzt. Sie ist ein Teil von Initiationsriten beim Übergang in einen neuen Lebensabschnitt und auch bei Priesterweihen, weshalb im Westen mitunter von *Hawaiianischer Tempelmassage* gesprochen wird. Hinter Lomi Lomi-Massage steht die Huna-Philosophie[9]. Lomi Lomi-Masseure und Masseurinnen arbeiten mit der *Aloha*, der absichtslosen heilenden Energie. Ende des 20. Jahrhunderts wurde diese Massagetechnik vor allem als Wellness-Massage bekannt. Sie dient nicht nur der Entspannung, sondern ihrem Anspruch nach auch der körperlichen, seelischen und geistigen Reinigung. Die Massage wird mit viel Öl ausgeführt, in Hawaii mit einem Öl, dass aus der Kukui-Nuss gewonnen wird. In Deutschland wird oft eine Mischung aus Kokos-Mandel-Öl verwendet. Die meisten Massagegriffe werden mit den Unterarmen ausgeführt, vereinzelt kommen auch die Ellenbögen zum Einsatz. Traditionell erfolgt vor der Massage eine Zeremonie, in der ein Gebet gesprochen wird. Die Massage wird mit haiwaiianischer Musik begleitet und dauert bis zu 2 Stunden (unbekleidet).

Aromaöl-Massage

Ätherische Öle werden in der Therapie schon seit 5000 Jahren genutzt. Es werden nur 100 Prozent naturreine Öle verwendet, die je nach Anwendung mit einer neutralen Trägersubstanz vermischt werden. Die Aromaöl-Massage ist eine klassische Ganzkörpermassage, bei der zuvor in einem Gespräch die Befindlichkeit des Massagenehmers abgefragt wird. Danach werden die Duftstoffe ausgesucht. Sie sollen die Stimmung positiv beeinflussen. Die einzelnen Öle sollen sogar unterschiedlich auf den menschlichen Organismus wirken: belebend, erfrischend, entzündungshemmend, wärmend, beruhigend, konzentrationsfördernd und schmerzreduzierend. Nach jeder Massage wird eine Ruhephase gewährt, in der die Effekte nachgespürt werden können. Massagezeit 30 bis 60 Minuten, unbekleidet.

Unterschiedliche Formen Heilsamer Berührungen

Es gibt Bedingungen, in denen keine länger dauernden, regulären Massagen angebracht sind, wo aber dennoch die Möglichkeiten Heilsamer Berührungen bestehen. Dafür nennen wir einige Beispiele. Menschen, die an ein Bett »gefesselt« sind, leben in einer Grenzenlosigkeit. Die eigene Körpergrenze ist nicht mehr spürbar. Auch Menschen, die bereits einen Gehörverlust erlitten haben, verlieren eine wichtige Kontrolle zu ihrem körperlichen Schutz. Wir empfehlen *Initialberührungen*, das sind ritualisierte Berührungen, z. B. an der Schulter. Sie eröffnen den wortlosen Kommunikationsraum im Sinne einer Begrüßung und einer Verabschiedung.

Aromapflege

Die Aromapflege ist eine anerkannte, komplementäre Pflegemethode. Die Anwender erhalten eine fundierte Ausbildung in der Pflanzenkunde und lernen den professionellen Umgang mit 100 Prozent naturreinen ätherischen Ölen. Sie wird als prophylaktische und pflegende Maßnahme im Pflegeprozess eingesetzt.

In Verbindung mit Berührungen im Sinne von *Berührung ist Begegnung* werden die Öle mit verschiedenen Methoden, wie z. B. Massagen, Wickel, Einreibungen, verwendet. Dabei werden die speziellen Wirkungsweisen der Öle auf die jeweiligen Befindlichkeiten und Diagnosen der Patienten abgestimmt. Leider gibt es wenig wissenschaftliche Erkenntnisse über die Wirksamkeit der Therapie. Einige Studien sprechen für eine schlaffördernde Wirksamkeit, die teilweise der einer reinen Massagetherapie überlegen oder ihr gleichwertig sei[10,11,12]. In einigen Pflegeheimen und Krankenhäusern haben wir gesehen, wie hilfreich die Aromapflege ist. Der Raum gewinnt durch die Duftsubstanzen eine freundliche, angenehm riechende Atmosphäre. Die Berührungen mit den Ölen werden von den meisten Patienten gern angenommen, auch von denen, die zunächst auf das Angebot einer Massage skeptisch reagieren. Die Aromapflege verhilft, Heilsame Berührungen in verschiedenen Ausführungen anzuwenden.

Basale Stimulation®

Basale Stimulation bedeutet die Aktivierung der Wahrnehmungsbereiche und die Anregung primärer Körper- und Bewegungserfahrungen. Es sind Angebote zur Herausbildung einer individuellen nonverbalen Kommunikation bei Menschen, deren Eigenaktivität aufgrund ihrer mangelnden Bewegungsfähigkeit eingeschränkt ist und deren Fähigkeiten zur Wahrnehmung und Kommunikation auch erheblich beeinträchtigt sind. Mit einfachsten Möglichkeiten wird dabei versucht, den Kontakt zu diesen Menschen aufzunehmen, um ihnen den Zugang zu ihrer Umgebung und ihren Mitmenschen wieder zu ermöglichen und Lebensqualität zu erleben. Bei der Betreuung und Pflege werden Wahrnehmungserfahrungen angeboten, wie z. B. Singen oder Summen, Musik, farbige Lichtquellen, Massagen in verschiedenen Ausführungen mit Öl oder Massageball u.a., wechselnde Körperlagerungen, Stimulationen durch Berührungen wie Streicheln oder durch tiergestützte Therapie.

Die Basale Stimulation® wurde von Andreas D. Fröhlich ab 1975 im Rahmen eines Schulversuches entwickelt und veröffentlicht. Sie ist heute als Begriff markenrechtlich geschützt. Sie versteht sich ausdrücklich als pädagogisches Konzept und nicht als therapeutische Technik. Das Konzept wurde von Christel Bienstein in Zusammenarbeit mit Andreas Fröhlich in den Bereich der Pflege übertragen[13].

Therapeutic Touch

Therapeutic Touch wurde 1972 durch eine Dozentin für Pflegewissenschaft an der New Yorker Universität bekannt. Ihr Wissen basierte auf den Vorstellungen von Martha Rogers, die davon ausging, der Mensch sei ein offenes System, das über »elektromagnetische Wellen« ständig im Austausch mit seiner Umwelt stehe. Trotz fehlender wissenschaftlicher Anerkennung des Wirkungsmechanismus verbreitete sich diese Methode in den USA, weil sie offenbar in vielen Fällen wirksam war. Auch in Europa kommt Therapeutic Touch heute zum Einsatz. Ursprünglich wurde in dieser Behandlungsmethode der Patient nicht berührt. Inzwischen gibt es mehrere Schulen, die teilweise unterschiedliche Ansichten und Techniken vertreten.

Die Behandler wollen das »Energiefeld« erspüren, dass über die Körpergrenze hinausgeht und versuchen es zu harmonisieren. Therapeutic Touch wird insbesondere bei Tumorpatienten, z. B. wenn sie an belastender Müdigkeit (Chronic Fatigue Syndrome) leiden, offenbar erfolgreich angewendet[14].

Osteopathie

Die Osteopathie, die zunehmend beachtet wird und beliebt ist, kam aus den USA zu uns und stellt ein System manipulativer Techniken dar, die in einer 5-jährigen Ausbildung erlernt werden. Osteopathen benötigen und besitzen ein detailliertes Wissen über die menschliche Anatomie, das weit über die anatomischen Inhalte eines heutigen Medizinstudiums hinausgeht. Es werden vor allem sanfte Griffe angewandt, die nicht nur den muskulären, sondern auch den bindegewebigen, nervalen Strukturen und den inneren Organen gelten. Der Osteopath stellt eine Diagnose, indem er Störungen in und zwischen den einzelnen Strukturen feststellt. Die kommunikativen Eigenschaften der Faszien spielen dabei eine große Rolle, u. U. aber auch die Positionen der Schädelknochen und der für einen Osteopathen spürbare Puls der Rückenmarksflüssigkeit. Der geheimnisvolle »Still Point« bedeutet eine optimale Balance der einzelnen Körperstrukturen, die sich quasi selbst organisieren, nachdem durch die Behandlung bestimmte Prozesse in Gang gekommen sind. Auch erfahrene Osteopathen haben diesen Zustand in ihrer Praxis nur selten erlebt. Sie können aber berichten, dass es geschehen kann. Für den Klienten wie auch für den Therapeuten ist es ein sehr eindrückliches, zutiefst beglückendes Erlebnis, das sich weiterer Beschreibung entzieht. Vielleicht kann man sagen, dass dabei auf den verschiedenen anatomischen Ebenen eine optimale *Kohärenz* zustande kommt.

Alterszeit – Pflegezeit –Berührungszeit

Menschen, die in Heimen ihre Alterszeit verbringen, sind oft durch Tod von ihren Lebenspartnern getrennt und müssen nun mit dem Leben in einer fremden Umgebung zurechtkommen. Diesen bedürftigen Menschen wird viel abverlangt, z. B. dass sie sich schnell und gefügig der Heimsituation widerstandslos anpassen. Diese Anforderung können nur wenige ohne seelischen Schmerz bewältigen. Wenn Menschen in dieser Lebensphase mit Berührung und Zuwendung unterstützt werden, so kann dies ihre Ängste mildern und ihren Selbstwert heben, den sie so sehr brauchen. Einige Berührungstechniken wie das therapeutische Handauflegen werden vom Krankenpflegepersonal in Fällen eingesetzt, in denen Medikamente entweder nicht besonders wirksam sind oder für den infrage stehenden Personenkreis, wie z. B. demente Patienten, zu gefährliche Nebenwirkungen haben[15]. Heilsame Berührungen sollten nur mit dem Einverständnis des Empfängers gegeben werden. Hilfreich ist es zu fragen, wo eine Berührung angenehm wäre. Ein leichtes Handauflegen auf die gewünschte oder schmerzhafte Stelle für einige Minuten vermittelt oft schon Beruhigung und Wohlgefühl. Auch eine Hand- oder Fußmassage wird positiv erlebt. Bei unseren persönlichen Erfahrungen, die wir als Hospitierende in Pflegeheimen machen konnten, stellten wir immer wieder fest, dass Berührungen wie Handauflegen, Kopf- oder Handmassagen oder eine Umarmung mit sehr viel Dankbarkeit angenommen wurden. Auch hier kann die Aromapflege in Verbindung mit Heilsamer Berührung positiv eingesetzt werden[16,17].

Operations- und Narkosevorbereitung

Angst kann zu körperlichen Beschwerden führen. Oft sind es schneller Puls, erhöhter Blutdruck und Übelkeit. Solche akuten

Stress-Symptome behindern eine gute Anästhesie und erhöhen den Verbrauch an Narkosemedikamenten. Berichten von Fachpersonal aus den Bereichen der Anästhesie konnten wir entnehmen, dass manche Patienten unruhig und um sich schlagend aus der Narkose erwachen. Patienten hingegen, die vor einer Narkosemittelverabreichung eine Handmassage oder eine zugewandte Berührung bekommen, schlafen nicht nur ruhiger ein, sondern erwachen auch ruhiger aus der Narkose. Auch Patienten, bei denen ambulant ein operativer Eingriff durchgeführt wurde, zeigten eine deutliche Reduktion von Angstzuständen nach einer solchen Heilsamen Berührung[18].

Berührung bei chronisch Kranken und Sterbenden

Eine lebensbedrohliche Krankheit verändert das Leben eines Menschen und seiner Familie radikal. Die Krankheit steht im Mittelpunkt und bestimmt den Alltag. Die medizinische Versorgung hat höchste Priorität und wird mit Hoffnung begleitet, die manchmal in einer dramatischen Niederlage endet. Schmerzen und extreme Ängste nehmen Besitz vom Patienten. Pflegepersonal und Ärzte werden mit ihren Kenntnissen und Erfahrungen in eine Lebensphase gewebt, deren Ende absehbar ist. Nach einer medizinischen Niederlage folgt eine Phase der Resignation, und im besten Fall erlangen einige ihre innere Zustimmung für ihr schweres Schicksal. Professionelle Berührungen können diesen Menschen Linderung von Schmerzen und Unruhe geben. In einigen Krankenhäusern wird mit Therapeutic Touch oder Basaler Stimulation eine Besserung des psychophysischen Zustands erreicht. Bei unseren Assistenztätigkeiten in entsprechenden Institutionen haben wir mit Einverständnis der Patienten Heilsame Berührungen gegeben. Dabei fragen wir immer, wo und wie sie eine Berührung wollen. Viele Patienten können darauf präzise antworten. Diese

Momente genießen die meisten Menschen. Wir sollten sie ermuntern, diese Berührungen anzunehmen, dabei die Augen zu schließen und auch einzufordern, wo und wie sie berührt werden wollen.

Im regelmäßigen Kontakt kann sich ein tiefgehendes Vertrauensverhältnis zwischen Patient und Masseur oder Masseurin ergeben[19]. Engagierte Physiotherapeuten, Krankenpfleger und Palliativmediziner haben sehr eindrücklich berichtet, wie auch bei sterbenden Menschen solcher Körperkontakt in einer entsprechend angepassten Form erleichternd sein kann. Dabei geben sie den manchmal fassungslosen und hilflosen Angehörigen den Rat, ihrem Angehörigen mit Körperkontakt wie das »Hand halten« am Ende zu begleiten. Oft wird diese Geste dankbar angenommen. Sie erleben den stillen Moment des Abschieds dann nicht mehr hilflos und haben das Gefühl, für ihren Angehörigen noch etwas *tun* zu können. Große Feinfühligkeit sollten Therapeuten, Pfleger und Ärzte und Angehörige zeigen, was auch bedeutet, sich still zurückzuziehen, wenn der sterbende Mensch signalisiert, dass jetzt die Zeit für ihn gekommen ist, nunmehr allein dem nahenden Tod entgegenzugehen. Der in dieser Weise engagierte Therapeut oder die Therapeutin wird auch eigene Wege finden müssen, für sich den Abschied von einem Klienten/Patienten zu gestalten, zu dem diese innigste Form der Beziehung vielleicht viele Monate oder Jahre bestanden hat.

Auch Unfallopfer können durch das einfache »Hand halten« sehr beruhigt werden. Das ist eine Möglichkeit, dem Opfer Halt und Vertrauen zu schenken, bis die Rettungskräfte eintreffen.

Welche Faktoren beeinflussen die Wirksamkeit therapeutischer Berührungen?

Grundvoraussetzung für die Wirksamkeit Heilsamer Berührung ist im medizinischen oder anderen, z. B. auch psychotherapeutischem, Kontext *Klarheit und Eindeutigkeit der Berührung*. In den Anfangszeiten der Psychoanalyse entstanden im Rahmen der sogenannten Übertragung Abgrenzungsproblematiken durch unprofessionelles Therapeutenverhalten gegenüber Patientinnen, die sich in den Therapeuten verliebten. Daraus entstand das von Freud selbst verfügte »Abstinenzgebot«, d. h. ein Psychoanalytiker durfte selbst in psychologischen Extremsituationen seine Klienten niemals anfassen. Uneindeutige Berührungen lassen unerfreuliche Szenarien entstehen wie z. B. bei einem Gynäkologen, der seine Untersuchungssituation nicht völlig eindeutig medizinisch gestaltet. Jeder seriöse Masseur oder jede Masseurin muss wissen, wodurch die unsichtbaren und sensiblen Grenzen bei einer Massagebehandlung überschritten werden. Dieses Wissen ist die tragende Basis für heilsame Körperarbeit.

Abhängigkeit vom Kontext

Eine Berührung ist auch ein physikalisch beschreibbarer Vorgang: Es werden z. B. xy Millipond pro Quadratzentimeter Druck mit einer Geschwindigkeit von zwei Zentimeter pro Sekunde über ein Hautareal von 15 Zentimeter Länge hinweg ausgeübt. Zwei physikalisch identische Berührungen können aber sehr verschiedene Wirkungen beim Empfänger auslösen. Das kommt darauf an, wer uns in welcher Funktion an welchem Ort berührt.

Prüft ein Neurologe meine Hautsensibilität, indem er langsam und sanft oder auch kräftig über meinen Handrücken streicht, löst das eine ganz andere Empfindung aus, als wenn ein Schamane an gleicher Körperstelle eine magische Handlung vornimmt. Oder ein empathischer Arzt legt seine Hand kurz auf die des Patienten, während er ihm eine ernste Diagnose mitteilt. Das hat eine ganz andere Bedeutung, als wenn wir z. B. nach einem längeren und tiefer gehenden Streit unserem Partner oder unserer Partnerin als versöhnende Geste die Hand berühren. Physikalisch gesehen unterscheiden sich diese Berührungen kaum voneinander. Für die entstehende psychische Wirkung spielt also der situative Kontext eine entscheidende Rolle. Das gilt auch bei den Massagen: Die Wirkung der Einrichtung eines Massageraums gehört auch zum Kontext. Steht in jeder Ecke eine kopierte Buddha- oder Ganesha-Figur, oder dekorieren tibetanische Gebetsfahnen den Raum und riecht es intensiv nach Räucherstäbchen? Der eine Klient fühlt sich dabei vielleicht angenehm an schöne Erlebnisse in Indien oder Thailand erinnert, ein anderer fühlt sich unwohl bei so viel Exotik. Beide gehen mit individuellen, durch das Ambiente beeinflussten Gefühlen in die Massage: Der eine mit Urlaubserinnerungen, der andere mit gerümpfter Nase und skeptischem Gefühl. Der Massageraum muss nicht stocknüchtern wirken. Die Einrichtung sollte dem Klienten einen angenehmen Freiraum gewähren, der Sicherheit, Ruhe und Ästhetik ausstrahlt.

Ein weiteres wichtiges Element für eine erholsame und heilende Massageberührung ist die Konstanz, auf die sich der Klient verlassen kann, um Vertrauen aufzubauen. Hierzu zählt, dass der Massageraum nicht ständig verändert wird, das Ambiente nicht ausgetauscht und die Kleidung des Therapeuten nicht ständig in Farbe oder Stil wechselt. Auch die personelle Konstanz spielt eine große Rolle für den Erfolg. Eine maximal mögliche Wirkung kann sich entwickeln, wenn jede Behandlung durch den gleichen Therapeuten durchgeführt wird.

Erwartung des Massagenehmers

Auch die jeweilige Erwartung des Berührungsempfängers spielt eine wesentliche Rolle für die Wirksamkeit der Massage. Wir können das mit unserer Erwartung vergleichen, die wir haben, wenn wir eine Tablette gegen irgendeine Beschwerde einnehmen: Wenn ich weiß, dies ist ein Schmerzmittel, werde ich in vielen Fällen eine Schmerzlinderung verspüren. Wenn das Mittel aber Angst dämpfen oder Seekrankheit verhindern soll, werde ich mit ganz anderen Erwartungen der bald einsetzenden pharmakologischen Wirkung entgegensehen. Das ist übrigens die Basis des Placebo-Effekts. Die Erwartungen richten sich nach dem Kontext, in der eine Massage ausgeführt werden soll: in einem Spa- & Wellnessbereich eines 5-Sterne-Hotels, in einer einfachen Massagepraxis in der Dorfmitte, in einer psycho- oder körpertherapeutischen Praxis. Die Erwartungen können also sehr verschieden sein, und es spielt auch eine Rolle, ob es sich um eine Erstbehandlung handelt oder ob der Klient schon Erfahrungen mit vorausgegangenen Massagen hat. Ausschlaggebend ist auch die Erscheinung des Behandlers: Eine gepflegte, sympathische und Kompetenz ausstrahlende Therapeutin, die ihre Massageleistung in einem angenehmen Behandlungsraum hinsichtlich Schutz, Wärme und Ästhetik anbietet, kann bei Klient oder Klientin eine positive Erwartung auslösen. Bei einer Serie von Behandlungen nähren sich die Erwartungen an die nächste Stunde jeweils von den Erfahrungen, die in der vorangegangenen Stunde gemacht wurden.

Drei ganzheitliche Massagen mit psychischen Wirkungen

Einige Massagen zielen speziell auf die Auslösung heilsamer psychischer z. B. angstlösender oder antidepressiver Wirkungen ab. Gelegentlich werden sie auch als Psychoaktive Massagen bezeichnet, wobei wir diesen etwas unbestimmten Begriff später noch stärker eingrenzen werden. Nachfolgend stellen wir kurz drei dieser Techniken vor. Wir haben sie ausgewählt, weil für sie wissenschaftliche Untersuchungen aus Deutschland vorliegen, die ihre speziellen psychoaktiven Effekte bestätigen.

Psychoregulierende Massage

Diese Massage wurde von Bruno Blum, dem früheren Bundesvorsitzenden des Verbandes für Physikalische Therapie, und Sabine Baumgart primär für Menschen mit chronischen Schmerzen und Depressionen entwickelt. Die Kenntnis dieser Massage gehört nicht zum gesetzlichen Ausbildungskatalog für Physiotherapeuten und/oder medizinische Masseure, sondern sie muss in 40 Unterrichtsstunden erlernt und trainiert werden. Die Behandlung wird stufenweise aufgebaut, wobei die ersten drei Behandlungen Teilbehandlungen sind. Die Behandlungsdauer steigt auf 20 über 30 bis hin zu 60 Minuten. Die erste Behandlung ist eine Massage des Trapez-Muskels, wobei die sanften fließenden Streichungen immer in Richtung vom Kopf aus abwärts gerichtet sind[20]. In der zweiten und dritten Stunde wird eine etwa halbstündige Massage der Rücken- bzw. der Vorderseite angeboten, die jeweils ca. 30 Minuten dauert und neben Streichungen nun auch schon Knetungen und Reibungen enthält. Zielorgan ist immer die Haut bis hin zur oberflächlichen Faszie.

Patienten mit chronischen Schmerzzuständen haben die

Chance, sich in diesen Stunden mit ihrem Schmerz auf der Erlebensebene auseinanderzusetzen, Vertrauen zum Therapeuten aufzubauen, ihre seelische Belastungsfähigkeit zu erproben und sich durch die Konzentration auf ihren Körper gleichzeitig stärker vom Schmerzerleben zu distanzieren. Dieses Experiment der Selbstwahrnehmung wird in den folgenden sieben jeweils einstündigen Ganzkörperbehandlungen fortgesetzt. In manchen Fällen wird diese Behandlung kombiniert mit einem atemtherapeutischen Ansatz. Therapieziel ist die Herausbildung eines neuen Bewusstseins, indem die seelischen Ursachen des chronischen Schmerzes dem Klienten bewusster werden. Er wird befähigt, sein Kohärenzgefühl und seine Resilienz zu stärken, statt sich passiv dem Schmerz zu ergeben oder verzweifelt, aber ergebnislos gegen ihn anzukämpfen. In einer Studie konnte gezeigt werden, dass eine solche Therapie bei Schmerzpatienten auch deutliche antidepressive Wirksamkeit entfaltet[21].

Slow Stroke® Massage

»Noch nie hat jemand meine Hände massiert. Sie haben meine Seele berührt.« »Die Massagen haben mir geholfen, weil ich doch in der letzten Zeit wieder Angst- und Panikattacken hatte.« »Ich hatte immer das Gefühl, in einer Art Gummihaut zu stecken. Die ist jetzt plötzlich weg.« Das sind Aussagen von Patienten, die eine Slow Stroke® Massage erhielten.

Die Slow Stroke® Massage basiert auf der Kalifornischen Massage. Sie wurde in den 90er-Jahren von Claudia Berg in Zusammenarbeit mit dem Autor, Bruno Müller-Oerlinghausen, entwickelt. Sie beinhaltet eine standardisierte und vom Verband für Physikalische Therapie zertifizierte Technik. Sie wurde mit der ausdrücklichen Intention entwickelt, sie als komplementäre Therapie bei Patienten mit psychischen, vor allem depressiven Störungen anzuwenden.

Die einzelnen Elemente der Slow Stroke® Massage sind zunächst in Vorversuchen auf ihre Eignung für eine Anwendung an depressiven Patienten geprüft und dann in einer großen klinischen Studie auf ihre antidepressive und angstlösende Wirkung hin getestet worden. Sie wird bei Menschen angewendet, für die eine tiefe körperlich-seelische Entspannung therapeutisch sinnvoll ist. Sie zielt auf die Verbesserung des Gesamtbefindens und kann auch gewählte psychophysische Zielsymptome bei Menschen mit Befindlichkeitsstörung, Depression, Burn-out-Syndrom und Angstzuständen positiv beeinflussen.

Technik: Das Massagesetting beinhaltet ein kurzes Vorgespräch, in dem Vertrauen zwischen Patient und Therapeut hergestellt wird. Die Slow Stroke® Massage ist eine Ganzkörpermassage. Während der einstündigen Massage mit warmem Öl wird nicht gesprochen, die Hände bleiben immer im Kontakt mit dem Körper, außer beim Wechsel von der Körperrückseite zur Vorderseite. Die Massagegriffe werden zum größten Teil mit flachen, offenen Händen ausgeführt, sind sanft, fließend, ruhig und langsam. Sie verschmelzen zu einem pausenlosen, rhythmischen Ganzen, wobei es keinen abrupten Wechsel von einem Griff zum nächsten gibt. Es werden erst die Körperrückseite, dann die Körpervorderseite und zum Schluss der Nacken und das Gesicht massiert.

Diese psychointegrative Massage vermittelt auch dem psychisch gesunden Klienten Ruhe und Geborgenheit und ermöglicht einen neuen, veränderten Zugang zum eigenen Körper. Ziel ist, dass der Klient oder Patient sich und seinem Körper wieder vertraut. Daraus können Selbstvertrauen und Glauben an die eigene Kraft resultieren[22].

Vasana® Psychoaktive Massage

»Der Begriff Körpertherapie hat jetzt etwas Konkretes und Erfahrbares bekommen und wird mir auf meinem Weg hilfreich sein.« »Im Gespräch werde ich gehört, ich kann eine Belastung ansprechen, loslassen. Während der Massage lasse ich nochmals los und fühle mich wohlig angenommen«. »Diese Massage ist eine wundersame Methode für die Anregung aller Sinne. Das Spüren der ›Ganzheit‹ habe ich in dieser Form noch nie erlebt.«

Dies sind Aussagen von Patienten, die mit der Vasana® Psychoaktiven Massage behandelt wurden.

Die Vasana® Psychoaktive Massage ist eine Weiterentwicklung der Kalifornischen bzw. Slow Stroke® Massage, die die Autorin, Gabriele Mariell Kiebgis, in den Jahren 1994 bis 2012 entwickelt hat. Die Massagetechnik sowie das ganze Massagesetting wurden durch Erkenntnisse aus der Körpertherapie und Körperpsychotherapie sowie den Ergebnissen aus verschiedenen Massagestudien stets angepasst. Das Kernelement dieser therapeutischen Zuwendung sind Heilsame Berührungen, die auf die aktuelle Befindlichkeit des Klienten abgestimmt sind. Diese Psychoaktive Massagetechnik eignet sich für alle Menschen und besonders für Menschen mit psychischen Störungen wie Depression, Körperschemastörungen, lebensbegleitenden psychischen Belastungen, auch solchen, die durch Krankheit oder einschneidende Veränderungen von Lebensgewohnheiten entstehen. Sie zeigt auch als begleitende Unterstützung in psychotherapeutischen Behandlungen positive Wirkungen und kann als stabilisierende und gesundheitserhaltende Massagemethode in präventiver Absicht genutzt werden. Diese Massagetechnik beeinflusst psychophysische Befindlichkeiten positiv, wie eine einschlägige Studie gezeigt hat. Zudem kann eine Serie von Vasana® Massagen dem Klienten ein Verständnis der Zusammenhänge zwischen seiner körperlichen und seelischen sowie geistigen Befindlichkeit vermitteln. Auch diese Massagemethode ist markenrechtlich geschützt. Die Grundausbildung kann berufsbegleitend erlernt werden[23].

Technik: Zur Vasana® Psychoaktiven Massage gehört ein körperzentriertes Vorgespräch, in dem Vertrauen zwischen Patient und Therapeut hergestellt wird. Ein weiteres Ziel dieses Vorgesprächs ist, den Klienten behutsam in Kontakt zu seiner aktuellen körperlichen und seelischen Befindlichkeit zu bringen. Die Massagegriffe, die zum größten Teil mit flachen, offenen Händen und gegebenenfalls mit den Unterarmen ausgeführt werden, wechseln von sanft bis kräftig, sind fließend, ruhig und langsam. Sogenannte Verflechtungen verbinden einzelne Griffe, was einen angenehm fließenden Massagefluss auslöst. Dieser Massagefluss variiert je nach Behandlungszone in der Intensität und im Rhythmus und ist jeweils an den Körperbereich angepasst.

Während der Massage ist der Klient mit einem leichten Vliestuch bedeckt, dessen Auf- und Abdeckung in den Massagefluss mit eingewoben ist. Während der einstündigen Massage mit warmem Öl wird meist nicht gesprochen. Es werden erst die Körperrückseite, dann die Vorderseite, Nacken, Kopf und Gesicht massiert[23].

Durch die auf die Befindlichkeit des Klienten abgestimmte Geschwindigkeit der Massage und der Technik, der bewusst eingesetzten *emotionalen* Berührungen, fühlt sich der Klient angenommen, geborgen und liebevoll berührt. Für viele Menschen beginnt damit zum ersten Mal oder nach langer Zeit das Erlebnis, ihren Körper als solchen wahrzunehmen. Das Behandlungsziel ist, Vertrauen in den eigenen Körper wiederherzustellen, zu stabilisieren und daraus mehr Sicherheit für die Bewältigung persönlicher Herausforderungen zu entwickeln.

Was verstehen wir unter Psychoaktiver Massage am Beispiel der Vasana® Massage?

Der Begriff *psychoaktiv* ist allgemein und bedeutet im übersetzten Sinn *seelenaktiv*. Wie schon ausgeführt, handelt es sich um Behandlungen, die eingesetzt werden, um speziell auch psychische Veränderungen hervorzurufen. Auf alle drei genannten Massagetechniken trifft das zu. Damit es zu dieser »Psychoaktivität« kommt, müssen mehrere Faktoren übereinstimmen, die wir etwas näher beschreiben.

Eine der wichtigsten Voraussetzungen, um die spezielle Massagetechnik anzuwenden, ist eine fundierte Ausbildung der Therapeuten, mit der sie ihre Arbeitsweise im Hinblick auf Nähe und Kontakt, zeitliches Vorgehen, Berührungs- und Massagedruckstärke gestalten. Anatomische Kenntnisse, Professionalität sowie Kenntnisse über die *emotionale Anatomie*, in der das Zusammenspiel von körperlicher Beweglichkeit und emotionaler Befindlichkeit erklärbar ist, sind unverzichtbar. Der Begriff emotionale Anatomie wurde von Stanley Keleman geprägt und bedarf einer Erläuterung[24].

Jeder Mensch schreibt seine eigene Biografie. Seine individuellen Erfahrungen haben sich in ihm *verkörpert*. Er hat seine Erlebnisse *einverleibt*. Mitunter ergeben sich im Laufe des Lebens schmerzhafte Bewegungseinschränkungen, die oft mit seelischen Beschwerden einhergehen. Oder umgekehrt: Seelische Beschwerden gehen mit schmerzhaften Bewegungseinschränkungen einher. Ein erfahrener Körpertherapeut kann mit der Technik einer Psychoaktiven Massage in diese festgefahrenen Körperhaltungen eingreifen und ihre Entstehung und Notwendigkeit erklären. Gemeinsam mit dem Klienten können Veränderungen seiner emotionalen Anatomie besprochen werden. Deshalb bedarf es bei der Psychoaktiven Massage einer individuellen Arbeitsweise, damit der Massagenehmer sich berührt fühlt.

In der Psychoaktiven Massagearbeit erleben Klient und Therapeut die Sprache der Berührung als eine eigenständige Form der Kommunikation. Dabei muss die besondere sensitive Berührung über die Haut erfolgen, über deren vielfältige Funktionen und Intelligenz wir bereits in den vorangehenden Kapiteln ausführlich geschrieben haben.

Der reziproke Prozess

Seriöse und professionelle Therapeuten und Therapeutinnen kennen sich im reziproken Prozess, das ist der Prozess der wechselseitigen Beziehung, gut aus. In der Behandlung mit einer Psychoaktiven Massage ist diese Kenntnis besonders wichtig: Sie schützt den Massagenehmer nicht nur vor unachtsamen Berührungen, sondern auch vor mentalen Übergriffen. Unseriöse, nicht fachgerecht arbeitende Masseure, Masseurinnen oder auch Wellnesstherapeuten, die sich in Wochenendseminaren ausbilden lassen, können einer irrtümlichen Selbsteinschätzung unterliegen[25].

Der reziproke Prozess während einer Psychoaktiven Massage kann als *nonverbaler Dialog* verstanden werden. In dieser wortlosen Kommunikation zwischen Klient und Therapeut können gegenseitige Wechselwirkungen entstehen. Berührtheit im Sinne von Wohlgefühl und tiefer Verbundenheit für den durch die Massage entstehenden Kontakt kann sich sowohl beim Massagenehmer wie auch beim Massagegeber entfalten. Auch andere positive Effekte wurden beim Massagegeber beobachtet[26].

Maria erzählt der Massagetherapeutin, bei der sie eine Psychoaktive Massage gebucht hat, dass sie eigentlich nicht berührt werden möchte, weil sie Angst hat. Sie sagt, dass sie das Burn-out von Noah schon vorausgesehen hat. Obwohl sie sich unglaublich anstrengte, immer das Richtige zu tun, konnte sie Noah nicht helfen. In der Paartherapie, die sie seit einigen Monaten nutzen, schlich sich ihre Berührungsscheu in den Vordergrund. Ihr Wunsch sei, ihren Körper wieder zu spüren, aber sie möchte unbedingt bestimmen, wo sie berührt werden möchte. Maria gestaltet die Berührungssitzungen gemeinsam mit der Therapeutin. Zunächst sind Massagen direkt auf der Haut nicht möglich. Maria bleibt auf der Massagebank liegend angekleidet. Die Therapeutin folgt den genauen Anweisungen von Maria und berührt sie nur dort, wo und wie sie es will. Nach und nach gewinnt Maria Vertrauen, sodass sie nach einigen Behandlungen eine Psychoaktive Massage ausprobiert. Ihre Erfahrungen bespricht sie vor und nach jeder Behandlung mit der Therapeutin, sodass sie jetzt die Ursache ihrer Angst vor Berührung verstehen, annehmen und verändern kann. Nach mehreren Massagen entdeckt Maria wieder ihre Lust auf Sinnlichkeit.

Warum suchen Menschen professionelle Berührungen und komplementär-alternative Heilverfahren?

Es gibt verschiedene Beweggründe, warum Menschen professionelle Berührungen in Anspruch nehmen. Durch das umfangreiche auch digitale Informationsnetz entwickelt sich die Bevölkerung mehr und mehr zu mündigen und aufgeklärten Patienten, die selbst ihre Gesundheit in die Hand nehmen wollen und bereit sind, auch dafür Geld auszugeben. Klienten, die sich in einer Praxis einfinden, in der Psychoaktive Massagen angeboten werden, haben oft eine kleine Odyssee von verschiedenen therapeutischen und psychotherapeutischen Behandlungen hinter sich. »Das hat alles auf Dauer nichts geholfen«, diesen Satz haben wir oft gehört, oder »Ich habe so viel über mein Problem geredet, dass ich keine Lust mehr habe, darüber zu reden«. Sie kommen, weil sie sich selbst durch die Angebote an alternativen Behandlungsmethoden »durchgegoogelt« haben oder eine Empfehlung ausgesprochen wurde. Antrieb sind körperliche Beschwerden, wie z. B. ständige oder immer wiederkehrende Rückenschmerzen, Schlafstörungen, Verdauungsprobleme, oder ein insgesamt unwohles Körpergefühl, das durchaus mit einer Schmerzsymptomatik einhergehen kann. Diese Gründe werden zunächst als Anlass genommen, sich alternativ behandeln zu lassen. Oft kommen während eines Erstgespräches andere Ursachen zum Vorschein: private oder berufliche Konflikte, körperlich-seelische Belastungen durch Lebensereignisse, die durch Verlust oder Veränderung bestimmt werden. Auch nicht befriedigende Erfolge durch psychotherapeutische Behandlungen sind für manche Menschen Anlass, sich alternativen Methoden zuzuwenden.

Massagen, die ärztlich verordnet werden, beziehen sich auf Körperteil-Massagen oder gelegentlich auch auf osteopathische Behandlungen, die nicht im vollen Umfang von der GKV übernommen werden. Diese Kurzbehandlungen sind allerdings auch Türöffner, sich für ganzheitliche Massagetechniken oder -behandlungen zu interessieren. Einige Studien weisen daraufhin, dass vorzugsweise von depressiven Patienten alternative Heilmethoden gesucht werden, insbesondere Massagen.

Ein weiteres Anliegen ist das Bedürfnis nach Berührung. Ein großer Teil auch der deutschen Bevölkerung ist einsam. Die

Zahl der Single-Haushalte nimmt konstant zu. Dafür gibt es viele Gründe, die wir hier nicht ausführen können. Die Abnahme von alltäglichen Berührungskontakten ist eine wichtige Facette der modernen Einsamkeit, die durch entsprechende Befragungen belegt werden konnte. Berührung ist uns mehr und mehr ungewohnt. Das hat zweierlei Folgen: Entweder entwickeln wir ein großes Bedürfnis nach Berührung oder eine innere und äußere Abwehr von Berührung, weil wir nicht mehr wissen, wie wir damit umgehen sollen. Irgendwo in uns, tief verborgen, wissen wir aber, dass Berührung heilsam ist und uns guttut. Manche Ärzte und Psychotherapeuten wissen darum und empfehlen ihren Patienten »Entspannungsmassagen«. In einer Berliner Nervenarztpraxis konnten Patientinnen, teilweise mit einer schwerwiegenden Diagnose, mit einer Slow Stroke® Massage in längeren Serien mit Erfolg behandelt werden. Einige von ihnen kamen von sich aus zu einer neuen Behandlungsserie, wenn sie das Herannahen einer Depression spürten und ihr präventiv begegnen wollten. Auch in der Praxis der Autorin kommen zunehmend Klienten durch die Empfehlung ihres Hausarztes, ihrer Psychotherapeutin oder der psychoonkologischen Abteilung verschiedener Fachkliniken zur Vasana® Psychoaktiven Massage.

Maria berichtet Noah von ihren Erfahrungen und Erlebnissen durch die Psychoaktive Massage. Strahlend sagt sie: »Ich fühle mich großartig, wie befreit, und ich habe wieder Lust auf Sinnlichkeit mit dir.« Das beeindruckt Noah so stark, dass auch er diese Körperarbeit ausprobieren will. Im Vorgespräch mit der Therapeutin sagt er: »Ich möchte eine professionelle Psychoaktive Massage kennenlernen. Ich habe kein konkretes Anliegen.« Nachdem die Therapeutin noch einige Fragen stellt, erzählt er, dass er ein Burn-out hatte, er sich seitdem unsicher fühlt und nicht mehr genau weiß, ob er alles richtig macht. »Wo fühlst du diese Unsicherheit in deinem Körper, Noah?« Noah zeigt auf seine Brust. «Hier, aber ich weiß nicht so genau, vielleicht auch hier.« Dabei zeigt Noah auf sein Schambein. Nach der Massage hat Noah glänzende Augen und lächelt: »Die Massage war so toll! Es hat sich alles so gut angefühlt, aber…«. Noah zögert und sagt nach einer Weile: »Ich habe dabei auch daran denken müssen, dass Maria und ich seit meinem Burn-out keinen Sex mehr haben.« Noah wird traurig. Im Gespräch mit der Massagetherapeutin wird ihm klar, dass sich seine Angst zu versagen oder etwas falsch zu machen, auch auf seine sexuelle Lust ausgewirkt hat. Gemeinsam mit der Massagetherapeutin kann er über das oft von ihm verdrängte Thema sprechen und Gedanken und Ideen hervorholen, um mit Maria wieder in erotischen Kontakt zu kommen.

Heilsame Berührung – Was sagt die Wissenschaft?

Die Behauptung Platos, dass man mit Massage sogar Gewissensbisse heilen könne, verdiente erprobt zu werden.

Friedrich Nietzsche, 1887

Wer heilt, hat recht. Wirklich?

Im folgenden Kapitel stellen wir Ihnen wissenschaftliche Ergebnisse zur Wirkung und zur Wirksamkeit von Massagen vor[1]. Nun könnten Sie allerdings fragen: Muss denn wirklich alles wissenschaftlich untersucht werden? Sie sind vielleicht der Meinung: Ich weiß doch, dass Massage hilft. Aber ein anderer wird sagen: Ich weiß, dass dies alles Quacksalberei ist, biologisch verbrämte Esoterik. Und der Pragmatiker unter Ihnen fügt vielleicht hinzu: Für mich gilt, wer heilt, hat recht.

Es gibt gute Gründe, die Wirksamkeit von Massagen wissenschaftlich zu untersuchen. Wir möchten langfristig eine breitere Anwendung in Klinik und Praxis und eine bessere Erstattungsfähigkeit solcher Behandlungen durch die Krankenkassen bei ausgewählten Störungen erreichen. Dies aber ist in unserer Gesellschaft nur auf der Basis seriöser wissenschaftlicher Studien möglich, denn wir leben in einer Zeit der evidenzbasierten Medizin[2]. Zum anderen wollen wir wissen, wie diese Wirkungen, wenn sie wirklich nachweisbar sind, zustande kommen. Grundsätzlich muss dabei die biologische Erklärungsebene getrennt werden von der psychologischen, also der Ebene von menschlichem Erleben und Verhalten. Massagewirkungen können wir auf den verschiedensten Ebenen dokumentieren und also auch erforschen: auf der muskulären, der neurophysiologischen, der hormonellen, der immunologischen, der psychologischen und im Prinzip auch der spirituellen Ebene. Es ist ein weitverbreiteter Reduktionismus, wenn so getan wird, als sei z. B. eine Veränderung des Stresshormon-Blutspiegels oder ein Anstieg der Oxytocin-Blutkonzentration die *eigentliche* Ursache für die Verringerung von Angstgefühlen. Nein, wir finden eine Veränderung auf zwei verschiedenen Mess- und Erklärungsebenen, der biologischen und psychologischen. Diese können etwas miteinander zu tun haben, müssen es aber nicht. Die Irreführung durch derartige vereinfachende Zuordnungen können wir sehr schön am Beispiel des Hormons Oxytocin demonstrieren: Zunächst war es, wie sein Name ja besagt[3], nur das Hormon für die Aktivierung der biologischen Vorgänge bei der Geburt inklusive dem Stillvorgang. Dann wurde es zum Bindungs- oder gar »Kuschel«-Hormon. Clevere Psychologen und Pharmafirmen versuchten schnell herauszufinden, ob man damit beim Menschen nicht irgendwie nützliche Effekte auslösen könnte, wenn man Oxytocin in die Nase sprüht. Und inzwischen ist klar geworden, dass Oxytocin mit einer Vielzahl teilweise ganz widersprüchlicher Verhaltensweisen in irgendeinem Zusammenhang steht – jede Einbahnstraßen-Zuordnung verbietet sich aus heutiger Sicht. Aber viele Wissenschaftler neigen zu solchen schnellen Schlüssen, und oft steht die Pharmaindustrie dicht daneben.

Wie sehen seriöse Studien aus?

Die absolute Zahl der internationalen Studien und Veröffentlichungen zu den Wirkungen von Berührung bzw. Massage ist relativ überschaubar, wenn wir strengere Maßstäbe anlegen.

Erlauben Sie uns einen kleinen Ausflug in den modernen Wissenschaftsbetrieb. Nachdem wir die verschiedensten Formen von Irrglauben und schlichtem Betrug gerade in der medizinischen und pharmakologischen Forschung und Publikationslandschaft leidvoll erfahren haben – Tausende von Patienten sind indirekt dadurch zu Schaden oder zu Tode gekommen – gelten heute für akzeptable Studien zur Wirksamkeit eines alten oder neuen Therapieprinzips klare Regeln, die im Kanon der evidenzbasierten Medizin[4] zusammengefasst werden. Wer mehr darüber erfahren will, schaue in die Anmerkungen zu diesem Kapitel.

Warum ist es so schwierig, gute Massagestudien durchzuführen?

Sie werden vielleicht annehmen, dass es zur Wirksamkeit einer so verbreiteten therapeutischen Methode wie der Massage Hunderte oder Tausende guter wissenschaftlicher Studien geben müsste, so wie es sie zur Wirksamkeit (oder zur Unwirksamkeit) vieler Medikamente gibt. Dem ist aber nicht so. Eine umfassende Übersicht und Bewertung der vorhandenen Studien zur Massage bei den verschiedensten Indikationen finden Sie auf der Website der American Massage Therapy Association (AMTA)[3a]. Insgesamt galt das Interesse bisher eher den physiologischen Veränderungen wie Blutdruck, Muskelspannung etc. als den psychischen, also den tatsächlich vom Massagenehmer erlebten Wirkungen.

Der Mangel an einer ausreichenden Zahl aussagekräftiger Studien zu den verschiedenen Anwendungsgebieten von Massage wird immer wieder beklagt, er ist aber systemimmanent. Die Akademisierung der Berührungs-Berufler, wie z.B. der Masseure, ist noch nicht weit fortgeschritten. Sie ist zumindest in Deutschland erst am Anfang. Ein zentrales Institut für derartige Forschung gibt es in unserem Lande nicht. Vor allem: Es gibt kaum Geld für diese Forschung, also eine ganz andere Situation wie etwa bei der Pharma-Forschung. Das hat vielleicht den Vorteil, dass die einzelnen Forscher unabhängiger sind vom Einfluss potenzieller Sponsoren. Hinzu kommen aber spezielle methodische Probleme: In einer Massagestudie können die Versuchspersonen oder Patienten niemals *verblindet* sein gegenüber dem Verfahren, das an ihnen erprobt werden soll. Die Situation ist eben anders als in einem vergleichenden Medikamententest, wo jeder Patient eine gleich aussehende Tablette bekommt und nicht weiß, ob es das Testmedikament oder eine Zuckerpille ist. Massage ist Berührung durch einen Menschen. Dieser Personenfaktor hat einen starken Einfluss auf das Therapieergebnis. Wie kann er aber konstant gehalten werden? Und was ist überhaupt eine geeignete *Kontrolle,* also eine vergleichende Nicht-Massage-Bedingung? Manche Untersucher verwenden hierzu das Anschauen irgendwelcher angeblich relaxierender, de facto meist langweiliger Videos, oder die Versuchspersonen erhalten eine andere Behandlung ohne Berührung, z.B. Klangreisen oder progressive Muskelrelaxation, bei der aber ganz andere Therapeuten zumindest überwachend tätig sein werden. Oder sie kommen auf eine sogenannte Warteliste, das heißt es wird gar nichts mit ihnen gemacht.

Wir müssen auch darauf aufmerksam machen, dass in einer realitätsnahen Praxisstudie, wie wir sie mit der Vasana® Psychoaktiven Massage an 100 Probanden durchgeführt haben, eine zufallsmäßige Zuordnung zu entweder Massage oder »gar nichts« fast undenkbar ist.

Eine andere Schwierigkeit bei der Bewertung publizierter Studien ist, dass die jeweilige Intervention, also z. B. die überprüfte Massage, nicht ausreichend präzise beschrieben wird, sodass ein anderer Untersucher den Versuch nicht exakt wiederholen könnte. Was bedeutet z. B. für den Therapeuten A »mittlerer Druck«, und was bedeutet es für die Therapeutin B? Schwierig ist auch die Bewertung von Studien, in denen eine Vielzahl von »Therapeuten« oft Studierende, also Ausbildungskandidaten, an der Testung einer bestimmten Massagetechnik beteiligt waren. Da erhebt sich dann die Frage: Wie wurde denn überprüft, ob alle auch den gleichen technischen Standard besaßen? Wenn davon nicht ausgegangen werden kann, wird es die Streuung der Ergebnisse hochtreiben. Dies aber kann einen tatsächlich bestehenden Unterschied zur Vergleichstherapie verschleiern. Ein weiteres Problem stellen die verwendeten Messinstrumente, meist Fragebögen, zur Dokumentation der Veränderung von Stimmung, Ängstlichkeit, Wohlbefinden usw. dar, die oft für diese spezielle Situation gar nicht konstruiert sind. Zudem ist vielleicht ein Klient, der soeben eine berührende Slow Stroke® Massage erhalten hat, nicht unbedingt motiviert, unmittelbar danach einen solchen Fragebogen auszufüllen und seine Kreuzchen an die passende Stelle zu setzen.

Aus all diesen Problemen erklärt sich, dass Studienergebnisse auf diesem Gebiet oft widersprüchlich sind und dass die Zahl hochwertiger Studien nach wie vor nicht so groß ist wie in anderen Bereichen der medizinischen oder psychologischen Forschung. Und dennoch sind wir in der Lage, für einige ausgewählte Anwendungen schon jetzt relativ gut gesicherte Aussagen machen zu können.

Heilende Berührung bei Gesunden

Verschiedene Untersucher gingen der Frage nach, ob sich Stress-Symptome bei gesunden Versuchspersonen unter dem Einfluss einer Massage vermindern. Wir können hierzu die Auswirkungen von normalem Alltagsstress als Ausgangsbasis heranziehen, oder wir erzeugen künstlich eine Stress-Belastung in einer meist nicht ganz freundlichen Laborsituation. Gemessen wird die Zunahme und Abnahme von Angst auf einer sogenannten *Rating Skala*, die vor und nach der Massage vom Versuchsteilnehmer ausgefüllt wird, oder wir messen im Blut die Konzentration des Stresshormons Cortisol unter diesen experimentellen Bedingungen.

Auch sogenannte Gesunde, wie sie häufig in die Massagepraxis kommen, können die verschiedensten körperlichen und vor allem psychischen Beschwerden und Belastungen zeigen: Partnerprobleme, Einsamkeit, bewusste oder unbewusste innerpsychische Konflikte, Zweifel an sich selbst, beginnendes Burnout-Syndrom, Ärger, Frustration, aber auch unklare wechselnde Schmerzzustände wie Kopf- oder Rückenschmerzen. Sie suchen möglicherweise Hilfe, ohne sich dies immer einzugestehen, in gut geführten Wellness-Hotels, wo auch qualifizierte Körperarbeit angeboten wird.

Einige Ergebnisse aus Studien an Gesunden seien nachfolgend genannt, wobei wir unser Augenmerk vor allem auf die psychischen Veränderungen richten wollen.

Schon vor längerer Zeit wurde eine Untersuchung an einer Gruppe von Sportstudenten bekannt, die Folgendes ergeben hat: Eine klassische Schwedische Massage von 30 Minuten Dauer bewirkte eine deutliche Stimmungsverbesserung, die bemerkenswerterweise auch durch 30 Minuten Laufen zu erreichen war. Auch Angst, innere Spannung und Ärger wurden vermindert. Solche Effekte konnten aber nicht beobachtet werden, wenn die Versuchspersonen einfach Ruhe hielten oder sich anders sportlich betätigt hatten, z. B. geschwommen sind oder Tennis spielten[5].

Ähnlich günstige Wirkungen wurden auch berichtet, wenn am Arbeitsplatz in einem speziellen Massagestuhl Nacken, Schultern und Arme für 15 Minuten massiert wurden[6]. Viele Betriebe haben für ihre zunehmend gestressten Angestellten inzwischen die verschiedensten psychologischen oder körpernahen Methoden eingeführt, um Burn-out-Symptome zu reduzieren und die Arbeitslust im Interesse des Unternehmens zu steigern. Im vorliegenden Falle handelte es sich um ein amerikanisches Unternehmen, in dem die Mitarbeiter einem massiven Personalabbau entgegensahen, was verständlicherweise erhebliche Ängste ausgelöst hatte. Frühere Untersuchungen hatten bereits gezeigt, dass verschiedene Massageformen das Stress- und Angstniveau, wie z. B. die Pulsrate, stärker senken konnten als nur Ruhe oder psychologische Entspannungsmethoden. An der genannten Studie nahmen 33 Angestellte im Alter von 25 bis 60 Jahren teil, von denen die meisten mehr als 40 Stunden wöchentlich arbeiteten. Die Hälfte der Teilnehmer erhielt über sechs Wochen je einmal pro Woche eine Behandlung im Massagestuhl (s. S. 97). Die andere Hälfte konnte in der gleichen Zeit lesen oder einfach nichts tun. Die Ergebnisse waren eindeutig: In der Massagegruppe nahmen akute Symptome wie Nervosität, Ruhelosigkeit, Angst statistisch überprüft (*signifikant*) ab. Dieser Effekt zeigte sich auf den standardisierten Fragebögen auch noch zwei Wochen nach Beendigung der Versuchsphase. In der Kontrollgruppe wurden diese Veränderungen nicht beobachtet.

Welche stark gestresste Berufsgruppe fällt Ihnen spontan noch ein?

Kennen Sie den Alltag von Krankenschwestern im Zeitalter des chronischen Pflegenotstands auf einer Aufnahmestation oder chirurgischen Abteilung? Auch dieser Berufsgruppe hat sich die amerikanische Massageforschung angenommen: 60 Krankenschwestern wurden nach Zufall auf zwei Gruppen verteilt. Eine Gruppe erhielt über fünf Wochen wöchentlich je eine 15-minütige Rückenmassage, die andere bekam keine Therapie. Auch hier wurde in der Massagegruppe ein Rückgang der Angst-Symptome beobachtet, während in der Kontrollgruppe die Angst-/Stress-Symptome über die fünf Wochen zunahmen[7].

Angst und Stress sind auch typische Symptome eines Alkohol-oder Drogenentzugs. Und auch in dieser unangenehmen Situation zeigte sich eine Behandlung einmal täglich im Massagestuhl über insgesamt drei Tage signifikant wirksamer als eine psychologische Entspannungsmethode[8]. Im Vergleich zur sonst üblichen Symptomdämpfung durch Valium®-artige Benzodiazepin-Beruhigungsmittel ist eine Massage eindeutig risikoärmer.

Leider gibt es in Deutschland nur wenige analoge Studien. Wir haben selbst eine größere Untersuchung an 100 gesunden Versuchspersonen vorgenommen[9]. An nicht speziell ausgewählten Klienten einer Massagepraxis konnten wir ein signifikant erhöhtes aktuelles Wohlgefühl nach einer einstündigen Vasana® Massage dokumentieren sowie eine Reduktion von Ängstlichkeit, Angespanntheit, von Lustlosigkeit, Erschöpfung und Rückenschmerzen. In einer schon länger zurückliegenden kontrollierten Studie, ebenfalls aus Deutschland, wurde die Wirkung einer Slow Stroke® Massage unter anderem bei gesunden Versuchspersonen getestet. Auch bei ihnen nahm die Angespanntheit und Unruhe im Vergleich zu einer Kontrollbedingung ohne Berührung statistisch signifikant ab, ebenso wie das Sich-nicht-Wohlfühlen im eigenen Körper[10].

Wir wollen aber auch die Kinder nicht vergessen: Kann Massage bei Kindern im Vorschulalter mit Verhaltensstörungen wie etwa erhöhter Aggressivität im Hort oder Kindergarten ein besser angepasstes Verhalten bewirken? Eine schwedische Studie hat dazu Interessantes erbracht: Kinder, die täglich fünf bis zehn Minuten während der Mittagspause nach ihren individuellen Wünschen massiert wurden, punkteten im Vergleich zu Altersgenossen, denen in der Mittagspause vorgelesen wurde oder die Musik hörten, nach drei bis sechs Monaten deutlich niedriger auf einer von ihren Betreuern ausgefüllten Aggressionsskala. Vielleicht noch wichtiger: Ihre Eltern bestätigten die verminderte Aggressionsneigung und berichteten außerdem, dass körperliche Symptome der Kinder seltener auftraten. Diese erfreulichen Veränderungen waren auch nach zwölf Monaten unter der gleichen Behandlung nachzuweisen[11].

In den USA suchen inzwischen viele Eltern für ihre Kinder alternative Behandlungen, und Massage steht dabei mit an erster Stelle. Eine Zusammenfassung über an Kindern durchgeführte Studien erschien 2006 und zeigte, dass eine wiederholte Massagebehandlung nicht nur zu einer Verminderung von Angstsymptomen, sondern auch zu einer Verminderung von Muskelspannung und Gelenkschmerzen führt[12]. Es stellte sich aber leider auch dabei heraus, dass mehr als die Hälfte der Studien wegen methodischer Schwächen nicht verwertbar war. Dennoch sprechen die Ergebnisse der restlichen Studien für einen entängstigenden und schmerzlindernden Effekt vor allem bei wiederholter Massageanwendung z. B. bei Kindern, die einen schlimmen Hurrikan erlebt hatten[13].

Massage bei depressiven Menschen – der Leib des Depressiven ist krank

Die Depression ist eine besonders häufige seelisch-körperliche Erkrankung. Im Laufe eines Jahres erkranken daran mehr als fünf Millionen Menschen in Deutschland. Das Erkrankungsrisiko ist bei Frauen fast doppelt so hoch wie bei Männern. Frauen klagen auch über mehr Symptome und fühlen sich durch die Krankheit stärker belastet[14]. Die Sterblichkeit ist gegenüber der Normalbevölkerung um das Zwei-bis Dreifache erhöht, vor allem durch das erhöhte Suizid-Risiko, aber auch durch ein erhöhtes Risiko an Herz-Kreislauf-Erkrankungen. Wir unterscheiden drei grundsätzlich verschiedene Erscheinungsformen der Depression:

a) die unipolare Depression, bei der in Abständen mit individuell sehr unterschiedlicher Häufigkeit einzelne leichtere oder schwerere depressive Episoden auftreten;

b) die bipolare Störung, bei der sich depressive mit manischen Zuständen in unregelmäßigem Rhythmus abwechseln;

c) die Dysthymie, bei der leicht oder mäßig starke depressive Symptome ständig über einen Zeitraum von mindestens zwei Jahren bestehen.

Die Behandlung besteht üblicherweise in der Gabe von Medikamenten, die im Vergleich zu Placebos allerdings nur mäßig oder gar nicht wirksam sind[15] und vor allem das Suizid-Risiko nicht senken. Auch wird mit spezifischen psychotherapeutischen Verfahren behandelt. Von denen sind einige wenige relativ gut untersucht und werden von unabhängigen Institutionen zumindest für schwere Depressionen ebenfalls empfohlen. Ganz wichtig als Basisbehandlung, insbesondere bei leichteren bis mittelschweren Depressionen, ist immer ein professionelles Gesprächsangebot, für das genaue Regeln gelten[16]. Die Grenzen und Defizite der medikamentösen wie auch der psychologischen antidepressiven Therapie kennt jeder, der langfristig selbst depressive Patienten betreut. Mit unseren klassischen therapeutischen Werkzeugen können wir die Patienten oft doch nur teilweise funktionieren lassen, die weiterhin einen Mangel an Lebensfreude und Genussfähigkeit zeigen. Sie können unter Umständen auch ihr anfängliches Vertrauen zur ärztlichen Kunst verlieren, weil sie ihre eigenen Defizite zu klar sehen. In den ersten Wochen einer antidepressiven Therapie nehmen die Symptome oft nur sehr langsam ab. In dieser Situation wird in der Klinik gern die sogenannte Wachtherapie bzw. der einmalige Schlafentzug eingesetzt, um dem Patienten zu zeigen, dass eine Besserung möglich ist, auch wenn sie nur für ein paar Stunden anhält. Patienten und auch ihre Angehörigen sind für diese kurze Erleichterung meist sehr dankbar. Was aber können wir noch tun? Wir sagen, die Depression sei eine psychophysische, also seelische und körperliche Krankheit. Aber wird diese Aussage für die Therapie wirklich ernst genommen?

In Berlin wirkt die bekannte Choreografin Sasha Waltz. Wer ihr Tanzstück »Körper« gesehen hat, konnte dort eindrucksvoll erleben, dass Depression, Angst, Aggression, kranke Lebensumstände immer auch einen kranken Körper mitbedingen und dass Heilung von seelischen oder sozialen Störungen immer auch auf der körperlichen Ebene stattfindet. Natürlich meinen wir hier nicht den Körper als eine Ansammlung von Genen oder Serotonin-Rezeptoren, sondern den Körper als Leib. Der Leib des depressiven Patienten ist krank. Die Rede von der Depression als einer »Gemütskrankheit« ist irreführend, denn Depression ist immer auch Leibkrankheit. Deshalb sollten wir mit depressiven Patienten als Behandler nicht nur reden, sondern auch ihren Körper wahrnehmen und ihre vielfältigen körperlichen Beschwerden anhören. Wir sollten überlegen, in welcher Weise wir Heilsame Berührung in unsere komplexen Behandlungsstrategien mit einbauen können. Auch für psychiatrische Störungen gilt, dass Behandlung etwas mit Händen zu tun hat. Hier spielen die bereits beschriebenen Psychoaktiven Massagen eine besondere Rolle. Sie finden in einem Raum der Zuwendung, der Achtsamkeit und des Vertrauens statt, und dies gibt ihnen eine besondere Bedeutsamkeit. Diese Form der Massage gilt, wie wir gesehen haben, primär dem Sinnesorgan Haut. Die Hautwahrnehmung aber definiert unsere körperliche Identität. Insofern kann Massage, die wahrscheinlich die älteste Heilmethode überhaupt ist, als eine Vorform der körperbezogenen Psychotherapie angesehen werden.

Die Depression ist unabhängig von ihrer jeweiligen psychomotorischen Ausdrucksform (Starre oder Erregung) durch die *Anhedonie* charakterisiert. Das bedeutet das Nicht-mehr-lustvoll-spüren-Können; üblicherweise positive Reize, wie z. B. ein schönes Essen, Sonnenschein im Frühling, Schwimmen im Meer oder ein tolles Konzert, können nicht mehr als solche erlebt werden. Und dies betrifft eben nicht nur den Kopf, sondern das gesamte Sinnessystem. In jedem Fall ist es ein glückloser Zustand, in dem selbst die Empfindung des Schmerzes *verpanzert* ist (s. S. 155). Leider geht in der heutigen mechanisierten psychiatrischen Diagnostik diese Grundsituation in einer die Diagnose definierenden Symptomen-Aufzählung fast unter. Bislang ist auch nicht eindeutig bewiesen, in welcher Weise die ohnehin nur mäßig wirksame medikamentöse Behandlung der Depression diese anhedonische Primärstörung überhaupt beeinflussen kann. Es erscheint bezeichnend für unsere Zeit und die vorherrschenden Wertvorstellungen hoch industrialisierter Gesellschaften, dass das primäre Interesse der Behandler, auch der Angehörigen und oft der Patienten selbst darin besteht, den daniederliegenden Antrieb zu verbessern. (Im Arztbrief steht dann: »Patient konnte am Tag X wieder seiner Arbeit nachgehen.«)

Der depressive Mensch nimmt sich, d.h. seine innere Organisation, seinen Körper in bestimmter Weise wahr und damit auch seine Kommunikationsstörung. Wir kommunizieren mittels unseres Körpers. Natürlich kommunizieren wir auch über die Sprache, aber in der Lebenspraxis können wir Sprache nur schwer vom körperlichen Geschehen trennen. Wir sagen zwar in der psychiatrischen Wissenschaft, dass die Depression eine biologische, also eine körperliche Erkrankung sei. Seltener aber hören wir, dass der Leib unseres depressiven Patienten krank ist, obwohl sein Erleben und Verhalten darauf verweisen. Wir bearbeiten in der Psychotherapie seine depressiven Gedankeninhalte (*Kognitionen*), um damit auch die körperlichen Beschwerden sekundär zu mildern – oder haben wir sie vergessen? Ist es nicht auch denkbar, die körperlichen Fehlfunktionen und Missempfindungen im Sinne des Embodiment-Konzepts direkt anzugehen in der Erwartung, dass sich damit auch die depressiven Gedanken zurückbilden?

Wenn wir uns mit dem Erleben und dem Leib des depressiven Menschen beschäftigen, anstatt ausschließlich mit seiner genetischen und sonstigen biologischen Ausstattung, können wir ihn besser verstehen und zusätzliche Hilfe anbieten. Wir akzeptieren die körperliche Störung als mit den psychischen Veränderungen gleichberechtigte Symptomatik und setzen deshalb genau dort therapeutisch an.

Neben der Anhedonie gehört die *vitale Hemmung*, d.h. das Nicht-Wollen-Können zu den Kernsymptomen der Depression. Diese beiden Begriffe beinhalten eine Fülle körperlicher

Symptome auf der Verhaltens- und Erlebensebene: der kraftlose Gesichtsausdruck, die adynamische Haltung, Motorik und Gestik, die Störungen der Verdauung, der Sexualität, der Durchblutung oder die psychophysische Müdigkeit, die Schwere in den Beinen und in den Armen, die Langsamkeit, aber auch das Kältegefühl und vielfältige Schmerzsymptome. Sie alle sind jedem praktisch psychiatrisch Tätigen bekannt, besonders aber Körpertherapeuten, die depressive Menschen behandeln. Wir selbst haben an vielen depressiven Patienten immer wieder starke Verspannungen im Nacken- und Schulterbereich sowie der Rückenstreckermuskulatur beobachtet. Diese Patienten haben oft einen harten Rücken, einen eingezogenen Kopf und sind fest im Oberkörper. Sie zeigen zum Teil eine flache Atmung, klagen über Beklemmungen im Brustkorb, die Gelenke sind fest, die Hände und Finger oft verkrampft[17].

Diese mannigfachen körperlichen Störungen mögen vielleicht auch bei anderen psychischen Störungen teilweise beobachtet werden, aber bei vielen depressiven Menschen stehen sie ganz im Vordergrund. Wir können sie als eine allgemeine Kontraktion, eine seelisch-körperliche *Ich-Schrumpfung* betrachten, und dies wird von Patienten gelegentlich auch so ausgedrückt. Der bekannte Philosoph Peter Sloterdijk hat dieses depressive Erleben eindrucksvoll und treffend dargestellt[18]. Die Depression, gekennzeichnet also durch das Nicht-Können, die Hemmung, die Freudlosigkeit, wirft den Menschen in einer qualvollen Weise auf sich selbst zurück, konfrontiert ihn mit seinem völligen Unvermögen, führt zu einer fundamentalen, existenziellen Hoffnungslosigkeit. In der ständigen Rotation des Immergleichen verliert das individuelle Leben seinen Sinn. Das individuelle Schicksalsrad dreht sich und bleibt doch auf der Stelle[19]. Psychiatrisch würden wir sagen: Der depressive Patient kann gleichzeitig schwer gehemmt und agitiert, also von Unruhe getrieben sein. Nicht mehr strukturierbares Leben aber bedeutet Chaos. Der Suizid erscheint aus dieser Qual heraus manchem Patienten als der einzig verbleibende Ausweg – aber selbst dazu ist er unter Umständen nicht fähig.

Noch eine Anmerkung zum Zeiterleben des Depressiven: In einem Zusammenhang mit dem geschrumpften Raum steht vermutlich auch das Erlebnis der geschrumpften Zeit. Dabei heißt »geschrumpft« nicht verkürzt, sondern – nur scheinbar paradoxerweise – gedehnt. Die Zeit, die sich sonst in Vergangenheit, Gegenwart und Zukunft für uns entfaltet und die in dieser Dimensionalität für uns stets vernehmbar ist, wird für den depressiven Menschen zur linearen oder zyklischen Zeit, wie es der Berliner Philosoph Michael Theunissen beschrieben hat. Er ging dabei von einem Ausspruch einer depressiven Patientin aus, die sagte: »Ich muss unaufhörlich denken, dass die Zeit vergeht.«[20]. *Endlosigkeit* und *Wiederkehr* sind immer wieder vorkommende Beschreibungen depressiver Zeit-Erfahrung. Aber dies ist noch keine zureichende Definition des depressiven Erlebens, in dem alle zeitlichen Dimensionen krankhaft verändert sind: Die Vergangenheit eines depressiven Menschen ist fixiert, starr, im Sinne des «Nicht-erledigen-Könnens«. Und diese somit negativ eingefärbte Vergangenheit ist verbunden mit dem fahlen, glanzlosen, gefühlsmäßig verarmten Erleben oder Nicht-Erleben der Gegenwart. Dies ist somit auch keine erfüllende Gegenwart, die normalerweise unsere Vergangenheit ständig neu einfärbt und erschafft und sie damit in einem positiven Sinne »erledigt«. Erledigen bedeutet hier, dass wir uns der Herrschaft der Vergangenheit entledigen. Unsere normale Zukunftserfahrung ist lebensphilosophisch ein Nach-vorne-Leben, also ein In-die-Zukunft-getrieben-Werden. Diese Zukunft, in die hinein wir uns normalerweise ständig neu entwerfen, ist aber dem depressiven Menschen versperrt – jedenfalls versperrt als offene Zukunft. Und etwas davon ist mit der Rede gemeint, dass der Depressive »hinter sich selbst zurückbleibt«. Sie mögen dies etwas abstrakt finden, aber es erklärt uns das Wesen der Depression gewiss besser, als wenn wir die Befunde zu einem veränderten Serotonin-Stoffwechsel zitieren würden. Und es gibt uns eine Möglichkeit, die positiven Effekte von Massage bei der Depression, die wir nachfolgend darstellen wollen, zu erklären.

Studien zur antidepressiven Wirksamkeit von Massage

Der Leib des depressiven Menschen ist krank. Es sollte somit möglich sein, über physikalische Therapieverfahren diesen Kranken zu helfen. In der Tat ist seit einiger Zeit bekannt geworden, dass aerobes Ausdauertraining depressive Symptome mildern kann[21]. Diese günstigen Effekte scheinen auch über mehrere Monate anzuhalten[22]. Voraussetzung ist natürlich, dass ein depressiver Patient trotz seiner Antriebshemmung zu einem Training überhaupt motiviert werden kann. Ein seitens des Patienten eher passiver therapeutischer Zugang wäre eine geeignete Massagebehandlung. Bis vor etwa 20 Jahren gab es aber praktisch keine seriösen wissenschaftlichen Studien zur antidepressiven Wirksamkeit von Massagetherapien. Dies ist erstaunlich, weil andererseits bekannt ist, dass gerade depressive Patienten alternative Therapien und darunter insbesondere Massageangebote besonders häufig nutzen[23,24,25]. Sie tun dies und bezahlen dafür aus eigener Tasche, weil sie eine Erleichterung ihres Zustands verspüren. Nachdem in den 90er-Jahren in den USA trotz der allgemeinen Beliebtheit von Körpertherapien jeder Art sich nur sehr wenige Forscher wissenschaftlich damit beschäftigten, verbesserte sich die Situation schlagartig mit der Gründung des Touch Research Instituts in Miami, das unter der Leitung von Tiffany Field in den Jahren darauf eine sehr produktive Forschungstätigkeit entfaltete[26]. Das Alleinstellungsmerkmal dieses Instituts im englischsprachigen Raum hat allerdings zur Folge, dass gewisse methodische Schwächen der oft sehr kleinen Studien sich in der Menge verstärken können. Auf der Basis der bis 2003 vorhandenen Studien aus verschiedenen Ländern publizierte ein amerikanischer klinischer Psychologe eine sogenannte Metaanalyse und kam dabei zum Schluss, dass die durchschnittliche Wirkungsstärke von Massage gegen Depression nicht geringer sei als die von Psychotherapie[27] – für einen Psychologen eine bemerkenswerte Aussage! Weil die Effekte auf Depression und Angst am besten bewiesen sind, hat Moyer für die Praxis und Forschung auf diesem Gebiet die Bezeichnung »*Affektive Massagetherapie*« vorgeschlagen und dringliche Forschungsfragen formuliert, so etwa experimentelle Vergleiche zwischen Psycho- und Massagetherapie[28].

Da gegen die Studie von Moyer einige methodische Einwände erhoben werden müssen, haben inzwischen deutsche Autoren eine neue, sehr gründliche Übersicht zu methodisch akzeptablen Studien bis zum Jahre 2009 vorgelegt, die auf 22 kontrollierten Studien basiert, von denen 10 aus der genannten Arbeitsgruppe von Tiffany Field stammen und nur eine aus Deutschland. 68 andere Studien mussten nach genauer Überprüfung verworfen werden[29]. Bei diesen Studien muss allerdings unterschieden werden, ob hier tatsächlich Patienten mit einer psychiatrischen Diagnose von Depression, Angst etc. ausgewählt worden waren – das war nur in sieben Studien der Fall. Nur in zwei dieser Studien sind stationär behandelte psychiatrische Patienten untersucht worden. Alternativ waren Änderungen von Depressivität bzw. Angst und anderen Stresssymptomen bei Patienten mit nicht-psychiatrischen Diagnosen wie zum Beispiel Krebserkrankung, Fibromyalgie oder HIV-Infektion zusätzlich gemessen worden. Das Gesamtergebnis war trotz verschiedener, immer noch verbliebener methodischer Kritikpunkte, auf die auch von anderer Seite schon hingewiesen worden ist[30], eindeutig und überzeugend: Depressivität und Angst nahmen unter einer Massagetherapie gegenüber den verschiedenen Kontrollbedingungen signifikant ab. Dabei scheint, wie schon Moyer[27] feststellte, der antidepressive Effekt ausgeprägter zu sein als der angstlösende. Möglicherweise sind auch die antidepressiven Effekte eher überdauernd als die Anti-Angstwirkungen. Eine Massagedauer von wenigstens 30 bis 40 Minuten dürfte optimale Ergebnisse erbringen.

Innerhalb der in Deutschland praktizierten anthroposophischen Medizin gehört Massage, z. B. in Form der Rhythmischen Massage, grundsätzlich zum Gesamtkonzept einer Depressionsbehandlung. Eine sich über vier Jahre erstreckende, international publizierte Beobachtungsstudie legt eine Wirksamkeit dieser Therapie bei 97 ambulant behandelter Patienten nahe[31]. Auf zwei andere deutsche Studien wollen wir noch etwas ausführlicher eingehen: Eine Forschergruppe an der Berliner Charité teilte 34 Frauen mit Brustkrebs in zwei gleich große Gruppen auf: Nur eine Gruppe erhielt während fünf Wochen eine 30-minütige klassische Massage an je zwei Wochentagen. Am Ende der Behandlungsperiode füllten die Patientinnen verschiedene Fragebögen aus, und es wurde Blut für die Bestimmung verschiedener Hormone entnommen. Verglichen mit der Kontrollgruppe berichteten die Frauen aus der Massagegruppe über signifikant weniger emotionale Beschwerden wie ängstliche Depression oder Ärger sowie subjektiv empfundenen Stress. Dazu passt, dass sich nur bei der Massagegruppe im Blut auch eine erniedrigte Konzentration des Stresshormons Cortisol fand. Diese Frauen klagten auch weniger über Müdigkeit. Interessanterweise blieb dieser Effekt auch noch sechs Wochen nach der Untersuchung erhalten[32]. Ganz im Einklang mit dem, was Sie im vorstehenden Kapitel über die Wichtigkeit des Vertrauensverhältnisses zwischen Patient und Therapeut schon erfahren haben, ist auch folgender Befund aus dieser Studie zu sehen: Die beobachteten Effekte zeigten sich vor allem dann, wenn die Frauen nicht von verschiedenen, sondern immer vom gleichen Therapeuten behandelt wurden.

Positive Wirkungen einer Schwedischen Massage auf Depression und Angst von Frauen mit Brustkrebs, insbesondere aber auch auf das bei Krebspatienten häufig beobachtete Symptom der chronischen Müdigkeit wurden auch von anderen internationalen Untersuchern berichtet[33,34]. Die größte Studie an Patienten mit verschiedenen Krebsdiagnosen stammt aus dem hoch angesehenen Sloane-Kettering Krebs-Zentrum in New York. Die Autoren konnten an fast 1300 Patienten überzeugend die bis zu 50-prozentige Reduktion von Schmerz, Depression, Angst und chronischer Müdigkeit nach einer Massagebehandlung bei dieser gemischten Patientengruppe unter Beweis stellen. Die Besserungen hielten bis zu acht Stunden an. Es kamen Schwedische Massage, eine sehr sanfte Massage mit hauptsächlich Effleurage und eine spezielle Fußmassage zur Anwendung[35].

Eine andere methodisch aufwendige Untersuchung stammt ebenfalls aus Berlin. Eine Forschergruppe an der Psychiatrischen Klinik der Freien Universität untersuchte die Wirksamkeit einer einstündigen Slow Stroke® Massage an 32 stationär wie üblich, d.h. vor allem medikamentös behandelten Patienten und Patientinnen mit der Diagnose einer Depression[10]. Alle Patienten erhielten in einem zufällig gewählten Rhythmus abwechselnd je eine Massage oder nahmen an einer Kontrollbedingung, die keine Berührung enthielt, teil. Im Fachchinesisch würde man das einen *intraindividuellen Vergleich von jeweils Vor-Nach-Massage-Differenzen in Cross-over-Anordnung mit zwei Therapiearmen* nennen. Alle Massagen wurden von der gleichen Masseurin gegeben, die auch die zeitgleiche Kontrollbedingung anleitete. Dabei handelte es sich um verschiedene Aufmerksamkeits- und Wahrnehmungs-Übungen. Durchschnittlich wurde je ein Termin in fünf aufeinanderfolgenden Wochen angesetzt. Eine in Anzahl, Alter und Geschlecht vergleichbare Gruppe von gesunden Versuchspersonen durchlief im Wechsel mit den Patienten das gleiche Studienprotokoll. Die umfangreichen Ergebnisse können an dieser Stelle nicht im Detail wiedergegeben werden.

Fazit: Es konnte mit verschiedenen Messinstrumenten eine deutliche Verminderung depressiver und ängstlicher Symptome, insbesondere auch depressiver Körpersymptome gezeigt werden, die teilweise auch unter der Kontrollbedingung beobachtet wurden; sie waren aber in der Massagebedingung signifikant stärker ausgeprägt. Einige dieser Effekte zeigten sich auch bei den gesunden Versuchspersonen, jedoch waren sie quantitativ kleiner als bei den Patienten. Mit dieser Versuchsanordnung konnte bewiesen werden, dass die beobachteten Wirkungen tatsächlich durch die therapeutische Berührung ausgelöst wurden und nicht auf die Persönlichkeit der Therapeutin zurückzuführen sind.

Keiner der Patienten hat die Studie abgebrochen. Viele Kranke bestätigten der Masseurin in einem abschließenden Gespräch, wie gut ihnen diese Behandlung getan habe. Eine Patientin sagte: »Bei Ihnen spüre ich zum ersten Mal Kompetenz.« Die eindeutigen Ergebnisse der Studie wurden in der Fachöffentlichkeit viel diskutiert und führten dazu, dass die Slow Stroke® Massage in das Fortbildungsprogramm des Verbands für Physikalische Therapie (VPT) aufgenommen wurde.

Diese Behandlungsform wurde anschließend über längere Zeit bei Patientinnen einer nervenärztlichen Praxis mit verschiedenen, teilweise schwerwiegenden psychiatrischen Diagnosen wie posttraumatische Belastungsstörungen, Zustand nach sexuellem Missbrauch, schwere chronifizierte Depression usw. angewendet. Sie erhielten Serien von je acht Massagen im Abstand von drei bis sieben Tagen. Das Feedback der Patientinnen war durchweg positiv. »Nicht der Körper, sondern die Seele wurde berührt«, sagte eine der Frauen. Obwohl manche Patientinnen aufgrund von mehrfachen Gewalterfahrungen zunächst starke Berührungsängste hatten, wurde durch den kontinuierlichen, ruhigen und rhythmisierten Fluss der Slow Stroke® Massage die übliche Aktivierung des Alarm- und Abwehrsystems nicht ausgelöst. Durch den hier gewählten körperbezogenen Zugang werden offenbar basale Regulationssysteme, welche mit dem grundlegenden emotionalen Befinden in Verbindung stehen, direkt beeinflusst[36].

Dies wird auch durch eine ganz neue, sorgfältig geplante Studie an der Universität Würzburg bestätigt. Eine an die Slow Stroke® Massage angelehnte 50-minütige Massage bei Patienten mit einer leichten bis mittelschweren depressiven Phase zeigte, dass sie in ihrer Wirksamkeit auf verschiedene psychische Symptome einer Progressiven Muskelrelaxation eindeutig überlegen war[36a]. Es sei nicht verschwiegen, dass es durchaus auch kritische Publikationen gibt, die die Meinung vertreten, eine antidepressive Wirksamkeit von klassischer Massage sei nicht durch robuste RCTs bewiesen[37]. Allerdings scheint manchen Autoren dabei auch praktische Erfahrung mit diesem Therapieverfahren und mit den einschlägigen methodischen Schwierigkeiten von Studien auf diesem Gebiet zu fehlen. Weitere sorgfältige Studien sind sicher notwendig. Deshalb möchten wir noch eine ganz neue Studie einer nahe Hamburg ansässigen und wissenschaftlich schon vielfach hervorgetretenen Physiotherapeutin anführen. Wir stellen damit die Verbindung zu einem seit Jahren heiß umstrittenen Themengebiet her: Der chronische Rückenschmerz – hilft Massage hier oder doch nicht? Die Meinungen darüber gehen nach wie vor auseinander.

Antidepressive und schmerzlindernde Wirkung von Massagen bei Patienten mit chronischem Rückenschmerz

Der chronische Rücken-oder Kreuzschmerz ist ein komplexes Geschehen und deshalb ein Lieblingskind psychosomatischer Reflexion und Forschung. Was sich hinter der Diagnose chronischer Kreuzschmerz im Einzelfall anatomisch, physiologisch aber ebenso biografisch verbirgt, können wir hier nicht erörtern. Unsere Frage lautet: Hilft hier Massage und wenn ja welche? Die Studienbefunde und Ergebnisse umfangreicher Literaturübersichten hierzu sind vielfältig und leider widersprüchlich. Das Problem liegt in der Diskrepanz zwischen der großen Popularität von Massage bei den Patienten und den eher skeptischen Positionen der Wissenschaftler. Dazu möchten wir allerdings nochmals kritisch anmerken, dass manche der Autoren umfangreicher Expertisen zwar ausgewiesene Experten medizinischer Statistik und der Prinzipien evidenzbasierter Medizin sein mögen, aber sich mit den Grundlagen der Massagetherapie und den oben dargestellten Problemen der Forschung auf diesem Gebiet wenig auskennen.

Die Besserung von Rückenschmerzen wird in unserer offenen Vasana® Massagestudie an »gesunden« Versuchspersonen häufig von den Klienten als positiver Effekt der Massage angegeben.

Einen besonders hohen Stellenwert in der Praxis der evidenzbasierten Medizin besitzen sogenannte Cochrane-Literatur-Übersichten, weil sie unabhängig und nach festen strikten Regeln die vorhandene Literatur auswerten. Eine solche Übersicht liegt vor aus dem Jahre 2008 und kommt zum Schluss, dass verschiedene Formen von Massage beim chronischen Rückenschmerz schmerzlindernd wirksam sind, und zwar wirksamer als z. B. verschiedene Entspannungstechniken oder Akupunktur. Medizinische Aufklärung der Patienten und körperliches Training erhöhen die Wirksamkeit zusätzlich[38]. Zu einem ähnlichen Ergebnis kommt eine Übersicht aus einer Kinderklinik in Kalifornien[39]. Eine neue Übersicht konnte sich allerdings zu keiner klaren Aussage zur Wirksamkeit von Massage durchringen[40], wies aber auf die möglichen schmerzlindernden Effekte von bewussten Körperwahrnehmungsübungen (»Mind-Body-Technik«) hin.

In diesem Zusammenhang stellen wir Ihnen eine neue deutsche Studie vor, welche die Wirkung einer psychoregulativen Massage im Vergleich zur Klassischen, also Schwedischen Massage bei 66 Patienten mit chronischen Rückenschmerzen zum Thema hatte. Diese wurden nach Zufall auf zwei Gruppen verteilt, die entweder über zehn Wochen eine Behandlung mit der im vorstehenden Kapitel beschriebenen Psychoregulativen Massage (s. S. 112 f.) oder einer Klassischen Massage erhielten. Die Ergebnisse sind eindrucksvoll: Nur unter der Wirkung der Psychoregulativen Massage, nicht aber unter der Klassischen Massage, die nach den Vorgaben der gesetzlichen Krankenversicherung ebenfalls zehn Wochen angewandt wurde, zeigte sich eine eindeutige, statistisch signifikante Abnahme der Fragebogen-Punktwerte, sowohl für Schmerzerleben wie für Depressivität[41]. Dies darf als weiterer Hinweis auf die starke psychische Komponente beim chronischen Rückenschmerz gewertet werden, ist aber auch wiederum ein Beleg für die enge Verbindung von Schmerz, depressivem Erleben und Verhalten. In einer Paralleluntersuchung stellte sich zudem heraus, dass die Effekte der Psychoregulativen Massage von der Personenkonstanz abhingen: Waren unterschiedliche Therapeuten beim gleichen Patienten eingesetzt, schwächten sich die positiven Wirkungen ab[42]. Wir haben darauf schon bei der Beschreibung der deutschen Brustkrebs-Studie hingewiesen.

Wie lassen sich die antidepressiven Wirkungen von Heilsamer Berührung erklären?

Sie haben erfahren, dass Heilsame Berührung in Form verschiedener Massagen auch heilsame Wirkung auf Depressionen haben kann. Wie kann aber ein depressiver Mensch überhaupt die Wirkung einer Psychoaktiven Massage als positiv erleben? Die Anhedonie, also die Unfähigkeit, einen positiven Stimulus als solchen erleben zu können, ist ja ein depressives Kernsymptom. Der Depressive kann sich an keiner duftenden Blume, keinem Vogelgezwitscher im Frühling, keiner schönen Musik, keinem schönen Essen und auch keiner sexuellen Aktivität erfreuen. Er ist starr, eingeengt in seinen ewig kreisenden, negativen Gedanken. Wie also soll es möglich sein, dass er diese sanfte rhythmische Berührung als angenehm, als positiv empfindet? Es lässt sich offenbar über den nicht sprachlich vermittelten Zugang eine sonst verschlossene Tür öffnen, eine Kommunikation ermöglichen, ein Umschalten des depressiven Erlebens und Verhaltens, wie es keine Tablette und auch kaum ein Psychotherapeut akut so vermögen. Wie kann es sein, dass sich ein gehemmter oder unruhiger depressiver Patient nackt auf den Massagetisch legt und sich den Händen einer ihm bislang unbekannten Person anvertraut? Es muss also über den Hautkontakt ein relativ schnell einsetzendes biologisches oder psychologisches Phänomen ausgelöst werden. Was aber kann das sein, das zu solcher Vertrauenssituation führt?

Zwei Faktoren spielen hier auf der biologischen Ebene eine besondere Rolle. Im Kapitel über das Körper-Ich haben Sie vom Netzwerk der CT-Fasern erfahren. Durch eine direkte Projektion in ein bestimmtes Hirnareal können sie Wohlgefühl auslösen. Sie werden durch genau die sanft rhythmischen Streichungen aktiviert, die wir bei den Psychoaktiven Massagen verwenden. Auch unsere Katze schnurrt, wenn wir sie in diesem Rhythmus kraulen. Dieses CT-Netzwerk hat eine enge Beziehung zur sogenannten Interozeption. Worum es sich dabei handelt und was dies mit der Massagewirkung zu tun hat, erfahren Sie im folgenden Abschnitt.

Interozeption – ein Erklärungsmodell für die antidepressive Wirksamkeit von Massagen

Der Interozeptionsbegriff gerät zunehmend in den Blick der medizinischen und psychologischen Forschung, auch im Bereich der Physiotherapie[43]. Doch was ist eigentlich Interozeption und welche Bedeutung hat sie für Gesundheit und Wohlergehen des Menschen? Anhand dieses Konzepts werden wir Ihnen eine neue Erklärungsebene für die heilsamen Wirkungen von Massagen bei Depressionen und anderen psychosomatischen Leidenszuständen aufzeigen.

Interozeption setzt sich aus zwei lateinischen Wörtern zusammen, die wir mit *Wahrnehmung des Inneren* übersetzen können. Dabei geht es keineswegs um die Wahrnehmung seelischer Vorgänge wie beispielsweise von Gedanken, Einstellungen oder einzelner Emotionen. Vielmehr gilt die Interozeption vorrangig dem gesamten Körper und seinem Inneren. Wir wollen dies mit einigen Beispielen illustrieren.

An einem heißen Sommertag beginnen wir zu schwitzen und verspüren Durst. Wir halten nach Wasser Ausschau, welches wir mit großem Genuss trinken. Nach einer Weile meldet sich eine volle Harnblase und zwingt uns zu einem Toilettengang.

Erinnern Sie sich an Ihren letzten fiebrigen Infekt und an das dabei entstandene Gefühl des Unwohlseins? Sie suchten das Bett auf und zogen sich von ihrem sozialen Umfeld zurück[44].

Diesen zwei Beispielen liegen jeweils mehr oder weniger präzise Wahrnehmungen des aktuellen körperlichen Zustands zugrunde, die bestimmte Handlungen bedingen. Aber diese oft recht undeutlichen Empfindungen gehören trotz ihrer Unterschiedlichkeit und Komplexität zu unserer alltäglichen Normalität und laufen ständig über- oder unterhalb unserer Wahrnehmungsschwelle ab. Die Interozeption erfüllt damit eine wesentliche Funktion, die unserem Überleben dient: Sobald der Stoffwechsel oder andere Prozesse im Körper ins Ungleichgewicht geraten, z. B. bei Wassermangel, wird dies von speziellen Rezeptoren, den sogenannten Interozeptoren (sie sind anders beschaffen als die Mechanorezeptoren in der Haut) im Körperinneren registriert und eine Gegenregulierung ausgelöst. Wir werden durstig und trinken. Somit erfüllt die Interozeption eine nützliche Funktion zur Aufrechterhaltung der vom Körper immer angestrebten *Homöostase*. Zudem macht das Beispiel des fiebrigen Infekts klar, dass Interozeption die Wahrnehmung von Krankheitssymptomen, aber auch von körperlichem Wohlbefinden beinhaltet[45]. Über verschiedene Nervenfasern nehmen wir ständig in einem ununterbrochenen Informationsfluss noch viel mehr aus unserem Körper wahr.

Neben Durst und Hunger sind beispielsweise zu nennen: Juckreiz, Lufthunger, sexuelle Erregung, Tempo des Herzschlags, Dehnung des Magens, der Speiseröhre oder des Enddarms sowie die Wahrnehmung von Temperatur, Schmerz und von Berührungen[46].

Interozeptionen unterscheiden sich also von anderen Bereichen der Wahrnehmungen wie beispielsweise *der Exterozeption* (Sehen, Hören, Riechen, Schmecken, Tasten) oder *der Propriozeption* (Körperlagesinn). Dennoch lassen wir auch diese Sinne nicht unerwähnt, da aus dem Zusammenwirken aller Wahrnehmungsqualitäten von Moment zu Moment ein *Körpergefühl und -bewusstsein* entsteht, welches inzwischen von Forschern auch als *materielles* oder *körperliches Ich* bezeichnet wird[47]. Sie werden sich erinnern, dass wir uns mit der Entstehung des Körper-Ichs bereits beschäftigt haben. Dieses Körpergefühl hat eine große Bedeutung für die psychische Gesundheit und für unser Kohärenzgefühl. Unser Körpergefühl bildet sich also u.a. aus Interozeptionen und kann folglich auch über eine Stimulation der interozeptiven Nervenfasern beeinflusst werden. Das Netzwerk der CT-Nervenfasern ist auch ein Teil des gesamten interozeptiven Nervensystems. Seine Lokalisation in der behaarten Haut macht es zu einem Zugangstor ins körperliche Ich und dem damit verbundenen Körpergefühl.

Wie schon erwähnt, kommt die körperliche Vitalität und Dynamik, also das Gefühl und Spürbarsein des Lebendigen, im Begriff Leib besser zum Ausdruck als in dem Wort Körper. Der Körper ist eigentlich das, was der Anatom zergliedert. Deutsche Physiologen aus früheren Zeiten prägten diesbezüglich auch den Begriff des *Gemeingefühls*, was letztlich die Wahrnehmung des Leibs beschrieb[48]. Leibempfindungen spielen im allgemeinen Sprachgebrauch eine wesentliche Rolle im Zusammenhang mit Entscheidungen. Vielleicht ist es Ihnen vor einer schwierigen Entscheidung auch schon passiert, dass Ihnen ein Freund oder eine Freundin empfohlen hat, einfach auf Ihren Bauch zu hören oder Ihrem Herzen zu folgen. Einen Aufschwung erlebte die Interozeptionsforschung mit der Erkenntnis, dass tatsächlich die im Volksmund beschriebenen Leibempfindungen den Prozess der Entscheidungsfindung wesentlich leiten[49]. Die Fähigkeit, das Körperinnere überhaupt zu spüren, stellt daher einen entscheidenden Faktor dar, wenn Entscheidungen getroffen werden, das gilt vermutlich auch für die Partnerwahl. Ähnliche Befunde ergeben sich auch für die Wahrnehmung von Gefühlen: Je präziser eine Person ihren eigenen Herzschlag spüren kann, desto intensiver erlebt sie ihre Gefühle – und umgekehrt! Wissenschaftler haben beispielsweise mit psychologischen Experimenten gezeigt, dass besonders diejenigen Menschen auf gefühlsbetonte Bilder und Filme mit einer starken Gefühlsregung reagierten, die zugleich die Zahl ihrer Herzschläge in verschiedenen Zeitsequenzen relativ präzise abschätzen konnten[50]. Diese Befunde unterstreichen noch einmal die von uns schon angesprochene *feste Kopplung von Emotion und Körperreaktion*. Auch das soziale Umfeld nimmt Einfluss auf die Interozeption: So verschlechtert sich die Wahrnehmungsfähigkeit des Herzens bei Versuchspersonen, die von einer sozialen Gruppe ausgeschlossen werden[51]. Sie haben sich das dann offenbar *zu Herzen genommen*.

Weitere interessante Erkenntnisse der Interozeptionsforschung liegen auf dem Gebiet der psychischen Erkrankungen. Manche Menschen werden von nicht mehr kontrollierbaren Gefühlen der Angst und Panik gepeinigt. Diese Patienten haben nach neueren Forschungsergebnissen eine gegenüber der Allgemeinbevölkerung übergenaue Wahrnehmung des eigenen Herzschlags[52]. Somit steht die Frage im Raum, ob sich Zusammenhänge zwischen dem Schweregrad auch anderer psychischer Erkrankungen wie z. B. der Depression und der Interozeption (also hier der Herzwahrnehmung) finden lassen. Eine neue Studie hat diese Vermutung bestätigt: Während Angstpatienten die Zahl ihrer Herzschläge außergewöhnlich präzise abschätzen können, ist das bei depressiven Patienten genau umgekehrt. Menschen mit einer Depression nehmen ihren Herzschlag weniger präzise wahr als Gesunde[53]. Unser Körpererleben ist also – ganz im Sinne der Gesamtaussage des vorliegenden Buches – ein wesentlicher Bestandteil unserer psychischen Gesundheit.

Ein neuer Ansatz zur Erklärung von Massagewirkungen bei Depressionen

Könnte sich auf der Basis dieser Erkenntnisse ein neuer Ansatz ergeben, um die positiven Wirkungen von Massagen bei depressiven Patienten zu erklären? Wir meinen Ja. Jede wiederholte sanfte Berührung stimuliert das feine Netzwerk der CT-Fasern in der Haut, was mit einem seelischen und körperlichen Wohlgefühl verbunden ist und für den so Berührten eine Interozeption darstellt. Nach den Worten des bekannten Faszienforschers Robert Schleip stellen aber auch die oberflächlichen Faszien, die bei einer Massage aktiviert werden, einen Hauptsitz der Interozeption dar, indem sie Empfindungen von Schwere oder Leichtigkeit sowie eines Raum-und Wohlgefühls vermitteln und damit sehr stark unser emotionales Tagesempfinden beeinflussen[54]. Diese Erfahrung ist geprägt von unaufdringlicher Präsenz, achtsamer Aktualität und dem Erlebnis von seelischer und körperlicher Kohärenz. Wiederholte Massagen führen zu einer gesteigerten Wahrnehmung des Körperinneren und lösen Regulationsmechanismen im interozeptiven System aus, die ihrerseits das Beschwerdebild der Depression abmildern[55]. Wie schon dargestellt können anhedonische depressive Patienten ihren Körper nicht mehr im Ganzen spüren. Nach unserer Erfahrung ist die professionelle, empathische Zuwendung zum Körper ein wesentlicher Schritt, um nicht nur depressive Symptome zu lindern, sondern vor allen Dingen auch Wohlbefinden aktiv zu erzeugen.

Daher betrachten wir die therapeutische Berührung als eine völlig vernachlässigte Form der heute doch in der Nervenheilkunde stark propagierten Salutotherapie[56]. Umso bedauerlicher ist es, dass therapeutische Berührungen in unseren psychiatrischen und psychosomatischen Kliniken nur vereinzelt zur Anwendung kommen. Der berühmte Depressionsforscher Prof. Paul Kielholz in Basel verordnete übrigens seinen depressiven Patienten routinemäßig Nackenmassagen – vermutlich auf einer reinen Erfahrungsbasis.

Er hat sich nie dazu geäußert, aufgrund welcher Überlegungen er dies eingeführt hatte. Seine Patienten haben ihm aber offenbar positive Rückmeldungen gegeben.

Oxytocin – ein Erklärungsmodell seiner Wirkung bei Massagen

Oxytocin, das »Hormon der Nähe«[57], ist in den Journalen angekommen. Es ist erstaunlich, für welche Effekte es als Ursache genannt wird. Keine Illustrierte, kein Sonderheft zur Bedeutung von Körperkontakt, das nicht Oxytocin erwähnt. Was hat es damit auf sich? In der Tat hat Oxytocin vielfältige Wirkungen. Je nach Versuchsanordnung kann man alles und nichts damit in Zusammenhang bringen. Aufgrund seiner vielfältigen Wirkungen ist es von einem Autor »Der große Erleichterer«[58] (engl. The great facilitator) genannt worden. Das deutet schon darauf hin, dass es in vielen Situationen nicht selbst eine Wirkung entfaltet, sondern begünstigend oder hemmend auf andere biologische, auch hormonale Prozesse einwirkt.

Verbessert Oxytocin das Sozialverhalten?

Wie auch immer das im Einzelfall sei, von vielen Forschern wird heutzutage angenommen, dass Oxytocin im Prinzip unser Sozialverhalten verbessert. Was versteckt sich alles unter diesem Oberbegriff? Gegenseitiges Vertrauen unter zwei oder mehr Menschen ist beispielsweise damit gemeint. Dies aber ist gekoppelt mit sozialer Selbstsicherheit. Dazu passt vielleicht, dass bei Menschen mit Störungen des Körperkontakts, mit Autismus oder ADHS erniedrigte Oxytocin-Blutspiegel gefunden wurden. Ohne jetzt auf das breite Spektrum moderner Oxytocinforschung eingehen zu wollen, seien ein paar für unser Thema interessante Forschungsergebnisse kurz skizziert.

Der Name Oxytocin bedeutet »schnelle Geburt«, denn dieses entwicklungsgeschichtlich sehr alte Hormon war im Zusammenhang mit Geburt und Stillen gefunden worden. Oxytocin wird auch in der Geburtshilfe benutzt, um Wehen auszulösen und die Geburt zu beschleunigen. Das Hormon wird nicht nur über das Blut an seinen Wirkort transportiert, sondern es kann auch direkt über bestimmte Nervenbahnen an sein Ziel gelangen. Nach der Geburt fördert es das Vertrauen zwischen Mutter und Baby, weshalb es auch als Bindungshormon bezeichnet wird. Es bewirkt ein Gefühl von Wohlbefinden und Entspannung. Aber auch bei Männern hat es eine entstressende und entängstigende Wirkung und lässt in Belastungssituationen die Blutkonzentration des Stresshormons Cortisol absinken. Intensiver Hautkontakt zwischen Vater oder Mutter und Baby führen dazu, dass bestimmte Nervenzellen im Gehirn mehr Oxytocin produzieren.

Was hat das nun alles mit Massage zu tun? Die schwedische Forscherin Uvnäs-Moberg hat in vielen Untersuchungen die Bedeutung von Oxytocin als den biologischen Unterbau von sozialem Kontakt untersucht[59]. Oxytocin wird durch rhythmische sanfte Hautberührungen aktiviert und wirkt stressmindernd, aber hemmt auch Schmerzreize. Und dies ist nicht nur für die Mutter-Kind-Beziehung wichtig, sondern kann auch als eine mögliche biologische Erklärung für die Effekte Psychoaktiver Massagen dienen. Wir drücken uns diesbezüglich bewusst zurückhaltend aus, weil es auf diesem Gebiet viele ungeklärte Fragen gibt; so z. B. werden manche der beschriebenen Effekte nur bei Frauen, nicht aber bei Männern gefunden[60].

Psychoaktive Massage bei Tieren?

Es sei hinzugefügt, dass manche der am Menschen beobachteten Effekte sich durchaus auch im Tierversuch zeigen lassen. Dies wird auch praktisch eingesetzt, z. B. zur »Psychotherapie« bei Pferden oder neuerdings auch bei Hunden der Tellington Touch, der auf bestimmten, oft wiederholten kreisenden massierenden Bewegungen beruht. Erstaunliche Effekte werden hierzu in einschlägigen Journalen berichtet. Für Katzen hat eine deutsche Physiotherapeutin ein ganzes Buch mit vielen verschiedenen Arten der Streichelmassage vorgelegt[61]. So groß hier offenbar die private Erfahrungsbasis ist, so klein dürfte die wissenschaftliche Ausbeute auf diesem Gebiet bislang sein.

Erklärung der antidepressiven Massagewirkung auf der Ebene des Erlebens und Verhaltens

Über das Konzept der Interozeption sind wir im Versuch, die psychische Massagewirkung zu erklären, der Ebene des menschlichen Erlebens und Verhaltens schon näher gekommen. Der psychisch gesunde Mensch ist einem ständigen Strom von bewusst wahrgenommenen oder unbewussten Zeittaktgebern ausgesetzt, die u.a. das Gefühl einer lebendigen, sich ständig verändernden Gegenwart bedingen. Dies funktioniert beim anhedonen Depressiven nicht. Heilsame Berührung in Form wiederholter taktiler Reize könnte vielleicht auf einer nicht sprachlichen Ebene einen kontinuierlichen Weckruf darstellen, der über längere Zeit auch neue Nervenzell-Synapsen schafft, also medizinisch ausgedrückt neuroplastisch wirkt. Wie anders wären sonst die schon früher erwähnten Befunde bei den Frühgeborenen zu erklären? Unsere Zielidee ist, dass wir über die Berührung einen Zugang zum Depressiven schaffen, also sein Nicht-Spüren-Können unterlaufen, sein Vertrauen gewinnen, seine Angst und Unruhe reduzieren, um ihn somit wieder empfindungsfähiger, sprechfähiger zu machen. Wir würden ihn also im Sinne der zuvor genannten zeitphilosophischen Überlegungen neue Gegenwart erleben lassen[62]. Im Sinne von Michael Theunissen[20] wäre dies Entmächtigung der Vergangenheit und Entsperrung der Zukunft. Sehr eindrucksvoll für uns ist, dass immer wieder depressive Patienten präzise berichten, wie ihre depressiven Gedanken (Kognitionen) während der Massage zum Stillstand kommen, ja gänzlich verschwinden. Das bedeutet aber nicht, dass sie nicht später wieder zurückkehren. Wir steuern eine allgemeine Sinnesbelebung an. In der Sprach-und Bilderwelt Wilhelm Reichs könnten wir das, was hier geschieht, auch als muskuläre Entpanzerung der Gefühle bezeichnen. Die gelegentlich starken Emotionen, die bei dieser Art von Massage sich einstellen können – es kommt z. B. gelegentlich vor, dass der Patient oder Klient plötzlich weinen muss, aber nicht sagen kann, warum – illustriert auch diese Erklärungsebene als bedeutungsvoll in der Realität der Depression.

Von Vladimir Iljine, dem Begründer des »Therapeutischen Theaters«, das er 1908–1917 in psychiatrischen Kliniken im damaligen Russland betrieb, soll der Satz stammen: »Habe ich meinen Körper verloren, so habe ich mich selbst verloren. Finde ich meinen Körper, so finde ich mich selbst.«[63]. Diese Wiederfindung des eigenen Körpers in seiner natürlichen Vielfalt versuchen wir mit unseren Massagetechniken zu erleichtern.

So wird aus dem in Minuten gemessenen Zeitabschnitt erfüllte Gegenwart, die sich auch wieder in die Zukunft erstreckt.

Störungen des Körpererlebens und ihre Behandlung: Körpertherapie und Körperpsychotherapie

Habe ich meinen Körper verloren,
so habe ich mich selbst verloren.
Finde ich meinen Körper,
so finde ich mich selbst.

Vladimir Iljine

Störungen der Körperwahrnehmung und des Körperbildes. Körperfühlstörungen

Spüren heißt aufmerksam und bewusst wahrzunehmen, was wir körperlich empfinden[1]. Auffallende, primär nicht einfühlbare Veränderungen des Körpererlebens, die nicht durch eine organische Schädigung des Nervensystems erklärbar sind, verweisen immer auf eine zugrunde liegende psychische Störung[2].

Eine Vielzahl neurologischer und psychiatrischer Erkrankungen geht mit teilweise uneinfühlbaren, bizarren Störungen des Körpergefühls bzw. der Körperwahrnehmung einher. Wir berichten hier in komprimierter Form darüber, weil sich daraus in manchen Fällen eine Indikation für eine körpertherapeutische oder körperpsychotherapeutische Behandlung ergibt, die wiederum als ein wichtiges Element Heilsame Berührungen wie z. B. Psychoaktive Massagen beinhalten kann.

Patienten mit einer speziellen Lokalisation eines die rechte Hirnhälfte betreffenden Schlaganfalls leiden an einem sogenannten Neglect (engl. vernachlässigen, vergessen), d. h. sie haben kein Bewusstsein ihrer linken Körperhälfte mehr. Obwohl diese nicht gelähmt ist, meinen sie, das linke Bein oder den linken Arm nicht bewegen zu können. Sie spüren manchmal Berührungen an ihrer linken Körperhälfte, begreifen aber nicht mehr, dass dies eine Berührung ihres eigenen Körpers ist. Manchmal bitten sie ihren Arzt, den linken Arm oder das linke Bein zu amputieren. Da dies Glied ja nicht ihnen, sondern jemand anderem gehöre.

Verschiedene primär psychische Erkrankungen sind mit einer Veränderung des *Körperschemas* verbunden. Darunter verstehen wir die dynamische Repräsentation unseres gesamten gegenwärtigen Körperzustands in allen seinen Anteilen im Gehirn[3]. Sie wird gesteuert durch die verschiedensten sensorischen Informationen, die über das Auge, das Ohr, die Propriozeptoren der Muskulatur und die Sensoren der Haut unserem Gehirn ständig zugeleitet werden. Von diesem uns *unbewussten* Körperschema müssen wir unser *Körperbild oder auch unsere Körperwahrnehmung* unterscheiden[4]. Darunter verstehen wir die *bewusste* Wahrnehmung unseres eigenen Körpers, die oft gleichzeitig einer Bewertung unterliegt. Mit anderen Worten: Unser Körperschema entzieht sich im Gegensatz zum Körperbild unserem bewussten Denken und Fühlen. Insofern können Veränderungen / Störungen des Körpererlebens unabhängig von einer Störung der im Gehirn repräsentierten Körperwahrnehmung auftreten.

Eine der häufigsten Körperschema-Erkrankungen ist die *körperdysmorphe Störung*. Obwohl sich kein objektiver medizinischer Befund feststellen lässt, sind solche Patienten (jeder fünfzigste Deutsche soll davon betroffen sein!) fest davon überzeugt, dass einer ihrer Körperteile wie Ohr, Nase oder Gesicht negativ verändert ist, z. B. blutleer, zu dick, zu dünn, aussätzig, missgestaltet. Sie sind davon so fest überzeugt, dass sie keinem Hinweis auf die Normalität und Makellosigkeit ihres Körpers Glauben schenken können. Sie leiden auch nicht an einer Hirnkrankheit oder einer definierbaren psychiatrischen Krankheit, z. B. einer Schizophrenie oder Depression. So laufen sie von Arzt zu Arzt, sind unglücklich und frustriert, weil keiner von ihnen sie operieren will. Vermutlich liegt dieser Störung eine bislang unbekannte neurobiologische Veränderung zugrunde. Solche Menschen verbringen viele Stunden vor ihrem Spiegel, ohne dass dadurch ihre verzerrte Wahrnehmung korrigiert werden könnte. Sie versuchen, ihr wahnhaft verändertes Aussehen zu korrigieren, zu überpinseln, zu überpudern und lassen die verschiedensten kosmetischen Operationen, auch im Ausland, an sich durchführen. Bedingt durch die häufig anzutreffende Unkenntnis dieser schweren Erkrankung innerhalb der Ärzteschaft wird auch das Angebot einer körperpsychotherapeutischen Behandlung nicht an sie ergehen.

Die Magersucht

Jahr für Jahr erkranken in der westlichen Welt vor allem weibliche Jugendliche an einer geradezu unheimlichen Störung: der *Magersucht*, medizinisch Anorexia nervosa. Die Gründe für diese Zunahme sind unklar. Klar ist aber, dass die Magersucht eine der häufigsten Todesursachen junger Frauen ist. Wir haben es hier mit der Kombination einer Körperschema-Störung und eines krankhaft veränderten Körperbildes zu tun. Magersüchtige haben ein negatives, verzerrtes Bild ihres Körpers. Sie leiden an einer unaushaltbaren Spannung zwischen der subjektiven und der objektiven Wahrnehmung ihres Körpers[5].

Magersüchtige Mädchen nehmen, meist mit schleichendem Beginn und einer Tendenz zur Verbergung ihres Verhaltens vor der Familie, immer weniger Nahrung zu sich, sodass sie laufend an Gewicht verlieren. Daraus resultieren ernsthafte medizinische Gefährdungen, die gegebenenfalls zum Tode führen können. Die Patientinnen, die mit einem kläglich abgemagerten Körper zu uns kommen, sind felsenfest überzeugt, sie hätten einen viel zu dicken Bauch, zu fette Oberschenkel, Pobacken usw.. Sie können ihre tatsächliche Anatomie nicht wahrnehmen. Sie sehen ihre einzelnen Glieder, die sie uns vorweisen, als dick und unförmig an. So sind sie gefangen in einem Zirkel von Fehlwahrnehmung und Angst vor Gewichtszunahme, Ekel vor sich selbst und dem Fehlen jeder Krankheitseinsicht. Es finden sich darunter oft ausgesprochen intelligente, ehrgeizige, auch etwas zwanghafte Charaktere. Und deutlich zeigen sie auch depressive Züge und ein ausgeprägtes Minderwertigkeitsgefühl.

Die bislang vorherrschende Behandlung ist eine wesentlich verhaltenstherapeutisch orientierte Psychotherapie, deren Erfolge aber leider äußerst bescheiden sind[6]. Zwei Drittel oder mehr der Magersüchtigen sind auch nach jahrelanger Therapie nicht geheilt. Eine stärkere Verbreitung und Kenntnis sowie wissenschaftliche Begleitung *körper*psychotherapeutischer Ansätze auf diesem therapeutisch bislang wenig erfolgreichen Gebiet erscheinen u. E. unbedingt notwendig. Über ein sehr spezielles Therapieverfahren erfahren Sie Genaueres am Ende dieses Kapitels.

Depression und andere psychiatrische Erkrankungen

Die Depression ist eine weit verbreitete Erkrankung, zu deren Charakterisierung bislang die depressiv veränderte Gedankenwelt, die Antriebshemmung, die Lustlosigkeit (Anhedonie) im Vordergrund standen. Gewiss wurde auch von Vitalstörungen gesprochen, aber das körperliche Erleben und die objektiv feststellbare körperliche Symptomatik depressiver Patienten wurde bislang nicht ausreichend beachtet (vgl. S. 136). Der Depressive hat das Vertrauen in seinen Körper verloren oder nie gehabt. Er ist seinem Körper entfremdet und bewertet ihn auch als weniger attraktiv als Gesunde, wenn beide zur gleichen Art der Bewertung mittels Fragebogen aufgefordert werden. Es ist gesagt worden, der körperliche Zustand eines depressiven Patienten sei durch seine »Unfähigkeit zu vibrieren« charakterisiert. Mit anderen Worten: Seine Empfindungslosigkeit, verbunden mit einer flachen Atmung und stark reduzierter Motorik, ist der Ausdruck seiner Energiearmut[7]. Gerade bei der Depression und insbesondere ihren chronischen Verläufen verbirgt sich die Krankheit nicht selten unter körperlichen Symptomen, sodass wir dann von einer *larvierten*, also maskierten Depression sprechen. Die Symptome konzentrieren sich auf den Kopf, Hals (Kloß im Hals, in der Fachsprache Globusgefühl), die Herzgegend (Druck auf der Brust) und auf den Bauch- bzw. Unterleibsbereich. Auch über Rückenschmerzen wird oft geklagt, die sich aus der schlechten Aufrichtung und dem gebeugten Gang vieler Patienten leicht erklären lassen. Der Gesichtsausdruck ist starr, emotionslos. Parallel zu diesem Mangel an muskulärer Dynamik finden wir aber, wie schon auf den vorangegangenen Seiten dargestellt, eine generelle Kontraktion der Muskulatur, die an vielen Körperstellen nachweisbar ist. Hier können körpertherapeutische und körperpsychotherapeutische Behandlungsmethoden unter Einbeziehung sanfter taktiler Stimulation z. B. im Rahmen Psychoaktiver Massagen hilfreich sein. Depressive Patienten nehmen Berührungen oft so dankbar an, dass sie regungslos verharren in der Angst, jede kleinste Bewegung könne das Angebot unwiederbringlich zerstören[8].

Eine Depression kann biografisch mit einem Trauma-Erlebnis verknüpft sein. Traumatisierte Menschen verspüren u. U. in ihrem Körper erstorbene Zonen; auch haben sie Erlebnisse des abgespaltenen Körpers und machen ihn zum Objekt von selbst zugefügten Verletzungen, ähnlich wie wir dies bei Borderline-Patienten beobachten, wo die Selbstverletzung (»Ritzen«) einer, bedingt durch die defekte Emotionsregulierung, sonst nicht anders erreichbaren Entspannung entspricht[9].

Eine bunte Mischung verschiedener körperlicher Symptome findet sich bei den *somatoformen Störungen*. Sie sind Ausdruck psychischer Konflikte und können oft keiner speziellen diagnostizierten psychiatrischen Erkrankung zugeordnet werden. Diese Patienten zeigen häufig eine Präsenz von dauerndem oder wechselndem Schmerz, den sie aber schlecht in Worte fassen können[10].

Auch Angsterkrankungen können mit einer Fülle körperlicher Symptome assoziiert sein wie Atemnot, Ohnmachtsgefühle, Zittern oder Durchfall.

Schizophrene Patienten können ebenfalls abnorme Körpergefühle haben, die in der Fachsprache Coenästhesien heißen und oft nur für Sekunden oder Minuten in Erscheinung treten. Manche Patienten nehmen ihren Körper verzerrt wahr, etwa indem sie die Länge ihrer Gliedmaßen grotesk unterschätzen[11].

Körperorientierte Therapien

Auch primär psychische Erkrankungen können sich also in einer Fülle körperlicher Symptome zeigen. Ist es dann nicht sinnvoll, diese Körpersymptome in der Behandlung direkt anzugehen? Genau dies geschieht in der Körpertherapie. Sie benutzt Methoden, die mit den Mitteln des Körpers arbeiten. Dazu gehören z. B. die Alexandertechnik, Rolfing oder auch Feldenkrais-Übungen. Sie strebt damit Körperaufmerksamkeit an und geht davon aus, dass Heilung einer *inneren Intelligenz des Organismus* folgt[12]. Hierzu zählen nicht Methoden wie die

Craniosacral-Therapie oder auch viele Arten der klassischen Massage, weil sie nicht darauf zielen, eine *verkörperte Selbst-Aufmerksamkeit* anzustoßen[13]. Über die Körpertherapie hinaus geht in ihrem therapeutischen Anspruch die Körperpsychotherapie (KPT). Worum handelt es sich dabei? Wir unterscheiden in der Psychotherapie die triebpsychologisch orientierten *analytischen* Verfahren, die ihren Ursprung bei Sigmund Freud und seinen Nachfolgern haben, von den *kognitiven* Verfahren wie etwa der Verhaltenstherapie. Diese versucht, das krankhafte Erleben und Verhalten des Patienten ihm als gelerntes Verhalten zu verdeutlichen und dieses zu beeinflussen.

Die KPT besteht heute aus einer schier unübersehbaren Zahl verschiedener Methoden und ihren zugrunde liegenden theoretischen Konzepten. Wollen wir hier eine gedankliche Ordnung hineinbringen, müssen wir uns ein wenig mit der Historie dieser wichtigen Therapierichtung befassen.

Entwicklung der Körperpsychotherapie

Es gibt zwei unterschiedliche Ursprünge der KPT[13,14]. Ausgangspunkt war die ärztliche Erfahrung, dass sich viele psychische Störungen mit den Mitteln der orthodoxen Psychoanalyse nicht behandeln ließen. Zum anderen entwickelten sich zu Beginn des 19. Jahrhunderts neue Einstellungen zum Körper, zum Sport und zur Sexualität. Der Körper sollte wieder frei werden für seine natürlichen Funktionen. Zusätzlich entstand mit dem deutschen Ausdruckstanz, wie ihn z. B. Mary Wigman repräsentierte, eine ganz neue Tanzszene, deren Vertreter sich teilweise auch für die Therapie psychiatrischer Patienten interessierten, sodass sich daraus die moderne Tanztherapie entwickelte. Im Tanz spielt der Energiebegriff eine große Rolle. Wenn Wilhelm Reich in allem Lebendigen eine sexuelle, vegetative

Energie sah, so hatte dies auch für die Entwicklung mancher Tanzschulen Bedeutung. Die klassische Leibpädagogik dagegen verstand den Energiebegriff eher in einem fernöstlichen, hinduistischen Sinn als fundamentale Lebensenergie, als *Prana*.

Reich wurde in der Zeit der sexuellen Revolution, die in den USA begann, d. h. in den 70er/80er-Jahren wiederentdeckt. Eine neue Ausrichtung bekam die KPT durch die Humanistische Psychologie. Sie wollte die natürlichen Potenziale des Menschen entfalten ohne sich dabei auf die Triebpsychologie der Psychoanalyse ausschließlich zu stützen. Menschen fingen an, ihre Identität zu hinterfragen, sie entdeckten auf der Suche nach sich selbst ihren Körper wieder. Und auch die Analytische Psychologie von C. G. Jung wurde für die Therapie wiederentdeckt. In dieser Zeit wurden auch Massagen psychotherapeutisch genutzt, z. B. am Esalen-Institut in Kalifornien (vgl. S. 100 f.: Wir haben schon erwähnt, dass die ersten Vertreter der Psychoanalyse ihre Patienten und Patientinnen noch selbst massiert haben).

Wann kann taktile Stimulation bei Störungen des Körpererlebens hilfreich sein?

Im Rahmen unseres Grundthemas fragen wir: Wo werden aus heutiger körperpsychotherapeutischer Sicht taktile Stimulation und Psychoaktive Massage für die Therapie genutzt?

Die grundsätzliche therapeutische Orientierung verschiedener Formen der KPT können wir vier verschiedenen Klassen zuordnen:

a) wahrnehmungsorientiert
b) affektorientiert (neo-reichianisch)
c) beziehungsorientiert
d) bewegungsorientiert[15].

Während z. B. bei einem primär wahrnehmungsorientierten Ansatz der »spürende Bezug zu sich selbst«, also die Selbstwahrnehmung im Loslassen oder Atmen[16] im Vordergrund steht, geht es bei der primär affektorientierten KPT um die Mobilisierung des Ausdrucks. Der Körper wird als Mittel und Ort von »Verdrängung«, aber auch als Ort der Affektsteuerung aufgefasst. In Skandinavien existiert bis heute eine recht enge Verbindung von Physiotherapie und Psychotherapie. Die norwegische Psychologin und Physiotherapeutin Gerda Boyesen entwickelte auf diesem Hintergrund ihre *Biodynamische Psychologie*, in der Massagen zur Reduktion von affektiven Spannungen eingesetzt werden. Diese Therapie-Richtung ist auch in unserem Land sehr bekannt geworden. Sie war nicht nur an der Auflockerung der muskulären Gefühlsverpanzerung interessiert, sondern beobachtete als Physiotherapeutin ebenso aufmerksam die durch verschiedene Massagetechniken bewirkten Veränderungen im Bindegewebe, der Haut, den Gelenken und inneren Organen. Sie war davon überzeugt, dass es in allen anatomischen Strukturen Verkapselungen gibt, die den dynamischen Fluss von Information und Emotion behindern und so die Spontaneität unseres Gefühlslebens blockieren. Sie sah das autonome (vegetative) Nervensystem, das sie mit dem Freudianischen *Es* verglich, und das zentrale Nervensystem (als Repräsentant des *Ego*) in harmonischer Kooperation, die aber gestört sein kann. Über die Berührung wollte sie den Druck der inneren Organe zusammen mit dem muskulären Panzer lösen und dadurch unterdrückte Emotionen befreien. Diese heilsame Freisetzung kann eine starke emotionale oder auch vegetative Reaktion in Gang setzen. So wird durch die Präsenz eines empathischen Therapeuten und einer zielgerichteten Massage ein Prozess ausgelöst, der in sich heilsam ist oder auf der psychologischen Ebene im therapeutischen Gespräch reflektiert und weiter verarbeitet werden kann. In der vertieften Wahrnehmung meines Körper-Selbst liegt die Chance der Restrukturierung meines Verhältnisses zu mir und meiner menschlichen Umwelt.

Körpertherapeutische Maßnahmen für depressive und traumatisierte Patienten

Welche körpertherapeutischen Zugänge erscheinen im Hinblick auf das geschilderte spezifisch negativ getönte Körpererleben eines depressiven Patienten sinnvoll? Im Rahmen des *Embodiment* kann z. B. vor dem Spiegel an der mimischen Muskulatur bzw. der Gesamtkörperhaltung gearbeitet werden. Wir haben erwähnt, dass auch körperliche-sportliche Aktivität einen günstigen Einfluss auf die depressive Stimmungslage haben kann. Eine taktile Stimulation z. B. im Rahmen einer Psychoaktiven Massage lässt eine Änderung des depressiven Körpererlebens erwarten. Diese Erwartung wurde durch verschiedene Studien bestätigt. Massage kann aber auch zur Entspannung und Herabregulierung des krankhaft gesteigerten Erregungsniveaus führen und damit auch angstlösend wirken. Daraus kann sich eine Körperreise entwickeln, die in eine *Reise zu den Stärken des individuellen Körpers*[17] übergehen kann. Grundsätzlich kann die taktile Stimulation durch eine z. B. Psychoaktive Massage als eine Form der Zuwendung interpretiert werden, die der depressiven Selbstentwertung in Bezug auf den eigenen Körper entgegenwirkt.

Es ist einleuchtend, dass die Anwendung heilsamer sanfter Berührung bei schwer traumatisierten Menschen ein Problem darstellt. Das ist der Fall, wenn die traumatischen Erfahrungen etwas mit fremden Händen zu tun hatten. Wir werden hier den Klienten oder Patienten immer wieder vorsichtig fragen müssen, wie er sich fühlt – beruhigt oder zusätzlich erregt. Mit viel Geduld ist es aber möglich[18], über mehrere Behandlungen sie dahin zu begleiten, die Berührung als eine Form der Zuwendung und Entspannung zu akzeptieren[19].

Der Neopren-Anzug für Magersüchtige

Für die ebenfalls schwierige Behandlung sonst weitgehend therapieresistenter magersüchtiger junger Frauen hat der Haptik-Forscher Martin Grunwald an seinem Leipziger Institut eine besondere Methode entwickelt, um das verzerrte Körperschema dieser Patientinnen zu verändern.

Er konstruierte einen maßgeschneiderten, dicht anliegenden Anzug aus Neopren, der eine konstante Stimulation darstellt und auch bei Bewegung den Körper zusätzliche Reize an das Gehirn senden lässt. Der Erfolg gab den Forschern zunächst recht. Seine erste Versuchsperson war eine seit sechs Jahren erkrankte 19-jährige Anorektikerin, bei der mehrere Psychotherapien sich als erfolglos erwiesen hatten und die gerade noch etwas über 46 kg wog. Sie trug diesen Anzug dreimal am Tag für jeweils eine Stunde über ihrer Unterwäsche. Nach 15 Wochen hatte sie zweieinhalb Kilo zugenommen[20]. Sie beschrieb in ihrem Tagebuch, dass sie in diesen drei bis vier Monaten erstmals wieder die Kälte ihres Körpers gespürt habe, aber auch die Wärme ihres Essens. Es fiel ihr oft schwer, ihre zweite Haut zwischenzeitlich immer wieder abstreifen zu müssen. Im folgenden halben Jahr konnte sie zunächst ihr Gewicht halten, aber danach nahm sie wieder ab. Die Forscher führten dies u. a. darauf zurück, dass die neuen Erlebnisse der Patientin nicht psychologisch aufgearbeitet wurden. Inzwischen hat sich eine Kooperation zwischen dem Leipziger Institut und der Charité Berlin entwickelt, wobei die Anzüge auch bei Kindern mit anders gearteten Störungen eingesetzt werden. Auch bei ihnen geht es immer darum, den Unterschied zwischen erlebtem und tatsächlichem Körper bewusst zu machen. Es ist ein Anfang, der vielversprechend erscheint und vor allem wieder zeigt, dass über die kognitiven Therapieverfahren hinaus körperorientierte Behandlungen entwickelt und erprobt werden müssen, um diesen jungen Patientinnen (inzwischen werden zunehmend auch männliche Anorektiker beobachtet, z. B. bei Leistungssportlern) wirksam zu helfen.

Leider erkranken inzwischen aber auch Frauen zwischen 45 und 50 Jahren zunehmend an Magersucht. Die Ursachen sind nicht genau bekannt.

Praxis:
Ich berühre mich – Ich berühre dich – Du berührst mich

Was meine Haut berührt, berührt auch mich.

Werbespruch einer Berliner Kosmetiklinie

Fangen Sie gleich an

Die folgenden Übungen sollen Ihnen Freude bringen und Ihre Sinne beleben. Bei allen Übungen ist es eine große Hilfe, wenn Sie Ihren Körper als einen freundlichen lebenslangen Begleiter betrachten, der alle Erfahrungen und Erlebnisse mit Ihnen teilt, Sie unterstützt, mit Ihnen kommuniziert und der Ihnen eine verlässliche Heimat in Ihrem Leben schenkt. In dieser *Beheimatung* sind wir in der Lage, der Stimme unseres Körpers zu lauschen und sie zu verstehen.

Alle Übungen können Sie alleine machen. Viele Übungen sind auch für Paare geeignet, können mit Freunden oder mit der ganzen Familie ausprobiert werden. Wir ermuntern Sie, auch andere anzuregen, mit diesen Übungen neue Erfahrungen zu machen.

Sollte eine Übung Ihnen gar nicht gefallen, dann lassen Sie sie weg und wenden sich einer anderen Übung zu, die Ihnen gefällt. Die Übungen sollen Ihnen Spaß und Lust bereiten sowie Neugier wecken.

Los geht's mit einer einfachen Übung

Berühren Sie sich mit Daumen und Zeigefinger an der Nasenspitze. Lassen Sie sich einen Moment Zeit, diese Berührung zu spüren. Hat sich Ihre Aufmerksamkeit sofort auf diese Berührung konzentriert? Was spüren Sie? Wie fühlt sich die Haut an? Weich, zart, glatt? Wie ist die Temperatur der Haut? Kühl, warm? Und, wenn Sie ins Spüren übergehen, wie ist die Größe Ihrer Nase: klein, rund, spitz, kantig, knubbelig? Ist Ihre Nasenspitze empfindlich? Und wenn Sie die Nasenflügel jetzt zusammendrücken, verlieren sich dann diese unterschiedlichen Wahrnehmungen und tritt das Gefühl des Nicht-mehr-durch-die-Nase-atmen-Könnens in den Vordergrund? Und ist das unangenehm?

Wir haben keine Angst, unseren eigenen Körper zu berühren. Bleiben wir bei der Nase: Das Popeln in der Nase ist unschicklich. Aber ehrlich, machen Sie das nicht auch? Und wenn, machen Sie das nicht auch genüßlich und schauen sich das Herausgefummelte genau an? Das ist ein kleines Phänomen, denn wir stehen unseren eigenen Sekreten gelassen bis interessiert gegenüber und zeigen kaum Berührungsängste. Ganz im Gegenteil zu denen von anderen, insbesondere von fremden Menschen. Insgeheim sind wir immer neugierig, was denn so »aus uns herauskommt«. Sie sehen, der Praxisteil besteht aus kleinen, interessanten Entdeckungsreisen, auf die wir Sie neugierig machen und zu denen wir Sie einladen wollen.

Bewusstheit für den eigenen Körper – Köperwahrnehmung

Im Alltag sind wir oft mit unseren Aufgaben so beschäftigt, dass wir uns unseres Körpers kaum bewusst sind, obwohl er durch seine Haltung unser Wesen ausdrückt und unserer Seele eine Form gibt. Er ver*körpert*, was wir denken und fühlen. Hierzu eine Übung, zu der Sie auch Ihren Partner, Freunde und andere anregen können.

Übung

Was hat Ihr Körper heute Gutes erlebt? Denken Sie ein paar Minuten darüber nach. Wenn Sie mögen, machen Sie sich Notizen oder beginnen ein Körper-Tagebuch zu führen, in dem Sie Ihre täglichen Körperempfindungen notieren.[1]

Jeder Gedanke macht ein Gefühl und jedes Gefühl intendiert eine Körperhaltung. Dieser Ablauf ist umkehrbar: Ein Gefühl macht einen Gedanken und intendiert eine Körperhaltung. Eine Körperhaltung löst ein Gefühl aus und macht einen Gedanken.[2]

Übung

Ballen Sie mit der einen Hand eine Faust und beißen Sie gleichzeitig auf die Zähne. Versuchen Sie dabei «Ich liebe dich« zu sagen. Was haben Sie beobachtet? Sind Ihnen die Worte leicht über die Lippen gekommen und waren sie mit Ihrem Herz verbunden? Welchen Berührungsimpuls hatte Ihre Faust? Passte er zu Ihrer Aussage?

Übung

Öffnen Sie Ihre Arme, ganz weit. Sagen Sie dann: «Ich kann dich nicht leiden.« Ist Ihnen das überzeugend gelungen? Vermutlich nicht. Was ist passiert? Die Geste, also Ihre Körperhaltung, passte nicht zu Ihrer Aussage.

Übung

Ziehen Sie Ihre Mundwinkel nach oben, schließen Sie die Augen und spüren Ihrem Gefühl nach. Lächeln Sie jetzt? Oder haben Sie gedanklich eine freundliche Vorstellung? Das können Sie auch als Alltagstipp nehmen, wenn Sie der Straßenverkehr nervt und Sie merken, Sie bekommen schlechte Laune.

Übung

Nehmen Sie sich ein Fell oder ein Stück Moos aus dem Wald und beginnen Sie mit Ihren Fingern darüber zu streichen. Streichen Sie dann mit der Handinnenfläche darüber. Nehmen Sie es in beide Hände. Spüren Sie dabei, welches Gefühl sich in Ihnen ausbreiten möchte? Gibt es eine Veränderung in Ihrer Körperhaltung oder Ihren Gedanken?

Übung

Setzen Sie sich in einen Stuhl oder Sessel. Legen Sie die Hände auf den Schoß und sinken Sie in sich zusammen. Lassen Sie den Kopf und die Schultern hängen. Beobachten Sie, welches Gefühl in Ihnen aufkommt und welcher Gedanke sich formulieren möchte. Stehen Sie dann wieder auf, öffnen Sie Ihre Arme, als wollten Sie die ganze Welt umarmen.

Haben Sie mit diesen Übungen das Zusammenspiel von Körper, Gedanken und Gefühlen erfahren? Wenn ja, haben Sie die Grundlage für ein tieferes Verständnis dieses körperlich-seelisch-gedanklichen Miteinanders geschaffen. Dass Sie selbst darauf viel Einfluss haben können, zeigen nicht nur die vorangegangenen Übungen. Wir können auch eine Blähung »dirigieren«, also einen Körperzustand durchaus selbst regulieren.

Achtsamkeit

Achtsamkeit sich selbst und dem anderen gegenüber schult die eigene Sensibilität und Wahrnehmung. Sie unterstützt die Annäherung an die eigene Körperlichkeit. Achtsam ist, wenn wir innerlich anwesend sind und in uns einen Raum schaffen, um wahrzunehmen. Achtsamkeit sich selbst und dem anderen gegenüber schult die eigene Sensibilität und Wahrnehmung. Sie unterstützt die Annäherung an die eigene Körperlichkeit. Wenn wir achtsam sind, können wir z. B. unsere körperliche Verspannung spüren oder auch feststellen, dass wir entspannt sind. Wir werden zum Beobachter unserer Gefühle.

Bevor Sie sich einer Übung zuwenden, sorgen Sie gut für sich: Achten Sie darauf, genügend Zeit zu haben, damit Sie nicht durch andere Menschen und Geräusche gestört werden. Prüfen Sie, ob Sie sich in dem Raum wohlfühlen.

Übung

Überprüfen Sie den Sitz Ihrer Kleidung. Spüren Sie, wie der Stoff Ihrer Hose die Ober- oder Unterschenkel berührt? Ist Ihnen das angenehm? Orten Sie den Bund Ihrer Hose oder des Rocks, hat er eine bequeme Weite? Und die Bluse, die

Sie tragen oder das Hemd, oder der Pullover? Passt alles? Haben Sie jetzt gerade mit Ihrer Kleidung ein gutes, angenehmes Körpergefühl? Und was ist mit der Umgebung, in der Sie gerade sind? Ist sie angenehm für Sie? Was ist besonders angenehm? Was nicht?

Die folgende Übung gibt Ihnen Aufschluss, wie Ihr Körper im Kontakt mit anderen Menschen kommuniziert.

Übung

Achten Sie einmal darauf, was Ihr Körper alles veranstaltet, wenn Sie mit einem anderen Menschen eine Weile zusammen sind. Das Experiment funktioniert auch sehr gut in einem Meeting, in dem es entweder langweilig ist oder sehr kontrovers zugeht. Spüren Sie, ob sich Muskeln anspannen, am Bauch, im Rücken oder im Gesicht, um den Mund herum? Wie verhält sich Ihr Blick, ist er kontrollierend oder mitfühlend? Und was machen Sie mit Ihren Händen? Gibt es Wahrnehmungsunterschiede, wenn Sie gemeinsam mit jemandem an einem Tisch sitzen, auf einem Sofa, nebeneinander, gegenüber oder auf der Straße beim »Schwätzchen halten«.

Übung für Paare, für die ganze Familie oder in einer Gruppe[3]

Es müssen Paare gebildet werden. Jede Übung dauert ca. zwei bis drei Minuten. Zwischen jeder Übung sollte eine Minipause von einer halben Minute eingehalten werden. Es geht los!

A fängt bei B an: Mit allen Fingern rhythmisch, leicht und schnell und im Wechsel auf die Schultern von B tippen. Dann mit allen Fingern gleichzeitig etwas intensiver auf die Schulter von B trommeln. Dann mit beiden Handballen parallel über beide Schultern gleiten, d. h. beginnend von der Mitte der Wirbelsäule bis zur Armkugel hin und wieder zurück. Weiter mit hohlen Händen auf die Schultern von B klatschen. Jetzt mit beiden Daumen auf den Weichteilen der Schulter Massageknetungen machen. Danach die Rollen wechseln.

Nach den Übungen setzen sich alle in einer Runde zusammen und erzählen ihre Erlebnisse. Dabei sollte mitgeteilt werden, welche Berührung welches Gefühl ausgelöst hat, z. B. angenehm, lustig, kribbelnd usw. für beide Rollen, also für A und für B.

Selbst-Berührung von morgens bis abends

Wir berühren uns ständig selbst und das Tag und Nacht. Meistens machen wir das völlig unbewusst. Wir spüren einen Hautreiz, reiben oder kratzen uns. Wir streichen über die Stirn, wenn wir über etwas nachdenken. Beim Lesen von Texten oder am PC stützen wir unseren Kopf ab, um uns besser zu konzentrieren. Wir halten die Hand vor den Mund, wenn wir nichts sagen wollen, fassen uns ans Herz, wenn wir uns erschrecken, umarmen uns selbst oder reiben die Hände, wenn uns kalt ist. Männer reiben ihre Augen, wenn sie erschöpft sind, und viele Frauen spielen mit ihren Haaren, vielleicht um sich zu beruhigen oder um ein unbewusstes Flirtangebot auszusenden, das mit einer Selbsterotisierung einhergeht?

Selbstberührungen sind Kommunikationsgesten mit unserem Körper und unserer Umwelt. Sie versichern uns unserer Existenz und können uns beruhigen. Sie unterstützen uns darin, die täglichen Eindrücke zu be*greifen* und Erfahrungen uns damit einzuver*leiben*.

Übung

Beobachten Sie Ihre Selbstberührungen über einen ganzen Tag. Achten Sie immer wieder darauf, wie oft und wo Sie sich am Körper berühren, im Auto auf der Fahrt zur Arbeit, im Büro oder auf der Arbeitsstelle, vor dem PC, beim Mittagessen, im Gespräch mit Kollegen und Freunden oder mit Ihren Kindern, beim Einkaufen, beim Kochen und Essen, beim Fernsehen.

Manche Menschen lassen sich auch gerne durch Gegenstände oder von einem Haustier berühren und empfinden dabei ein besonderes Wohlgefühl. Viele Kissen im Bett oder auf dem Sofa bieten Schutz und Wärme. Vielleicht ziehen auch Sie zu Hause immer Ihre Lieblingsstrickjacke oder Ihren bequemen Jogginganzug an, damit Sie zum Feierabend auch das entsprechende Körpergefühl haben? Ein geliebtes Haustier, wie z. B. eine Katze, die entspannt neben uns auf dem Sofa liegt, löst durch dieses stille Beisammensein ein angenehmes, friedvolles Gefühl aus.

Übung für Paare

Setzen Sie sich beim nächsten Fernsehfilm ganz dicht nebeneinander. Achten Sie beide darauf, dass Sie bequem sitzen und spüren Sie, wo sich Ihre Körper berühren. Nehmen Sie die Wärme wahr, ebenso die Körperbereiche, die sich nicht berühren. Nehmen Sie Ihre Körpergefühle dabei wahr. Verändern Sie sich beim Anschauen von »Tatort« oder einem Tierfilm? Oder was geschieht, wenn Sie den Fernseher ausschalten und den Berührungen in Ruhe nachspüren?

Nehmen wir einen Impuls oder ein Gefühl aus unserem Körper wahr, dann berühren wir uns bewusst. Wenn der Wind unser Haar ins Gesicht weht, dann streichen wir es bewusst weg. Oder wir wischen uns über die Nase, wenn sie läuft. Wir berühren uns, wenn wir Schmerzen haben oder ein anderes unangenehmes Körpergefühl unsere Aufmerksamkeit auf sich zieht.

Übung

Empfinden Sie Schmerzen in Ihrem Körper? Suchen Sie sich einen angenehmen Platz und finden Sie eine bequeme Körperhaltung im Sitzen, Liegen oder Stehen. Legen Sie Ihre Hände auf die schmerzende Stelle. Nehmen Sie wahr, wie die Wärme Ihrer Hände in den Körper strahlt. Streichen Sie sanft über die schmerzende Stelle. Lassen Sie sich Zeit und achten Sie darauf, ob sich Ihre Empfindungen verändern.[4]

Übung mit einem Partner

Bitten Sie eine vertraute Person, Sie zu berühren. Zeigen Sie die schmerzende Stelle und erklären Sie, wie Sie berührt werden wollen. Achten Sie darauf, dass die Berührung angenehm bleibt, und sagen Sie, wenn es das nicht mehr ist. Bleiben Sie fürsorglich für sich.[4]

In einer Studie konnten Kinder im Alter von sechs bis fünfzehn Jahren, die immer wieder ungeklärtes Bauchweh hatten, mithilfe eines audiovisuellen Schulungsmaterials lernen, wie sie sich selber über den Bauch streicheln können. Der Erfolg war messbar: Das Bauchweh verschwand bei vielen Kindern, und der Effekt hielt auch mehrere Monate an[5].

Es gibt Körperbereiche, die wir nicht mögen. Sie gefallen uns nicht und verursachen deshalb ein ungeliebtes Körpergefühl. Meist fühlen wir uns zu dick am Bauch und Frauen insbesondere auch an Beinen und am Po. Diese Zensur kann uns zu Sport oder Diäten aktivieren, sie kann aber auch zu einer Abspaltung der Wahrnehmung für diese Körperbereiche führen. Sie fallen dann gänzlich aus unserem Bewusstsein und vermitteln ein unangenehmes Gefühl, wenn sie berührt werden.

Bewusste Selbstberührungen unterstützen und helfen, ausgeklammerte Körperbereiche wieder in unsere *Körperheimat* zu integrieren.

Übung

Legen Sie sich auf den Boden. Am besten auf einen weichen Teppich oder auf eine Decke. Machen Sie es sich so bequem wie möglich. Decken Sie sich zu und nehmen Sie sich für diese Übung 30 Minuten Zeit. Stellen Sie einen Wecker. Schließen Sie die Augen und spüren die Auflage, auf der Sie liegen. Gehen Sie mit Ihrer Aufmerksamkeit einmal durch den ganzen Körper, von unten nach oben: Füße, Beine, Becken, Rücken, Schulter, Nacken, Kopf, Gesicht, Brust, Arme, Hände, Bauch, Becken, Beine, Füße. Lassen Sie sich Zeit. Werden Sie von Ihren Gedanken abgelenkt, kommen Sie immer wieder zurück an die Stelle, wo Sie aus Ihrem Körper in Ihre Gedankenwelt ausgestiegen sind. Beobachten Sie dann Ihren Atem, wie er kommt und geht, eine Pause macht und wieder kommt und geht. Wie die Wellen des Meeres, die sich aufbauen und zusammenfallen und eine Weile brauchen, um sich neu zu sammeln. Spüren Sie, wie der Boden Sie trägt[6]. Gehen Sie dann mit Ihrer Aufmerksamkeit zu der Stelle Ihres Körpers, die Sie nicht mögen. Lassen Sie alle Gedanken zu und lenken Sie sie in eine Bewegung, die vorüberziehenden Wolken ähnlich ist. Stellen Sie sich die Frage, warum Sie diese Stelle an Ihrem Körper nicht mögen. Lassen Sie sich Zeit, bis Sie darüber nachdenken, was dieser Körperteil für Sie und Ihren restlichen Körper bedeutet. Lassen Sie sich darauf ein, dass Sie eventuell Gefühle der Trauer spüren. Berühren Sie nun diesen Körperbereich mit Ihren Händen, halten Sie ihn, spüren Sie seine Kontur, seine Temperatur. Bleiben Sie in dieser Berührung und schenken Sie ihm Zuwendung. Lassen Sie sich Zeit, bis der Wecker klingelt. Wenn Sie mögen, schreiben Sie Ihre Erlebnisse aus dieser Körperreise in Ihr Körper-Tagebuch. Sie können dann Ihre Erfahrung immer wieder nachlesen und feststellen, ob eine Veränderung zu erkennen ist.

Verlegenheitsberührungen

Verlegenheitsberührungen entstehen, wenn wir uns in einer Situation nicht ganz wohlfühlen. Dann beginnen wir unsere Haare zu richten, unsere Kleidung zurechtzuzupfen, mit der Zunge die Sauberkeit unserer Zähne zu überprüfen, die Lippen zu befeuchten oder uns zu räuspern, bevor wir zu sprechen beginnen.

Übung

Achten Sie bei der nächsten Herausforderung darauf, welche Verlegenheitsberührungen Sie selbst bedienen, z. B. im Meeting, in einem Gruppengespräch, beim Finanzamt oder im Gespräch mit einem für Sie unsympathischen oder sympathischen Menschen.

Selbstberührungsgesten dienen häufig dazu, die eigene Attraktivität zu unterstreichen. Frauen streichen verführerisch über ihre Kleidung oder können mit einer eleganten Handhaltung ihren Kopf scheinbar stützen. Früher, als Frauen noch Handschuhe trugen, war das Ausziehen der Handschuhe eine erotisch-sinnliche Geste, die jederzeit in jedem Kontext gezeigt werden konnte. Dieses Selbstberührungsritual, konnte kein anderes Kleidungsstück bisher ersetzen.

Auch Männer streichen sich mit betont männlichem Impuls das Haar aus dem Gesicht, ziehen den Bauch ein und plustern sich wie die Männchen im Tierreich etwas auf, um sich attraktiv zu zeigen. Allgemein berühren sich Männer weniger selbst am eigenen Körper als Frauen. Frauen dagegen setzen häufiger Berührungen als Kommunikationsmittel ein.

Übung für Frauen

Nehmen Sie sich ein paar schöne Lederhandschuhe und ziehen Sie sie Finger für Finger aus. Achten Sie darauf, dass Sie es ganz langsam machen und spüren Sie die Sinnlichkeit, die dabei entsteht.

Übung für Männer

Streichen Sie sich Ihre Stirnhaare aus dem Gesicht und stellen Sie sich dabei das Bild eines attraktiven Mannes vor, der diese Geste ausführt. Stellen Sie sich gerade hin und richten Ihren Körper auf. Atmen Sie tief ein und spüren dieser aufgerichteten Körperhaltung nach. Konnte diese Haltung Ihnen ein Gefühl von Attraktivität vermitteln?

Körpergrenze

Unsere Körpergrenze zeigt sich deutlich mit unserer Hauthülle. Diese Grenze ist wichtig, um unsere Innenwelt zu schützen. Die folgenden Übungen sollen Sie sensibilisieren, Ihre Körpergrenze deutlicher zu spüren.

Übung

Stellen Sie sich in einen Raum, der Ihnen vertraut ist, z. B. Ihr Wohnzimmer. Stellen Sie sich barfuß oder auf Socken aufrecht hin. Wenn Sie das Gefühl haben, dass Sie gut stehen, schließen Sie die Augen. Sie werden bemerken, dass Sie sich konzentrieren und Ihre Wahrnehmung sofort körperlich spürbar werden. Sie werden vermutlich sehr deutlich Ihre Körpergrenze wahrnehmen können. Wenn Sie sich sicher fühlen, gehen Sie mit Ihrer Aufmerksamkeit zu Ihren Füßen und fühlen Sie, welche Fläche Sie auf dem Boden berühren und spüren Sie, welchen Druck Sie dabei ausüben. Beobachten Sie dabei auch Ihren Atem. Öffnen Sie nach einigen Minuten wieder Ihre Augen und spüren nach, wie sich jetzt Ihre Hautgrenze, der Boden unter den Füßen und Ihr Atem anfühlen.

Ihre Körpergrenze ist das sichere Tor, durch das sowohl Ihre eigenen Empfindungen wie auch Empfindungen über Geschehnisse aus der Außenwelt hinein- oder herausgehen. Der Türöffner sollten immer Sie selbst sein.

Übung allein und für Paare

Setzen Sie sich bequem hin, auf einen Stuhl oder auf ein Kissen am Boden. Legen Sie eine Hand auf Ihr Herz und fühlen

Sie zunächst die Berührung zwischen Ihrer Handinnenfläche und Ihrem Körper. Bemerken Sie die dort zunehmende Wärme. Gehen Sie dann mit Ihrer Aufmerksamkeit auf Ihren Atem und lassen die Hand durch Ihren Atem bewegen: Beim Einatmen machen Sie Ihre Hand ganz leicht und beim Ausatmen folgen Sie dem Absenken Ihres Brustkorbes. Machen Sie das für eine angenehme Weile.

Machen Sie die Übung mit einem Partner, legt der Partner seine Hand sanft auf Ihre Brust und erspürt Ihren Atemrhythmus, dem er mit der Hand folgt. Lassen Sie dabei Ihren Gefühlen freien Lauf. Wichtig bei dieser Übung ist, dass Sie mit Ihrem Partner vorher verabreden, dass immer derjenige, auf dessen Brust die Hand aufliegt, die Übung beenden kann, indem er die Hand des Partners sanft wegnimmt oder deutlich »Stopp« sagt.

Körpergedächtnis

Denken Sie an ein Erlebnis, dass Ihnen immer noch in Erinnerung ist, als hätten Sie es gerade erst erlebt. Geht diese Erinnerung mit einem Körpergefühl einher? Vielleicht haben Sie als Kind die Erfahrung gemacht, dass Sie kratzende Kleidungsstücke tragen mussten? Vielleicht kommen Ihnen dazu noch einige Bilder, und es fallen Ihnen die damaligen Umstände dazu ein.

Übung

Erinnern Sie sich an Ihren ersten richtigen Kuss, der aus einer aufkommenden Verliebtheit hervorkam? Denken Sie daran und spüren Sie nach, welche Körperreaktion in Ihnen aufsteigen will. Und welches Gefühl entsteht, wenn Sie sich daran erinnern, wie Sie in eine Zitrone gebissen haben? Spüren Sie, wie sich Ihre Mundwinkel dabei bewegen?

Tastsinn

Mit diesen Übungen gehen Sie Ihrer Haut auf die Spur. Bleiben Sie neugierig und lassen Sie sich von Ihren Empfindungen überraschen. Vielleicht erinnert Sie die eine oder andere Berührung auch an ein eigenes Erlebnis.

Übung

Streichen Sie über einen Ihrer Handrücken. Spüren Sie die Oberfläche und Temperatur und ob sich auf dieser Hautfläche Unterschiede erspüren lassen. Streichen Sie ganz langsam und nehmen Sie wahr, dass Sie sich gerade selbst berühren und gleichzeitig berührt werden.

Übung

Streicheln Sie nun in der gleichen Geschwindigkeit und mit gleichem Druck Ihre Handinnenfläche. Nehmen Sie Unterschiede wahr?

Übung

Nehmen Sie sich ein Stück Stoff, dessen Oberfläche eine unebene Struktur hat, z. B. aufgestickte Blüten oder genähte Biesen. Fahren Sie nun mit einer Hand über die Oberfläche des Stoffs. Wenn Sie mögen, schließen Sie dabei die Augen. Spüren Sie, welche *Informationen* Sie über diese Berührung erhalten.

☞ Übung

Nehmen Sie nun diesen Stoff und legen Sie ihn um Ihre nackten Schultern. Ziehen Sie ihn langsam über Ihre Haut, so als würden Sie sich damit abtrocknen, nur ganz langsam. Schlingen Sie den Stoff um Ihre Taille und versuchen mit Ihrer Haut die Struktur des Stoffes zu fühlen.

☞ Übung für Paare

A schließt die Augen. B legt einen Gegenstand auf den Boden, das kann ein kleiner runder Stein, ein kleiner weicher Ball oder ein Wollknäuel, ein Stück Seife oder Ähnliches sein. Mit geschlossenen oder verbundenen Augen soll A mit nackten Füßen ertasten, um welchen Gegenstand es sich handelt. Dann wechseln Sie die Rollen.

Verwöhnen Sie sich mit Heilsamen Berührungen – Beleben Sie Ihre Sinne!

Maria und Noah haben gelernt, dass sie eine verlässliche Balance zwischen beruflicher Anforderung und Entspannung in der Freizeit nutzen können, um ihr Leben ausgeglichen und ihre Beziehung harmonisch zu gestalten. Einige Anregungen, die sie von ihrer Massagetherapeutin erhielten, probierten sie aus. Bald wurde ein Sinn-Abend kreiert, der einmal in der Woche stattfindet. An diesen Abenden beleben Maria und Noah ihre Sinne. Massagen, Musik hören, eingekuschelt auf dem Sofa dem Atem des anderen lauschen, Geschichten vorlesen, mit einer Feder die Haut des anderen überraschen, ein duftendes Bad zusammen nehmen. »Sinne wecken und entdecken«, scherzt Maria, wenn sie Noah am Morgen des Sinn-Abends ihn einladend an den bevorstehenden Abend erinnert.

Die Füße verwöhnen

Gönnen Sie sich ein Fußbad mit warmem und duftendem Wasser. Bewegen Sie Ihre Zehen, spielen Sie mit dem Wasser. Cremen Sie nach dem Bad Ihre Füße langsam mit einem speziellen Fußbalsam ein, Zehe für Zehe. Wickeln Sie die Füße danach in ein vorgewärmtes Handtuch. Legen Sie für eine Weile Ihre Füße hoch, schließen die Augen und spüren dem jetzigen Gefühl in Ihren Füßen nach. Ihre Füße, die Sie das ganze Leben tragen und Sie die Wege gehen lassen, die Sie wollen, freuen sich über diese Zuwendung.

Barfuß im Regen

Gehen Sie barfuß. Nehmen Sie die unterschiedlichen Oberflächen wahr: Teppich, Holzboden, Fliesen oder Stein. Wie fühlt es sich an? Wenn Sie mögen, erweitern Sie das Barfußgehen draußen: Laufen Sie auf Gras, Kies, auf Blättern oder durch das Wasser. Wie fühlt es sich an? Nehmen Sie die unterschiedlichen Temperaturen wahr? Spüren Sie in die Beweglichkeit Ihrer Füße hinein. Vielleicht überprüfen Sie nach dieser Übung, in welchen Schuhen Sie sich wirklich wohlfühlen[4].

Duschen, mal ganz anders

Nehmen Sie sich ein Duschgel, das Ihnen besonders an Geruch und Konsistenz gefällt. Seifen Sie sich mit diesem Duschgel ein, Körperteil für Körperteil, ganz langsam. Beginnen Sie an den Händen, die Unterarme hoch, über die Ellenbogen zu den Oberarmen und den Schultern. Versuchen Sie dabei, die Konturen Ihrer Hände und Arme zu spüren. Gehen Sie dann weiter zu Ihrem Hals, der Brust, dem Bauch, Gesäß, Beinen, Knien, Unterschenkel, Füßen. Gehen Sie auf Entdeckungsreise und folgen Sie Ihrer Hautgrenze. Sie können die Augen schließen und sich ganz auf das *Sehen* Ihrer Hände einlassen.

Berührendes Wasser

Nehmen Sie sich Zeit für ein Vollbad. Benutzen Sie ein feines Badeöl, das Ihnen vom Geruch und seiner Wirksamkeit gefällt (Melisse und Lavendel soll beruhigen, Zitrone und Bergamotte anregen, und Patschuli und Rosenholz wirken eher sinnlich-anregend). Tasten Sie nun entlang Ihres Körpers nach dem sich durch das Badeöl besonders weich anfühlenden Wasser. Sie können dabei die Augen schließen, um diese sinnliche und zarte Berührung zu genießen.

Sinnliches für Kopf und Haare

Massieren Sie Ihre Kopfhaut. Beginnen Sie von der Mitte des Kopfes in kleinen, festen Kreisen Ihre Kopfhaut bis zu den Ohren zu massieren. Gehen Sie wieder zurück zur Mitte des Kopfes und machen Sie das in Richtung Schädelbasis. Von dort aus Richtung Ohren und wieder zurück. Probieren Sie sich in Druck und Geschwindigkeit aus. Mal langsam, mal schneller, mal etwas fester oder ganz sanft. Sie werden überrascht sein, wie entspannend und sinnlich diese kleine Massage von ca. 10 Minuten für Sie sein kann. Diese Minimassage können Sie sich zu jeder Zeit und an jedem Ort, z. B. in Ihrer Mittagspause, gönnen.

Rückenmassage

Nehmen Sie einen kleinen, weichen Ball (ca. 12 cm Durchmesser). Gehen Sie an eine freie Wand und legen Sie den Ball zwischen Ihren Rücken und die Wand. Lehnen Sie sich in den Ball und achten Sie darauf, dass er nicht herunterfallen kann. Nutzen Sie den Ball, um sich selbst am Rücken zu massieren. Rollen Sie den Ball hoch und runter oder hin und her. Folgen Sie den Impulsen Ihres Rückens und gehen seinem Bedürfnis nach Berührung nach.

Lösen Sie eine Körperüberraschung aus

Unsere Haut überrascht uns immer wieder. Kribbeln, Gänsehaut oder Wohlgefühl – probieren Sie es aus.

Übung

Nehmen Sie eine größere Feder, etwas größer als eine Gänsefeder. Es gibt auch schöne Kunstfedern, die im Künstlerbedarf erhältlich sind. Berühren Sie Ihre nackte Haut so sanft wie möglich und in sehr langsamen Bewegungen. Gehen Sie mit der Feder an Ihre besonders empfindsamen Körperstellen, z. B. am Unterarm über die Achsel und über die Flanke bis zur Hüfte; am Ohr beginnend über den Hals;

an Ihren Fußsohlen; an den Innenschenkeln bis über den Schambereich. Versuchen Sie, eine Körperempfindung auszulösen. Haben Sie eine Gänsehaut bekommen? Waren Ihre Empfindungen lustvoll, sinnlich, erotisierend? Bitten Sie einen Ihnen sehr vertrauten Partner, Sie am Rücken mit der Feder langsam zu berühren oder bei geschlossenen Augen mit der Feder sanft über das Gesicht zu streichen. Was haben Sie bei dieser Übung gespürt?

Entdeckung des eigenen Haut- bzw. Berührungsbedürfnisses

Ihre Haut braucht Berührung. Wie merken Sie das? Mit der folgenden Übung können Sie Ihr eigenes Berührungsbedürfnis besser erspüren.

Übung

Setzen Sie sich auf einen bequemen Stuhl, lehnen Sie sich an und schließen Sie die Augen. Gehen Sie mit Ihrer Aufmerksamkeit zu Ihren Füßen und spüren Sie, welche Fläche und mit welchem Druck Sie den Boden mit Ihren Füßen berühren. Spüren Sie, wie der Sitz des Stuhls Sie trägt und spüren Sie die Lehne, die Sie stützt.

Beobachten Sie jetzt Ihren Atem, wie er kommt und geht, eine kleine Pause macht … und wieder kommt und geht. Gehen Sie dann mit Ihrer Aufmerksamkeit in Ihr Gesicht. Versuchen Sie, in Ihrem Gesicht einen Berührungswunsch zu spüren. Folgen Sie diesem Impuls.

Diese Übung können Sie auch auf andere Körperbereiche ausdehnen.

In der folgenden Übung können Sie die unterschiedlichsten Empfindlichkeiten Ihrer Haut entdecken.

Übung

Stellen Sie sich vor einen Spiegel, sodass Sie Ihr Gesicht gut sehen können. Gehen Sie etwas näher, schauen Sie sich selbst in die Augen. Betasten Sie behutsam Ihre Stirn, die Haut unter den Augen, an dem Jochbein entlang, weiter zu den Wangen und zum Kinn. Bleiben Sie behutsam und berühren dann Ihre Lippen. Wo ist das Gefühl am intensivsten?

Heilsame Berührung im Alltag

Wir geben Ihnen hier ein paar Tipps, wie Sie sich im Alltag mit angenehmen und heilsamen Berührungen gut versorgen können.

Berührung durch andere

Sagen Sie Ihrer Friseurin, wie sehr Sie ihre Kopfmassage genießen. Ihre Friseurin wird sich freuen und Ihnen weiterhin eine gute Massage gewähren. Gönnen Sie sich eine Gesichts- oder Körpermassage. Viele Frauen gehen gerne zur Kosmetik, weil sie dort über einen längeren Zeitraum berührt werden.

Werden Sie aktiv

Herzen und umarmen Sie Ihre Kinder öfter. Umarmen Sie Ihren Partner, indem Sie sich diese Berührung bewusst machen. Schenken Sie Herzensfreude.

Daten Sie einen Profi!

Trauen Sie sich, zu einer seriösen Kuschelparty zu gehen. Worauf Sie dabei achten sollten, finden Sie bei den Hinweisen und Tipps im Anhang.

Maria hat eine Adresse für eine Kuschelparty von einer früheren Kollegin aus der Bibliothek erhalten, die dort schon öfters mit ihrem Mann war, als sie noch in der gleichen Stadt wohnten. »Sie hat von tollen Erlebnissen berichtet«, erzählt sie Noah. Sie beschließen, dorthin zu gehen. Am Abend der Party sind beide aufgeregt und gleichermaßen neugierig, wie sie darauf reagieren werden. Das Studio bietet außer den Kuschelparties auch andere Seminare an. An diesem Abend treffen Noah und Maria auf ca. 20 Männer und Frauen. Im Kreis sitzend, erklären die Veranstalter, die einen sympathischen und kompetenten Eindruck machen, die Regeln: Die Intimbereiche sind tabu. Sind Berührungen unangenehm, soll versucht werden, das körpersprachlich auszudrücken. Sexuelle Gefühle dürfen entstehen, aber man darf ihnen nicht nachgehen. Während der ganzen Party-Zeit begleiten die Veranstalter schützend und zugewandt jeden Einzelnen. Dann geht es los, und jeder stellt sich mit dem Vornamen vor und kann auch sagen, was er sich wünscht. Die »Aufwärmphase« beginnt: Das Licht wird gedämpft, Kerzen werden angezündet, und im Hintergrund läuft ruhige Musik. Alle gehen durch den Raum, bewegen sich langsam zur Musik, blicken zunächst auf den Boden und gehen dann nach Aufforderung der beiden Trainer miteinander in Augenkontakt und suchen sich Partner für eine Dreiergruppe. Maria ist mit zwei Männern zusammengekommen und legt sich zuerst auf den Bauch. Dann wird sie von beiden Männern sanft massiert und gestreichelt. Sie ist überrascht, wie angenehm es sich anfühlt. Dann wird getauscht, und auch dabei empfindet Maria eine erstaunliche Natürlichkeit. Nach und nach finden sich alle auf der großen Liegeinsel zusammen. Bald liegen alle neben- und teilweise auch aufeinander. Noah spürt einen Kopf auf seinem Rücken, Arme um seine Beine und eine Hand in der seinen. Er weiß nicht, zu wem die Hand gehört. Eine selige Ruhe breitet sich aus. Noah genießt diese umfassende Wärme. Er ist sehr berührt, eine kleine Träne löst sich. Sie zaubert ihm ein Lächeln ins Gesicht. »Das war so angenehm«, sagt Maria, als sie mit Noah auf dem Nachhauseweg ist. »Das hätte ich nie gedacht.« Noah nimmt sie fest in den Arm und sagt: »Ich bin so glücklich, dass wir beide das erleben konnten und dass es für uns so schön war.« Maria drückt ihn an sich und sagt: »Ja, das ist ein Geschenk«.

Massagestuhl fürs Büro

Sitzen Sie viel im Büro, dann buchen Sie eine mobile Massage auf dem Massagestuhl. Diese Angebote gibt es inzwischen in fast allen Städten.

Disco Fox, Salsa, Tango Argentino – Gehen Sie tanzen!

Wenn Sie gerne tanzen, dann gehen Sie tanzen! Für Paare und Singles jeden Alters gibt es viele schöne Angebote. Paartänze, wie der langsame oder schnelle Walzer, der klassische Tango, Rumba oder Foxtrott und auch einige Latein-Standardtänze sind heute mit und auch ohne Partner buchbar. Und wenn Sie sich für einen Tanz interessieren, in dem Berührung und Nähe zum Tanzpartner eine besondere Rolle spielen, dann besuchen Sie einen Kurs für Tango Argentino.

Lassen Sie sich von all diesen Anregungen inspirieren und lauschen Sie der Sprache Ihres Körpers. Sie werden diese durch die neuen, wahrnehmbaren Impulse verstehen und umsetzen können.

Die sinnlich-erotische Berührung

Viele Menschen spüren intuitiv, dass das Leben, die Liebe, die Sexualität noch Schätze enthalten, die ihnen bisher entgangen sind.

Regina Heckert

Die verborgenen Schätze der Liebe und Sexualität können Sie mit geschickt eingesetzten Berührungen entdecken. Berührungen beleben unsere Sinne und machen glücklich. Erinnern Sie sich noch an Ihre ersten Berührungsversuche? Die erste Freundin, um die Sie Ihren Arm legen wollten und sich nicht trauten. Der erste Kuss, der sich seltsam anfühlte gegenüber den bisherigen Küssen von den Eltern, Geschwistern oder Freunden. Oder die erste große Liebe, mit der man ständig in Körperkontakt sein wollte, weil man sich so gut dabei fühlte. Die Annäherung an eine zunächst unbekannte Person entfachte damals in uns heftige Gefühlsturbulenzen. Wissen Sie noch, wie aufregend die erste Berührung mit Ihrem Tanzpartner in der Tanzschule war? Einen fremden Menschen beim Tanz zu umarmen, brachte uns in Schwitzen, bis wir ein wenig geübter waren und die spürbare Gegenwart des anderen anfingen zu genießen. Mögen viele Jahre nach diesen Ereignissen vergangen sein, auch heute steht Ihnen eine vielfältige sinnlich-erotische Berührungswelt für neue, inspirierende Erlebnisse offen. Gehen Sie doch mal wieder tanzen, zum Beispiel zum Tango Argentino wie Maria und Noah. Sie werden staunen, welche Gefühle dabei von Ihnen Besitz nehmen.

Einer führt, der andere folgt: Tango Argentino

Als Noah Maria von dem klinikinternen Workshop »Tango tanzen mit Depression« erzählt, beginnt Maria im Internet zu recherchieren. Beim Abendessen berichtet sie davon. »Tango Argentino?«, sagt Noah, »das ist doch dieser erotische Tanz?« [1]

Das ist eine Aussage, die wir sehr oft über diesen Tanz hören. Sehen wir uns ein tanzendes Paar an, dann vermitteln diese beiden Körper, die fast unbeweglich an den Oberkörpern miteinander zu verschmelzen scheinen, während die Beine virtuos unerklärlichen Bewegungsmustern folgen, den Eindruck einer erotischen Beziehung. Und es gibt Tanzfiguren, die diesen Eindruck noch unterstreichen. Allein die engumschlungene Grundhaltung, in der sich beide Gesichter und Oberkörper berühren und die Tänzerinnen meist mit geschlossenen Augen tanzen, verkörpert ein Bild hingebungsvoller, erotischer Berührung. Die Technik, die für eine solche Harmonie notwendig ist, ist für einen Laien nicht erkennbar.[2]

Im Lateinischen heißt tango = ich berühre. Diese Bezeichnung ist dem Wesen des Tangos angemessen und erklärt, warum dieser Tanz in den letzten Jahren weltweiten Zulauf erfährt. Im Vordergrund steht, ein gutes Gefühl im Tanz zu entwickeln. Damit das gelingen kann, brauchen beide Tänzer eine saubere Technik. Für die Kommunikation zwischen den Tänzern existiert eine recht einheitlich gehandhabte Bewegungs-Grammatik, die den Tanz anspruchsvoll und interessant gestalten lässt. Im Grunde folgt dieser Paartanz aber klaren Regeln: Einer führt, der andere folgt, aktiv und *responsiv*. Mit Unterwerfung hat das nichts zu tun, vielmehr kann sich dadurch eine ungestörte Verbindung im Paar aufbauen, die für die guten Gefühle miteinander verantwortlich ist. Erfahrene Tangolehrer und Tangolehrerinnen legen großen Wert auf diese Verbindung und lassen ihre Schüler zunächst allein und dann in der Paarformation das *Miteinander-Gehen*, der Königsdisziplin im Tango, üben. Dabei wird auch die Umarmung geübt, die einen beweglichen Rahmen für die enge Tanzhaltung bildet. Die Umarmung darf nicht fest wie ein Schraubstock sein, man soll nicht am anderen hängen, sie soll sich nicht schlapp oder hart anfühlen. Das sind Berührungsqualitäten, die wir auch in unseren körperlichen Beziehungen zu unseren Partnern nicht haben wollen: Eine Schraubstock-Umarmung lässt uns keine Luft zum Atmen. Eine Dranhänge-Umarmung reißt den anderen aus seinem körperlichen Gleichgewicht und mutet ihm zu, beide zu tragen. Eine schlaffe Umarmung macht den anderen ärgerlich, weil er kein gleichwertiges Gegenüber spürt. Ist die Umarmung zu hart, kann keine Wärme entstehen. Ist die Umarmung dagegen weich, fließend, einander tragend und haltend im Wechselspiel, ist sie zärtlich und wohlwollend führend und folgend, dann erlebt das Paar einen gemeinsamen Raum, in dem sich beide wohlfühlen. So gelingt das Miteinander-Gehen, das wir auf alle anderen Bereiche der Paarbeziehung und auf das richtige Leben übertragen können. Diese entstehende Bewusstheit verbindet, berührt, erotisiert und ist heilsam[3]. Es lohnt sich also, die Tanztechnik im Tango zu erlernen, denn sie vermittelt Verhaltensweisen im Kontext der Tanzberührung, von der wir als Paar auch in der sexuell-erotischen Begegnung profitieren können. Darin begründet sich auch die Faszination für das Tangotanzen: In den Tanzveranstaltungen, den sogenannten *Milongas*, herrscht Partnertausch nach alter Tradition. Man muss nicht, aber man kann in den *Cortinas* für die nächste Tanzrunde einen neuen Partner finden.

Diese immer wieder neue Paarformation fordert Eigenreflexion und Eigenverantwortung für die Art und Weise, wie ich meinen Partner berühre. Kein anderer Tanz bietet diese Möglichkeit, sich in der Fähigkeit zu üben, andere Menschen empathisch zu berühren.

Glück zu zweit: Paar-Wellness

In einigen Hotelprospekten wird neben dem Fitnessraum, Schwimmbad, Massagen auch Paar-Wellness angeboten. Was ist darunter zu verstehen? Nach unserer Erfahrung suchen Paare in unserer Zeit oft nach einer Möglichkeit, ihre Sinnlichkeit zu beleben, auch körperlich sich nahe zu sein, sich selbst und den anderen zu spüren – ohne dabei immer gleich an Sex zu denken.

Optimales Wohlbefinden im Angebot

Was sie aber in vielen entsprechenden Hotels erwartet, ist de facto enttäuschend: Ein Herzl-Kissen auf dem Bett, zwei Gläschen Sekt aufs Zimmer und vielleicht eine speziell große Badewanne mit einigen Rosenblättern ins Wasser gestreut. Ansonsten alles Standard.

Das ist aber nicht das, was ein anspruchsvolles Hotel oder Spa unter Paar-Wellness verstehen sollte und auch realisieren kann. Denn eigentlich sprechen wir hier von einem hohen Ziel und Anspruch. Beide Partner suchen optimales Wohlbefinden, jeder für sich und im Zusammensein. Und dafür braucht es etwas mehr. Schon das Gesamtambiente spielt eine große Rolle.

Noah hat Maria zu ihrem Geburtstag ein Paar-Wellness-Wochenende geschenkt. Dafür hat er sehr viele Stunden gebraucht, um ein wirklich sinnvolles Angebot zu finden.

Als er mit Maria die schmale Straße hinauf auf den Berg fährt und sich das Bergpanorama ausbreitet, in dem die Abendsonne durch die Baumwipfel blinzelt, ist er beruhigt. Seine Erwartung an eine anregende Landschaft hat sich erfüllt. Das alte traditionelle Haus liegt mitten in einem großzügigen Park, der mit viel Liebe angelegt ist. Einzelne Sitzmöglichkeiten mit stilvollen Blumenarrangements laden zum Verweilen ein. Die Koffer werden vom freundlichen Personal auf ein großzügiges Zimmer mit Blick ins Tal gebracht. Die Einrichtung des Zimmers und des ganzen Hauses vermittelt Harmonie. Im Spa-Bereich wärmt das Ambiente durch Holz und ausgewählte Dekorationen. Hier sind keine Schilder, die darum bitten »Liegen nicht mit Handtücher belegen« oder »Nach 22.00 Uhr ist die Benutzung des Schwimmbeckens untersagt«. Hier gibt es eine große Zahl von Ruheräumen mit vielen farbigen Kuschelkissen. Auch um den Pool herum stehen große Liegen mit vielen schönen Kissen. Die ganze Nacht brennt das Kaminfeuer. »Das ist aber schön hier«, Maria strahlt. »Ja, der Besitzer hat wohl ziemlich lange herumgetüftelt, um so einen Ort zu schaffen, der die – meist unbewussten – Erwartungen von Paaren erfüllen kann. Ich bin gespannt, ob wir unsere Erwartungen auf dieser Entdeckungsreise kennenlernen.« »Kennenlernen?« Maria macht ein lustiges Gesicht und sagt: »Erfüllen, auf jeden Fall!« Zunächst gehen sie in eine milde Sauna, die mit frischen Tannenzweigen ausgelegt ist. Später entdecken sie einen Wärmeraum, in dem noch der Duft des dort täglich frisch gebackenen Brotes in der Luft hängt. Am Nachmittag besuchen sie das Rasul. Dort stehen in kleinen Schalen speziell zubereitete Peelings. Maria und Noah reiben sich gegenseitig damit ein und beginnen, dieses mehr und mehr entstehende Gefühl der freudigen Gemeinsamkeit zu genießen. Nach einem speziellen Abendessen sitzen sie noch mit einem Glas Rotwein vor dem Kamin. Bevor sie in ihr Zimmer gehen, laufen sie in eine Decke eingehüllt durch die milde Nacht und bestaunen den Sternenhimmel. Nach dem Frühstück erleben sie, beide nebeneinander im heißen Sand liegend, wie eine künstlich hergestellte Wüstennacht in einen sonnengleißenden Tag übergeht. Maria und Noah finden Ruhe und Zeit, in der sie miteinander reden, schweigen, zufrieden auf gemütlichen Liegen schlummern und entspannen. Am frühen Abend erleben sie den Höhepunkt ihres Paar-Wellness-Wochenendes: Sie nutzen eine einzigartige Erfindung. In einem einladenden Vorbereitungsraum legen sie sich nebeneinander auf angewärmte Zirbelspäne, die wunderbar duften und ein wohlig kitzelndes Gefühl auf der Haut hinterlassen. Danach werden sie im nächsten Raum zu einer breiten Liege geführt, auf der ein ganz weicher, sich sinnlich anfühlender weißer Schlamm ausgebreitet ist. Die Assistentin, die sie bislang begleitet hat, verabschiedet sich. Maria und Noah beginnen mit dem Schlamm zu spielen, ihn zwischen den Händen zu reiben und auf ihre Körper zu streichen. Sie drehen und wenden sich miteinander, bis ihre Körper völlig umhüllt sind. Ein vergnügliches und auch erotisches Spiel beginnt, bis schließlich die beiden Liegenhälften wie eine Art Muschel sich über ihnen andeutungsweise schließen. Es ist ein atemberaubender Moment für Maria und Noah. Nach all diesen Stunden der liebevollen körperlichen und seelischen Zuwendung spüren sie das Glück, ganz nah zusammen zu sein und zu wissen, dass sie die Hürden der angespannten Lebensphase hinter sich gelassen haben. Ein heißer Dampf mischt sich in ihre Innigkeit, und ein warmer Tropenregen rauscht auf ihre Haut.

»Was für eine Sinnesbelebung, Maria, was ist das gut!« Maria lacht. Beim Abendessen stecken sie die Köpfe zusammen und können unter den Gästen mühelos erkennen, welches Paar diese wundersame Erfindung mit dem Namen »Salve-in-Terra« an diesem Nachmittag erlebt hat.

Gemeinsam empfundenes körperliches Wohlgefühl, eben *Wellness*, kann eine Basis und Ursprung wiedererwachenden erotischen Begehrens sein. Und so wird in einem überhöhten Sinn das Bedürfnis nach Wohlfühlen erfüllt. Bei einer Befragung, warum Wellness-Einrichtungen aufgesucht werden, wurde der Wunsch nach Wohlfühlen und nach Schmerzlinderung am häufigsten genannt[4]. Und vielleicht ist hier insgeheim auch der seelische Schmerz gemeint, der so viele Paare chronisch belastet.

Mut zum Hautkontakt. Lust auf Berührung: »Fass mich an!« »Streichel mich!«

Maria sagt nach dem Wellness-Wochenende zu Noah: »Ich sehne mich sehr danach, von dir berührt, umarmt, geküsst und auch erotisiert zu werden.« »Ja, das ist doch schön, Maria«. »Mmmh, ja das ist schön, aber…«. »Was aber«, fragt Noah. »Ich finde, wir haben doch jetzt schon einiges erlebt: die Massagen, die Kuschelparty, unsere Sinn-Abende und jetzt das Wellness-Wochenende. Ich würde mir wünschen, dass wir uns auf den Weg machen, um noch mehr zu erleben.« »Was meinst du genau?« Maria berührt Noah am Arm und schaut ihn an: »Ich meine Sex und Erotik. Ich hätte Lust darauf. Vielleicht mal so eine erotische Massage von jemandem, der das kann und auch seriös ist.« Noah sieht sie überrascht an. Zugleich fühlt er selbst eine gewisse

Neugier, die Idee von Maria zu verfolgen. Einige Wochen später sagt er zu Maria: »Erotische Massagen für Frauen gibt es so gut wie keine. Aber für Männer gibt es ganz, ganz viele Angebote.« »Ach«, Maria klingt etwas enttäuscht und fragt: »Und jetzt? Gehst du erst mal allein und erzählst mir dann alles?«

Die erotische Massage

In der erotischen Massage wird die Absicht verfolgt, durch sanfte sinnliche Berührungen ein erotisches Gefühl auszulösen. Die hohe Kunst besteht darin, in die Sehnsucht des Mannes hinein zu massieren, mit anderen Worten, durch eine allmähliche Konzentration der erotischen Gefühle ein Begehren zu erzeugen, das einen Orgasmus als Höhepunkt anstrebt. Dabei ist die Kreation einer Massage jedes Mal eine neue. Denn eine Massage lässt sich nicht genau wiederholen. Das Erleben hängt immer vom Zusammenspiel zwischen dem Empfänger und der Geberin ab und ist immer eine personenbezogene Massage. Zu dem, was Noah dort erleben würde, haben wir eine erfahrene Erotikmasseurin befragt:

Sabine, warum hast du dich für erotische Massagen interessiert und wie alt warst du, als du damit begonnen hast?
Ich war 28 Jahre alt, verdiente in meiner freiberuflichen künstlerischen Tätigkeit nicht genügend Geld und hatte immer schon ein Interesse an anderen Menschen, an ihren Körpern, an Massagen. Ich habe zunächst einen sechswöchigen Kurs in body work besucht und auch eine sehr präzise, sanfte Relaxmassage, also eine Kalifornische Massage, gelernt. Der Kurs wurde mit einer theoretischen und praktischen Prüfung abgeschlossen. Die Kursleiterin gefiel mir sehr gut. Sie fragte mich, ob ich in

ihrem privaten Massageinstitut als Erotikmasseurin arbeiten wolle. Das Ambiente war schön, geschmackvoll, einladend. Ich habe, weil ich Bedenken hatte, eine Freundin gefragt, ob sie da mitmachen würde. Sie fand die Idee irgendwie aufregend, ein wenig bizarr, aber auch attraktiv und prickelnd. Es wurde uns versichert, dass wir nicht nackt massieren müssten und dass über die Handentspannung hinausgehende sexuelle Aktivitäten von der Seite des Gastes oder der Masseurin ausgeschlossen seien.

Hattet ihr damals eine feste Beziehung? Was haben eure Freunde oder Partner dazu gesagt? Habt ihr sie ehrlich aufgeklärt?
Ja, wir haben das miteinander besprochen und haben uns bei einem Experten, der damals in Berlin der eigentliche Erfinder und Entwickler dieser Art von Massagen war, gemeinsam den konkreten Ablauf zeigen lassen. Unsere Partner waren einverstanden, unter der Voraussetzung, dass wir darüber hinaus nichts anbieten oder akzeptieren würden. Daran habe ich mich auch immer gehalten.

Wie läuft so eine Massage ab, und sind die Kunden ausschließlich Männer ?
Ja, hauptsächlich sind es Männer. Frauen haben sich selten zu uns verirrt. Sie gehen vermutlich eher in ein Tantrainstitut. Männer jeden Alters waren meistenteils Stammkunden. Das ist ein wichtiger Faktor, dadurch habe ich mich in diesem »Job« auch wohl und entspannt gefühlt. Der Ablauf war so: Nach dem Auftragen des warmen Öls, das für viele Männer ein sehr sensibilisierendes Erlebnis ist, massierst du gefühlvoll und mit der dir zur Verfügung stehenden psychischen Energie erst die Rückseite, dann die Vorderseite des Körpers. Wir hatten in

jedem Massageraum über der Massagebank eine Wärmelampe. Die wärmte nicht nur, sondern verbreitete auch ein angenehmes Licht. Denn auch leichtes Frösteln ist kontraproduktiv für das Entstehen erotischer Gefühle. Anders als bei einer normalen Wellness-Massage lässt du die eigentlichen Massagegriffe allmählich in ein sanftes Streicheln übergehen, das erst nur gelegentlich wie zufällig, später eindeutiger auch dem »heiligen« Sacralbereich und der Genitalregion gilt. Mit der Zeit lernst du, welcher Mann Lieblingsstellen, also seine erogenen Zonen, hat oder bestimmte Griffe liebt, die ihn besonders erregen. Manche können es auf dem Bauch liegend kaum aushalten und wollen sich bald umdrehen, andere genießen die Massage in ihrer vollen Länge und sind manchmal wie ein schnurrender Kater, der immer weitergestreichelt werden will.

Wollen alle Kunden zum Höhepunkt gebracht werden, und habt ihr dafür eine spezielle Technik benutzt?

Natürlich wollen die meisten in dieser Stunde – das ist die übliche Zeit – einen Orgasmus erleben. Aber wie du den Gast dahin führst, hängt ganz von deiner Fantasie, deinem Einfühlungsvermögen, deiner erotischen Erfahrung und der Verbindung ab, die du zum ihm aufbaust. Jeder Mann ist dabei auch ganz individuell: Die einen wollen beispielsweise schnell den Orgasmus erleben, um nicht zu sagen, hinter sich bringen, um sich dann anschließend noch lange und jetzt ganz entspannt massieren zu lassen. Andere möchten »es« möglichst lange hinauszögern oder brauchen einfach physiologisch länger. Junge und unerfahrene Männer nehmen, was du anbietest. Kenner oder Erfahrene sagen dann schon auch sehr direkt ihre ganz bestimmten Wünsche. Dementsprechend ist auch die »Grifftechnik« für die *Lingam-Massage* differenziert und wohl auch von Masseurin zu Masseurin recht verschieden. Wir haben darüber aber untereinander nur wenig gesprochen. Irgendwie ist das ja auch sehr intim. Wenn wir aber eine vierhändige Massage machen, dann haben wir uns schon abgesprochen, wer den »Abschluss« macht. Dabei konnte man sehen, welche Technik die Kollegin bevorzugt.

Muss man für so einen Doppel-Service nicht sehr gut aufeinander eingespielt sein?
Ja, natürlich. Wichtig ist dabei der Respekt und die klare Ansage, wer führt und wer folgt. Denn die Massage selbst muss möglichst synchron sein, damit der Empfänger sich seinem Gefühl hingeben kann und in der Entwicklung seiner Erregung nicht abgelenkt wird. Wenn jeder seins massiert, dann passt da nichts zusammen, und es entsteht eine unruhige und unerotische Atmosphäre. Manche Männer mögen allerdings für das »Sahnehäubchen« zum Schluss dann doch nur lieber mit einer von uns alleine sein.

Erzähl doch noch mal genauer, wie du und die Kunden sich verhalten, wenn es auf den angestrebten Höhepunkt zugeht. Wie ist denn das für dich?
Was mich immer wieder bewegt hat, sind diese Minuten des stillen gemeinsamen Ernstes. Ich kann das schlecht anders ausdrücken. Du spürst ja, ob der Mann »es« jetzt haben will und dann behältst du den bisherigen Rhythmus deiner Bewegung bei. Das ist dann ein verdichteter Moment. Ich bin dabei ganz aufmerksam und überlasse diesem Menschen seine Reise auf einen Höhepunkt, den er mit meiner Berührung erlebt und auskostet. Manchmal redet jemand ganz leise, wie »ja« oder »hör nicht auf«, oder stöhnt ein wenig. Manche berühren dich dann am Bein, schließen die Augen oder bekommen einen seltsam konzentrierten Ausdruck. Und klar, man merkt schon,

ob es bei der Bewegung bleiben soll oder schneller oder kräftiger. Man ist ja dann ganz dabei. Mir ging es jedenfalls so, ich war dann ganz dabei, auch wenn ich selbst kein eigenes Begehren spürte. Und dann, wenn es so weit ist, wenn »es« kommt, dann ist das auch ein wenig wie eine Befreiung. Das Gesicht des Mannes kann sich plötzlich verändern, irgendwie verbreitet sich Seligkeit, Frieden. Das ist ein Moment, als würde die Zeit stillstehen. Das beglückte mich und machte mich auf einer ganz speziellen Ebene auch zufrieden. Ich hatte ja mit diesem mir eigentlich fremden Menschen etwas ganz Intimes erlebt.

Was geschieht nach dem Höhepunkt?
Wir haben den Massagegast mit warmen feuchten Tüchern abgerieben, was die meisten als sehr angenehm und harmonisierend empfanden. Dann hatten sie noch etwas Zeit zum Nachruhen und Nachspüren. Mancher wollte allein sein, andere wollten ein wenig mit mir reden oder auch meine Hand streicheln.

Hattest du Probleme mit übergriffigem Verhalten ?
Das muß man differenziert sehen: Nicht jede Berührung ist gegen die Regel. Viele brauchen einfach etwas mehr körperlichen Kontakt zu der Masseurin, um sich ganz einlassen zu können. Wenn es aber unangenehm dicht wird oder der Mann dich an der Brust berühren will, musst du einfach ganz sanft, aber bestimmt seine Hand weglegen. Fast alle verstehen das. Es kann auch sein, dass ein Mann durch den Orgasmus emotional ganz weich wird, vielleicht auch weint. Auch dafür musst du Verständnis haben, vielleicht möchte er etwas erzählen. Ich bin auch schon einmal mit einem Gast etwas trinken oder essen gegangen, weil der Kontakt angenehm war. Da ist dann aber nichts Weiteres passiert.

Du machst jetzt keine solchen Massagen mehr. Warum nicht? Jedes Ding hat seine Zeit. Das ist eben kein Job wie im Büro oder an der Ladenkasse. Du erlebst viel menschliche Sehnsüchte, verkrampfte oder ganz fantasievolle Sexualität, du bist mit einem Menschen und nicht nur mit seinem Geschlecht in Kontakt. Der ganze Kontext der erotischen Massage, jedenfalls so wie wir sie gemacht haben, hieß ja, eine liebevolle Zuwendung zu geben. Sie verfolgte die Absicht, ein erotisches Gefühl zu entfachen, das im Orgasmus einen Höhepunkt findet. Diese gerichtete Präsenz kann man nicht ewig aufbringen. Alle meine früheren Kolleginnen haben irgendwann damit aufgehört. Sie haben Kinder bekommen, haben geheiratet, sind in eine andere Stadt gezogen oder haben sich beruflich weiterentwickelt. Dann passt dieser Job nicht mehr in den Lebensalltag und zu deinen Zukunftswünschen. Für mich aber war das eine kostbare Zeit. Ich habe viel gelernt und bin dankbar, dass ich einen sehr intimen Einblick in die männliche Sexualität bekommen habe. Manche haben mir sogar ihr Herz anvertraut und manchmal war da auch ein Gefühl von Glück, wenn ich am Glück des anderen teilhaben konnte. Irgendwie habe ich die Bedeutung und die heilsame Wirkung von Körperkontakt »hautnah« erleben dürfen, und dies hat auch für mich selbst und für mein weiteres Leben große Bedeutung gewonnen.

Maria und Noah entscheiden sich, zu einem sinnlich-erotischen Massagekurs zu gehen. Sie wollen lernen, wie sie ihre Berührungen über das »gewöhnliche« Anfassen hinaus bereichern können. Schon in der ersten Stunde sind sie überrascht, als sie, noch völlig angekleidet, lernen, sich gegenseitig zu streicheln. Bisher hatten sie das immer gleichzeitig gemacht, wenn sie miteinander Sex haben wollten. Diesmal kommt erst der eine, dann der andere dran.

Sarah, die den Kurs leitet, erklärt, dass durch diese Achtsamkeit der andere spürbarer wird. Und der, der die Zärtlichkeit empfängt, wird nicht durch seine eigenen Aktivitäten abgelenkt. Nach und nach kommen sich Maria und Noah mit diesem Erleben näher. Dann zeigt Sarah, was alles zu einer sinnlich-erotischen Massage gehört: Zeit und Raum, warmes Öl, schöne Musik, einige Kerzen. Maria und Noah lernen, sich Zeit füreinander zu gönnen und sich mit allen Sinnen dem Körper des anderen erotisch zuzuwenden: den Körper zu streicheln, zu massieren, zu liebkosen und dabei zu entdecken, was dem anderen gefällt und wie sein sexuelles Begehren sich weiter entwickeln und steigern lässt.

Tantrische Lebens- und Liebeskultur

Tantra – schon das Wort aus dem Sanskrit ist geheimnisvoll für Menschen im Westen. Es bedeutet im Indischen so etwas wie Kontinuum, Zusammenhang. Manche meinen, dahinter einen phallischen Kult zu sehen, und erinnern sich an einige für uns absonderliche Kunstwerke im südostasiatischen Raum. Andere sehen darin eher eine uralte indische Philosophie, und wiederum andere wollen mit solchem »Schmuddelkram« nichts zu tun haben. Die einen denken an die hoch-erotischen Szenen an den Tempeln von Kajuraho, die anderen an Kontaktanzeigen von vorgeblichen Tantra-Studios.

Ohne an dieser Stelle in die Tiefe gehen zu können, sei vorausgeschickt, dass wir ohne eine Aufgeschlossenheit für indisch-religiöse Vorstellungen und eine Offenheit für die Kostbarkeit sexueller Energie das Wesen der tantrischen Lebenseinstellung kaum verstehen können.

Shiva und Shakti

Das sind die Gottheiten, die hinter jedem tantrischen Ritual stehen. In den alten indischen Zeiten gab es die verschiedensten tantrischen Bewegungen. Allen war gemeinsam, dass sie die sexuelle Energie als universal und göttlich verehrten. Diese mittelalterlichen Yogi-Zirkel hatten ihre eigenen Riten und geheimen Schriften und praktizierten in der rituell begangenen sexuellen Vereinigung eine urtümliche Magie. Grundidee war immer, dass die erotische Ekstase ein Zugang zum Göttlichen ist[5].

Das ganze Universum ist quasi eine Ausdehnung unseres eigenen Körpers durch unser Bewusstsein. Das Bewusstsein (Shiva) wiederum wird abgeteilt von der schöpferischen Energie, die sich in der Shakti »verkörpert«.

Für die alten Tantriker war der männliche Same, der in der Shakti ruht, die eigentliche Substanz göttlicher Energie. Dieser Same, *das Weiße,* sollte zurückgehalten werden; nur dann kann er sich nach innen wenden und sich in die strahlende Kraft *Kundalini* verwandeln, die bis ins Gehirn aufsteigt. Deshalb wird der Orgasmus des Mannes lange hinausgezögert, um eben die sexuellen und nervlichen Energien zu optimieren[6].

Werfen wir einen kurzen Blick auf die Lehre von den Chakren, also den Energiezentren des Körpers. Durch die Wirbelsäule läuft ein zentraler Nervenkanal, der Sushumna. Im untersten Chakra – etwa in der Genitalregion lokalisiert – befindet sich unsere Energie oder Potenz, die weiblich aufgefasst wird. Sie wird als die *Kundalini-Schlange* symbolisiert, die bei unseren normalen Tätigkeiten und Gedanken schläft, aber bei sexueller Erregung und Leidenschaft bis in die hohen Anteile des Sushumna, z. B. in das oberste Chakra, aufsteigt. Durch körperliche Übungen (bestimmte Positionen, Muskelkontraktionen im Beckenbereich oder Atemübungen), aber auch durch Meditation kann der Yogi diese Kundalini-Energie aktivieren[7]. Dies ist die Welt des Vajrayana, des sexuellen Yoga.

Im späteren nordöstlichen Indien entwickelte sich die Vorstellung, dass die ganze Welt aus dem Körper der Großen Göttin Shakti besteht. Ihr Schoß enthält den Samen der männlichen Gottheit, der aber für sich genommen unschöpferisch, tot ist. Der Weg zur Erkenntnis der Göttin führt durch Philosophie und Erotik gleichermaßen. Die Analytische Psychologie von C. G. Jung hat durchaus Berührungsflächen mit diesen altindischen Vorstellungen[8].

Die Shakti sitzt in vielen Darstellungen rittlings auf dem Shiva, seinen Lingam in ihrer Yoni bergend. In der *höchsten Wonne* ihrer Erregung verkörpert sie den Akt der Schöpfung. Wir selber sind als Shakti das große Universum, verkörpern also in uns die Urenergie, die der Grund von allem Seienden ist.

Neo-Tantra für den Westen

Im von Osho[9] begründeten Neo-Tantra wird von diesen alten philosophischen Vorstellungen Abstand genommen zugunsten einer Befreiung unserer spirituellen *und* sexuellen Energie. Es sollte etwas im Westen Praktikables geschaffen werden. Wesentlich geht es bei dem heutigen Tantra-Ritual oder der Tantra-Massage[10], falls es sich nicht um rein kommerzielle Angebote handelt, darum, unsere Identifikation mit unserem natürlichen Ego zu lockern. Wir begeben uns, begleitet von verschiedenen Eingangsritualen, auf den Weg einer Einheit der am Ritual beteiligten zwei Menschen. Die Tantra-erfahrene Shakti wird dem Mann oder der Frau, die zu ihr gekommen sind, mit größter Offenheit und Liebe begegnen. Beide Partner sind unbekleidet. Im Allgemeinen finden das Ritual und die Massage auf einem Futon statt. Der Schüler des Neo-Tantra muss nun ohne den »erleuchteten Meister« auskommen. Doch wird auch hier versucht, sich aus der Dualität wenigstens für einige Stunden zu befreien. Osho wollte unsere sexuellen und spirituellen Kräfte nicht nur befreien, sondern vor allem auch wiedervereinigen. Meditation und Sexualität waren sein Leitbild. Das Erlebnis einer westlichen Tantra-Massage wird umso tiefgehender sein, je mehr wir selber spirituell entwickelt sind. Tantra ist immer Geben und Nehmen. Ist Sich-fallen-Lassen, in Haut-Kontakt-Sein und möglichst intentionslos den Augenblick genießen, der zur Ewigkeit werden könnte. Im Gegensatz zur Erotik-Massage, in der bewusst mit Illusion und Projektion gearbeitet wird, zielt die Tantra-Massage primär daraufhin, den Jetzt-Zustand des Körpers intensiv erleben zu lassen. Manche Menschen kommen dabei in einen Zustand, in dem sie sagen: So soll es jetzt immer bleiben, zum ersten Mal bin ich ganz bei mir und gleichzeitig aber auch bei meiner Shakti. Dabei spielt das gemeinsame Atmen eine wichtige Rolle. Frauen können von einem tantrischen Partner oder einer Partnerin sehr kunstvoll sexuell stimuliert werden. Aber diese Berührungsreise muss, auch wenn sie sexuelle Energie freisetzt, nicht unbedingt zum Orgasmus führen. Es gibt Männer wie Frauen, die diese Form der körperlich-seelischen Entspannung und des »Reset« im Gehirn nicht benötigen. Sie möchten lieber in dieser Woge der Lust möglichst lange und wiederholt bleiben.

Entscheidend ist die Belebung aller Sinne, deshalb wird auch mit Seidentüchern, Duftwasser, Aromen und anderen Anregungen gearbeitet. Tantra kann ein Tor zur Gegenwart sein, und das gilt auch für die im Tantra oft erlebte Befreiung der Frau, die ihre sexuellen Potenziale entdeckt.

Maria erzählt in einem Treffen einer Freundin, dass sie mit Noah zu einer erotischen Massage gehen möchte, aber es keine verheißungsvollen Adressen für Paare gäbe. »Geht lieber in ein Tantrainstitut. Da seid ihr als Paar besser aufgehoben«, sagt ihre Freundin und berichtet, dass sie viele Jahre als Tantrikerin in einem Institut gearbeitet hat. »Es gibt solche und solche Institute. In Berlin oder München werden nicht nur Tantramassagen angeboten, sondern auch entsprechende Seminare und Ausbildungen zur Tantramasseurin oder Tantramasseur. Diese Ausbildungen gehen über mehrere Jahre.« Am Abend erzählt Maria Noah von den Neuigkeiten, und sie beschließen, diese neuen erotischen und sexuellen Erfahrungen erst einmal gemeinsam in einer Tantramassage zu erfahren. Sie besuchen ein Institut, das ihnen ihre Freundin empfohlen hat. Dort kommen sie in eine wunderschöne, sehr großzügige Wohnung mit vielen Bildern und Statuen indischer Gottheiten in enger Umarmung. Sie wissen inzwischen, dass es sich dabei um Shiva und Shakti handelt. Sie werden sehr freundlich von Mona und Anja empfangen. Beide strahlen eine große Ruhe und Kompetenz aus und verbreiten in kürzester Zeit eine herzliche Atmosphäre. Maria und Noah fühlen sich wohl und können den Vorschlag, dass sie sich nicht zusammen in einem Raum massieren lassen sollen, weil dies jeden von ihnen zu viel ablenken wird, annehmen. Dann darf Maria als erste wählen, von wem sie massiert werden möchte, dafür stehen die beiden zur Verfügung, und auch Marcel, der in diesem Moment dazu kommt. Auch er strahlt eine große Empathie aus. Doch Maria ist sich sicher und möchte zu Mona. Noah überlegt eine Weile, ob er es einmal wagen sollte, sich von einem Mann berühren zu lassen, doch dann entscheidet er sich für Anja. Sie werden in ein Badezimmer geführt. Dort können sie noch gemeinsam duschen. Danach werden sie in zwei verschiedene Räume gebracht. Die Einrichtung ist warm und ein-

ladend, in der Mitte des Raumes liegt ein großer Futon. Dann beginnt für jeden seine Reise, an deren Ende sie wieder in einem etwas kleineren, warmen Ruheraum zusammengeführt werden. Dort liegt ein breiter Futon auf dem Boden, Tee und Obst stehen bereit. Maria ist in ein dünnes Seidentuch eingehüllt, ihre Haare fallen ihr leicht ins Gesicht, auf der Haut glänzt noch etwas Öl, ihr Ausdruck scheint wie verwandelt, noch ist sie fast etwas entrückt. Sie geht zu Noah, der schon auf dem Futon liegt. Er spürt ihre Wärme, und erst nach einiger Zeit fragt er sie: »Was hast du erlebt?« Sie dreht sich zu ihm, schaut ihn an: »Vielleicht das Gleiche wie du?«, und macht eine kleine Pause. Dann erzählt sie, wie Mona, ihre Shakti, ihr ein dünnes Seidentuch umgelegt hat, ein ähnliches, wie Mona es trug und sie dann vor dem Futon stehend ein kleines Ritual gefeiert haben. Das wurde mit einer gegenseitigen kleinen Verneigung beendet: die Hände vor der Brust falten und »Namaste« sagen. Namaste bedeutet, dass ich im anderen den schöpferischen Geist, eigentlich das Göttliche ehre. »Dann«, erzählt Maria, »habe ich mich auf den Futon gelegt, Mona war mir bei allem behiflich. Ich legte mich auf den Bauch und habe ihre warme Hand auf meinem Rücken gespürt. Nach einer Weile hat sie das Seidentuch ganz langsam abgezogen, und dann spürte ich eine Luftbewegung, das war sehr erotisierend, ich hatte Gänsehaut. Dann habe ich auch Monas nackten Körper auf meiner Haut gespürt, wir haben zusammen geatmet. Das war unglaublich. Ich glaube, in diesem Moment habe ich alle Bedenken, die ich noch hatte, abgelegt. Ich fühlte Federn oder Seidentücher, die über meinen ganzen Körper streiften, und ich bin immer weiter abgetaucht, durch all diese wunderbaren und auch völlig ungekannten Berührungen.

Irgendwann, da lag ich schon auf dem Rücken und Mona kniete zwischen meinen Beinen, dachte ich, aber nur ganz kurz, wie es jetzt wohl weitergehen würde. Sie berührte mich überall, an den Brüsten, an meinem Bauch und je näher sie meinem Geschlecht kam, umso mehr spürte ich diese Woge. Ich kann das gar nicht erklären. Das war so ein freies Gefühl, so ohne Druck, ohne den Gedanken, ich muss wohin, oder ich muss was machen. Und dann war Mona wieder ganz nah an meinem Kopf, und irgendwann wusste ich, dass sie die Welle meiner Lust ganz leicht mit ihren Händen überall hinziehen konnte. Und dann, dann berührte sie mich auf und in meiner Yoni, so heißt nämlich mein Geschlecht. Das ist doch ein hübscher Name. Jedenfalls, Noah, das war ein unvergessliches Erlebnis, und ich bin so überrascht, was ich alles fühlen kann.« Noah stellt fest, dass manches der Erzählung auch für sein Erlebnis zutrifft, obwohl seine Shakti Anja wohl eher ein lustiger Typ ist, die gerne auch zwischendurch mal lacht oder etwas fragt. Er fragt Maria, was Mona denn genau mit ihr gemacht hat. Doch Maria schweigt. Auch er will Maria nicht erzählen, wie denn die Lingam-Massage im Detail ablief. »Wir werden es uns zeigen, Noah, ich dir und du mir.« »Ja, das ist wunderbar.« Noah freut sich, denn er hat mit Anja gelernt, wie er seine Energie für sich behalten kann. Er hat mit Anja zweimal kurz vor seinem Orgasmus zusammen so geatmet, dass der Samenerguss nicht kam. Später hat Anja ihm erzählt, dass man das den Big Draw nennt, eine spezielle Übung der tantrischen Yogis.

Wir sind fast am Ende unserer Berührungsreise angekommen. Sie haben uns dabei von den ersten Schritten an begleitet und erfahren, dass es einer gewissen Offenheit bedarf, um verstehen und mitfühlen zu können, was Maria und Noah auf ihrer eigenen Lebens- und Berührungsreise erlebt haben. Dass sie zu den geschilderten Erlebnissen und inneren Wandlungen befähigt sind, hat eine wichtige Voraussetzung: Sie haben gelernt, sich selbst zu lieben so wie sie sind, ihren Körper und ihren Leib zu bejahen und sich auch als erotisch-sexuelle Wesen wahrnehmen zu wollen und zu können.

Mit Berührung, so wie wir sie verstehen und versucht haben, sie Ihnen nahe zu bringen, können wir für uns und für andere heilsame Wirkungen auslösen. Dies gilt auch für unser erotisch-sexuelles Leben, das einmal mehr und einmal weniger verspürte Basis unseres Gesamtkörpergefühls ist. So sind wir geschützt vor krankmachenden Störungen unseres individuellen Körpergefühls – einer Harmonie von Innen und Außen – und vor einer negativen Bewertung unserer seelisch-körperlichen Existenz.

Berührung in unterschiedlichen Kulturen und Religionen – Heute und in der Vergangenheit

Mag Genuss auch lang verweilen,
schließlich geht er doch von hinnen,
lässt du ihn freiwillig fahren,
wirst du dabei nicht gewinnen?

Sanskritpoesie; Bhartrihari

Berührung als Etikette der Kulturen

Sie haben auf unserer Berührungsreise schon sehr viel über Berührungen erfahren. Und da Berührung so wichtig ist und so vieles an Emotionen und Reaktionen auslösen kann, ist klar, dass es in den verschiedenen Kulturen Gewohnheiten und Regeln gab und gibt, die besagen, wer wen wann in welcher Absicht und wie berühren darf. Das Wort *übergriffig* drückt ja sehr deutlich aus, worum es dabei – etwas simpel ausgedrückt – häufig geht: Ich darf nicht beliebig nach einem Körperteil eines anderen Menschen greifen. Aber ob eine Berührung als erotisch vom Individuum und potenziellen Beobachtern interpretiert wird, ist von aktuellen sozialen Definitionen abhängig[1].

Dies gilt besonders in kulturell berührungsarmen oder gar berührungsfeindlichen Zeiten, in denen die Einsamkeit so vieler Menschen ein zunehmendes psychosoziales Problem darstellt, das wiederum auch einen Zusammenhang mit der Allgegenwart des Smartphones haben könnte[2]. Wenn ich in einem

Konzert sitze und ganz ergriffen von dem Spiel eines Virtuosen bin, kann ich zwar laut Bravo rufen, aber ich würde Unannehmlichkeiten bekommen, wenn ich meinem Nachbarn spontan meine Hand auf seine legen würde, um meine Begeisterung mit ihm zu teilen. Im Kontrast dazu eine andere Szene: Etwas Schreckliches ist in der Öffentlichkeit geschehen, ein Mordanschlag mit vielen Toten zum Beispiel in einer Schule; untereinander fremde Menschen stehen schweigend und tief erschüttert dabei, umarmen sich, legen einander die Hand auf die Schulter. Oder: ein kleines Mädchen läuft weinend auf der Straße umher; es hat im Gewühl seine Mutter verloren oder sie hat es schlicht vergessen. Wir werden die Kleine vielleicht auf den Arm nehmen, trösten und mit ihr nach der Mutter suchen. Aber: Ein Lehrer in der Schule trifft in der Pause auf ein siebenjähriges weinendes Kind; es ist von anderen Mitschülern massiv gehänselt worden, weil es eine körperliche Behinderung hat. Der Lehrer wird sich in unseren Zeiten sehr vorsehen müssen, seinem spontanen Gefühl zu folgen und dem kleinen Mädchen auch nur tröstend die Hand auf den Kopf zu legen.

»Do not touch!«, war früher die Parole in amerikanischen Schulen und Krankenhäusern. Heute heißt es aufgrund von vielen Initiativen der Pflege insbesondere in Pflegeheimen und Hospizen: »Do touch!«

Nicht nur das Verhältnis zur Berührung, sondern auch zum Körper überhaupt hat sich in unserem Kulturkreis über die Jahrhunderte gewandelt. Berührung und Nacktheit war in den großen öffentlichen Bädern der Antike wie auch des Mittelalters, wo teilweise Männer und Frauen gemeinsam ihr Vergnügen suchten, normal und nicht sanktioniert. Ein durch den Apostel Paulus geprägtes berührungsfeindliches Christentum räumte damit gründlich auf. Sexualität wurde zudem nur – angeblich auf göttliches Gebot – zum Zwecke der Fortpflanzung akzeptiert. In der Antike wurde die körperliche Liebe zwischen Frauen und Männern als eine menschliche Grundbefindlichkeit angesehen und musste sich nicht verstecken. Auch Hetären konnten ihr Gewerbe öffentlich betreiben. Im Mittelalter und bis in die neuere Zeit hinein wurde dagegen die zärtliche Berührung weitgehend aus der Öffentlichkeit verbannt, wogegen strafende Berührung, also all die qualvollen Torturen, denen Delinquenten unterworfen wurden, gerne in der Öffentlichkeit demonstriert wurde. Der Satan durchdrang wie eine Infektion, so glaubte man, den gesamten Körper eines Ketzers oder sonstigen Bösewichts und musste deshalb mit Feuer und Schwert ausgetrieben werden. Öffentliche Züchtigungen, also schmerzhafte Berührungen, spielen noch heute in manchen östlichen Ländern eine für uns westliche Menschen abstoßende Rolle.

Genau geregelt sind negative, schmerzhafte Berührungen in verschiedenen Sportarten, etwa beim Fußball oder bei verschiedenen Faustkämpfen.

Manche religiös oder auch politisch hochgestellte Persönlichkeiten – denken Sie etwa an Mahatma Gandhi – haben eine Aura von *Unberührbarkeit* um sich. Gleichzeitig aber ist ihre Heiligkeit und ihre Heilwirkung so stark, dass es genügt, den Saum ihres Gewandes zu berühren, um etwas von ihrer Wunderkraft auf uns selbst zu übertragen. Jesus muss wohl solch eine Kraft besessen haben[3]. Dies illustriert beispielsweise die biblische Geschichte von der Frau, die schon 12 Jahre an unstillbaren (Menstrual-) Blutungen litt. In der von allen Seiten sich drängelnden Menge berührt sie kurz und ängstlich von hinten das Gewand Jesu. (Mark. 5, 25–34) Augenblicklich »vertrocknete der Brunnen ihres Blutes«. Jesus fragt die Jünger, die nichts gesehen haben, wer ihn da angerührt habe, denn er fühlt an sich selbst »die Kraft, die von ihm ausgegangen war«. Daraufhin fällt die Frau zitternd vor ihm nieder und erzählt ihm von ihrem Schicksal und der plötzlichen Heilung. Worauf Jesus zu ihr sagt: »Deine Treue hat dich geheilt, gehe hin mit Frieden.« Um welche Kraft es sich hier handelt und an welche Art der Treue er hier appelliert, wird an anderer Stelle erörtert[4]. Der Glaube, der bekanntlich Berge versetzen kann, geht so weit, dass die heilsame Wunderkraft sogar nach dem Tode erhalten bleibt: Der Reliquienkult im Mittelalter legt dafür buntes Zeugnis ab.

Berührungsregeln innerhalb der Weltreligionen

Auf Ihrer Berührungsreise wollen wir Sie nachfolgend in das Berührungsleben einiger wichtiger Kulturen blicken lassen und uns fragen, welchen Einfluss der jeweilige Kulturkreis auf die Akzeptanz oder Ablehnung von Berührung, Erotik und Sexualität in verschiedenen Lebenskontexten hat.

Judentum

Das Thema Berührung spielt zumindest für jüdische Männer ab ihrem achten Lebenstag bereits eine sehr spezielle Rolle: Es ist der rituelle Tag der Beschneidung, und dies impliziert eine schmerzhafte Berührung mit dem Messer des Mohel. Der männliche Jude tritt damit in den Treuebund mit Gott ein. Der biblische Bedeutungshorizont der Beschneidung ist weit: Auch Jesus bezieht sich in einer Heilungsgeschichte auf die Liebe, deren Voraussetzung die Beschneidung der »Vorhaut des Herzens« ist, ein biblischer Ausdruck für Hartherzigkeit[3]. Er opfert also ein Stück seiner Haut, die doch, wie wir an vielen Beispielen gesehen haben, Basis unserer Identität ist, dem namenlosen Gott. Die Beschneidung ist in westeuropäischen Ländern nicht verbreitet. Sie hat aber in angelsächsischen Ländern, v. a. in den USA eine hohe Akzeptanz. Dies geht auf viktorianische Zeiten zurück, in denen die recht abstruse medizinische Meinung aufkam, man könne damit das »Onanie-Risiko« junger Männer reduzieren.

Sex und Erotik werden in der jüdischen Kultur als lustvoll und nicht verboten aufgefasst. Das *Hohelied Salomos*, einer der schönsten biblischen Texte, erzählt davon in berührenden Bildern. Sexuelle Enthaltsamkeit hat somit keinen großen Stellenwert im Judentum; dementsprechend ist ein Rabbi im Allgemeinen auch verheiratet. Die Berührung eines unreinen Menschen gilt als ungut. Unrein sind in einem strikt rituellen Sinn der Mann nach dem Samenerguss und die Frau über sieben Tage während ihrer Menstruation. Deshalb wird in diesem Zeitraum auch sexuelle Enthaltsamkeit geübt. Die Reinigung der Frau erfolgt nach sieben reinen Tagen im Tauchbad. Frauen und Männer begrüßen sich gegenseitig mit Handschlag. Nur in sehr orthodoxen Kreisen ist der Händedruck zwischen Mann und Frau unüblich, weil der Kontakt zwischen den Geschlechtern bis auf den zwischen Ehepaaren und Verwandten vermieden wird.

Christentum

Berührung in den verschiedensten Formen und Bedeutungen hat eine lange Geschichte im christlichen Kulturkreis. Dies betrifft nicht nur den normalen oder erotischen Körperkontakt, sondern auch viele rituelle Handlungen. Ein Urbild der Berührung in der jüdisch-christlichen Religion ist die Erschaffung der ersten Frau Eva, die durch die göttliche Berührung Adams entsteht. Adam wurde ja auch durch die ausgestreckte Hand Gottes erschaffen, wie wir es in Michelangelos berühmtem Gemälde in der Sixtinischen Kapelle in Rom nacherleben können.

Das Falten der Hände vor der Brust zum Gebet, also eine Form der Selbstberührung, hat sich erst in späteren Zeiten entwickelt und war wohl früher eine Geste der Verehrung und Demut vor einer höher gestellten Persönlichkeit, etwa dem Stammesältesten oder Lehnsherren. In buddhistischen Ländern wie z. B. in Thailand ist diese Geste für das Grüßen einer höher stehenden Person allgemein üblich. Die zusammengelegten Handballen werden dabei etwa an die Herzgegend gelegt.

Erotische Berührung, die der sexuellen Lust dient, galt lange Zeit im Christentum als unzüchtig und war somit abzulehnen. »Bereitwillig niederen fleischlichen Gedanken zu fröhnen, um sich an sich selbst zu ergötzen«, war eine Todsünde für verheiratete wie nicht verheiratete Paare gleichermaßen, wie es der berühmte Mystiker Jean Gerson im Detail und warnend vor den Höllenstrafen dargestellt hat[5]. Und es ist nicht so lange her, dass zehnjährige katholische Kinder in der Beichte dem Pfarrer sagen mussten, ob sie »unkeusch in Worten oder Werken« gewesen seien[6]. Auch Küsse oder Umarmungen oder gegenseitiges Streicheln galten als sündhaft, wenn es zum sinnlichen Vergnügen geschah. In der katholischen Orthodoxie gelten manche dieser Vorstellungen noch heute, obwohl sie von vielen praktizierenden Katholiken nicht mehr akzeptiert werden.

Im Gegensatz zu anderen Religionen, etwa dem Buddhismus, durfte im christlichen Abendland die Hand des Sterbenden gehalten und auch nach dem Tod berührt werden.

Islam

Wie sind nun die Regeln und Gebräuche in der dritten monotheistischen Religion, dem Islam? Hier ist vieles anders, als wir es in westlichen Ländern gewohnt sind. Dabei lassen sich viele Regeln auf die aus der Gnostik stammende Empfehlung zurückführen, ein Muslim solle »Zunge, Lenden und Hände« beherrschen. So dürfen muslimische Männer und Frauen nur Mitglieder der eigenen Familie berühren; eine Frau darf zärtlich und erotisch berührt werden, aber niemals in der Öffentlichkeit. Viele muslimische Frauen können durchaus überzeugend argumentieren, dass sie sich durch das Berührungsverbot geschützt und bestärkt in der Liebe zu ihrem Ehemann fühlen. Der Islam geht, so heißt es, in der Beziehung Mann-Frau einen realistischen Weg. Er schiebt der gegenseitigen Anziehungskraft einen Riegel vor, denn diese Anziehungskraft sei innerhalb der Gesellschaft ohne geregelte Bahnen schädlich (vgl. die Koran-Sure 17/32, die besagt, man solle grundsätzlich der Unzucht/dem Ehebruch nicht nahe kommen). Der Mann sei mehr visuell orientiert, die Frau reagiere mehr auf Berührungen – ein interessanter Aspekt, dem nachzugehen sich lohnen könnte[7]. Wie stark der Koran teilweise die Beziehung von Mann und Frau regelt, wird beispielsweise in der Sure 2/187[8] deutlich, die dem Mann erlaubt, auch in der Fastenzeit, also während des Ramadan, mit seiner Frau »Umgang zu pflegen«, aber nur in der Nacht. »Sie sind für euch, und ihr für sie wie eine Bekleidung«, heißt es dort sehr poetisch. Die islamischen Gebräuche können wir nur verstehen, wenn uns der hohe Stellenwert der Reinheit bewusst ist. Im Zustand der Unreinheit kann nicht gebetet werden. Es wird sorgsam unterschieden zwischen der kleinen und großen Unreinheit. Die erstere entsteht u. a. durch die Berührung mit Körperflüssigkeiten jeder Art oder das Berühren eines Leichnams oder einer Person des anderen Geschlechts. Sie muss durch eine im Detail festgelegte kleine Waschung beseitigt werden, während die große rituelle Verunreinigung durch den Sexualakt, Geburt oder Menstruation ausgelöst wird und zur Reinigung ein völliges Eintauchen in Wasser erfordert. Diese Reinheitsregeln zeigen manche Ähnlichkeit mit den entsprechenden jüdischen Vorschriften, wie sie in der Orthodoxie bis heute strikt beachtet werden.

Hinduismus

Indische Männer geben sich wie bei uns die Hand, aber eine Frau wird nicht mit Handschlag begrüßt. Dafür gibt es aber verschiedene Arten der Hände-Berührungen und rituelle Hand- und Körperpositionen, Mudra genannt. Sie symbolisieren so wie das meist nur leise oder gar nicht gesprochene *Namaste*, dass wir im anderen sein spirituelles Sein, das Göttliche verehrend begrüßen. Dabei spielt immer eine Rolle der gegenseitig zugesprochene Rang des anderen. Danach richtet sich die Tiefe der Verbeugung: höher oder tiefer. Man kann auch die Füße eines verehrungswürdigen Familienmitgliedes berühren, so wie im christlichen Bereich auch der Fußkuss einem hochgestellten Geistlichen wie etwa dem Papst Verehrung bezeugte. In Indien gilt die menstruierende Frau ebenfalls als unrein und sollte deshalb nicht berührt werden. In hinduistischen Ländern spielt die Vorstellung der Unreinheit, die auch das immer noch verbreitete Kastenwesen beherrscht, eine sehr große Rolle.

Buddhismus

Dem Buddhismus in seinen verschiedenen Formen, dem strengen *Kleinen Fahrzeug* (Hinayana) oder dem tantrischen, die Sexualität verehrenden *Großen Fahrzeug* (Mahayana bzw. Vajrayana) begegnen Menschen aus westlichen Ländern heutzutage auf vielen Reisen. Der Buddhismus ist eigentlich keine Religion, sondern eine Lebensphilosophie. Er unterscheidet sich in seiner Einstellung zur Berührung stark von anderen Kulturen. Berührung in einem sehr weit gefassten Sinn ist nämlich eine der zwölf Abhängigkeiten d. h. der Mensch-bezogenen Bedingungen. Die Gemeinsamkeit von Berühren und Berührtwerden, von Tastsinn und berührtem Gegenstand, spielt eine wesentliche Rolle, so wie auch ganz allgemein jedes Begehren, Geburt und Tod. Die Hände gelten prinzipiell als unrein, weshalb der Kopf eines anderen Menschen, d. h. der Ort des höchsten spirituellen Prinzips, nicht berührt werden sollte. Mönche genießen einen speziellen Verehrungsstatus und Schutz. Sie sollten ebenfalls nicht berührt werden. In den örtlichen Autobussen ist oft die letzte Sitzreihe für sie reserviert. Sie sollen auch keinen Kontakt zu Frauen haben. Für den gewöhnlichen Menschen aber gibt es keine Einschränkung der Sexualität, sie gilt als ein menschliches Grundbedürfnis. Dennoch ist nach buddhistischer Lehre eine Erlösung aus dem Kreislauf der Wiedergeburten nur durch den Verzicht auf alle irdischen Anhaftungen und Begierden möglich. Daraus resultiert die hohe Wertschätzung der Askese und der sexuellen Enthaltsamkeit im buddhistischen Mönchstum.

In einem buddhistischen Land wie beispielsweise in Thailand ist es einerseits unüblich, Zärtlichkeit in der Öffentlichkeit auszutauschen. Andererseits gehen auch 17-jährige Jungen ganz natürlich Hand-in-Hand miteinander spazieren, ohne dass dies Verwunderung oder soziale Kritik hervorrufen würde. Kinder werden, solange sie klein sind, von den Eltern und Verwandten unendlich oft geherzt, geküsst, am Körper getragen und natürlich auch gelaust. Dies hört schlagartig auf, wenn sie ins Schulalter kommen. Dann beginnt die Zeit der Uniformierung und des konsequenten Drills.

Es gibt also große Unterschiede in der Wertung von und dem Umgang mit Berührung und Sexualität in den einzelnen Kulturen, wobei wir uns ja vorstehend auf wenige Beispiele beschränkt haben. Die teilweise sehr detaillierten Berührungsregeln bei sogenannten Naturvölkern sind natürlich ebenfalls interessant, wie uns Anthropologen und ihre wissenschaftlichen Kontroversen gezeigt haben. Gerade dort, wo es z. B. noch Initiationsriten für heranwachsende Männer gibt, sind damit erhebliche Perspektivwechsel im Leben verbunden. Das hat mit der Bedeutung der Geschlechtsreife als einer neuen und oft mit erheblichen physischen Schmerzen beginnenden Lebensphase zu tun.

Wenn wir uns mit diesen unterschiedlichen sozialen Bedeutungen von Berührung beschäftigen, können wir das öffentliche und private Verhalten von Menschen aus anderen Kulturkreisen besser und nicht gleich wertend verstehen.

Rituelle Berührungen

Spezielle Formen der Berührung spielen auch heute noch eine große Rolle im geistlichen Bereich. Wir wollen uns im vorliegenden Kontext auf einige wenige Beispiele aus unserem christlichen Kulturkreis beschränken, da uns tiefergehende Kenntnisse über analoge Praktiken innerhalb anderer Religionen oder in spiritistisch-schamanistisch geprägten Gemeinschaften fehlen.

Dabei wird deutlich werden, dass es hier teilweise fließende Übergänge zu den in anderen Kapiteln dargestellten heilsamen Berührungen gibt. Es sollen hier nur die Praxis und Bedeutung der Salbung und des Handauflegens skizziert werden.

Die Salbung

Bekannt und oft falsch interpretiert ist die biblische Geschichte von der »Sünderin«, vermutlich einer Prostituierten, die Jesus Füße mit ihren Tränen wäscht, mit ihren Haaren trocknet und mit einem kostbaren Öl salbt. Diese Frau, der anschließend Jesus die Sünden vergibt («Deine Treue hat dir geholfen«, (Luk.7, 37–50) ist fälschlicherweise oft mit Maria aus Magdala gleich gesetzt worden. Die Fußsalbung ist ein Ausdruck höchster Verehrung und Hingabe, denn gesalbt wurden in früheren

Zeiten die christlichen Könige aus Anlass ihrer Krönung. Ihre Bedeutung lag in dem Zusprechen des Gottesgnadentums für den jeweiligen Herrscher. Bei der Salbung trug der künftige König ein spezielles Gewand mit Öffnungen, um neben dem Kopf auch die Brust, den Nacken und den rechten Arm bzw. die rechte Hand mit dem geweihten Öl berühren zu können. Auch heute wird dieser aus altorientalischen Zeiten stammende Ritus bei der Krönung der britischen Monarchen praktiziert. Im Jahr1953 wurde Königin Elisabeth II. auf diese Weise gesalbt.

In der jüdisch-christlichen Religion hat diese Praxis eine lange Tradition. Die jüdischen Priester und Propheten, später auch Könige, wurden mit duftendem Öl, das u. a. Weihrauch und Myrrhe enthielt, geheiligt. Messias bedeutet im Hebräischen »Der Gesalbte«, und somit ist auch Christus der Gesalbte Gottes[9]. Die Salbung spielt auch heute noch in der römisch-katholischen Kirche eine wichtige liturgische Rolle, denn sie ist Bestandteil verschiedener Sakramente; dazu gehören die Salbung bei der Priesterweihe und insbesondere auch die Krankensalbung. Dieses Sakrament wird Kranken und Sterbenden gespendet und hat deshalb auch längere Zeit den etwas irreführenden Namen *Letzte Ölung* erhalten. Dies ist nicht etwa eine magische Heilhandlung, sondern sie soll dem Kranken Stärkung und Trost im Glauben vermitteln. Dabei werden die Stirn und die Hände mit geweihtem Öl gesalbt und dann die Hände aufgelegt, während der Priester einen vorgegebenen Text spricht. In der evangelischen Kirche ist die Krankensalbung inzwischen in manchen Gemeinden auch wieder eingeführt worden, die entsprechend einer biblischen Quelle (Jak 5,14–15) in urchristlicher Zeit durch die Gemeindeältesten ausgeführt wurde. Ebenso werden vermehrt Salbungsgottesdienste gefeiert, die dem zunehmenden Wunsch der Mitfeiernden nach Berührung entgegenkommen.

Das Handauflegen

Handauflegen ist in allen Kulturen bekannt, sei es als Heilsame Berührung oder als segnende, spirituelle, magische Handlung. Vermutlich haben dies schon unsere Urahnen in ihren Felsenhöhlen praktiziert. In vielen Religionen ist jedenfalls das Auflegen der Hände z. B. auf den Kopf eine rituelle Handlung, die im Allgemeinen Segnung bedeutet, aber auch wie bei der katholischen Priesterweihe Übertragung von Vollmacht. Dieser Ritus findet sich schon in den frühen Schriften des Alten Testaments (1. Mose 48,13). Durch Handauflegen konnten auch begangene Sünden, die ein Opfer zur Versöhnung Gottes forderten, auf das Opfertier übertragen werden (3. Mose 4,22). Im Neuen Testament, so etwa im Lukas- oder Markus-Evangelium erfahren wir, wie Jesus heilte: Er legte den Kranken dazu die Hände auf. Aber auch für die Herbeirufung des Heiligen Geistes wurden die Hände auf den Empfänger gelegt. Zu verschiedenen kirchlichen Handlungen wie z. B. bei der Taufe, Firmung, Konfirmation, Trauung oder Ordination eines evangelischen Pfarrers gehört das Handauflegen. Gemeint ist dabei immer die Herbeirufung des Heiligen Geistes. Allerdings wird in verschiedenen evangelischen Gemeinden und Freikirchen die Handauflegung auch als Krankenheilung praktiziert und propagiert, was kritische theologische Kommentare herausgefordert hat.

Berührung und Körperkontakt im Europa des 18./19. Jahrhunderts

Werfen wir einmal einen kurzen Blick auf die Geschichte der Berührung in unserem eigenen Kulturkreis und denken z. B. an den Händedruck: Schlag ein, hieß es früher im Leben und auf der Theaterbühne, wenn eine Freundschaft oder auch eine Tatgemeinschaft unter Verschwörern besiegelt werden sollte. Ein Geschäftsabschluss wurde damit bekräftigt. Noch heute können wir mit z. B. chinesischen Geschäftsleuten lange handeln; wenn aber der Preis ausgehandelt und durch Handschlag bekräftigt ist, wird davon nicht mehr später abgewichen, denn dies wäre ehrenrührig. So ist es auch bei uns noch in eher ländlichen, dörflichen Gemeinschaften: Ein Händedruck gilt oft mehr als ein Stück Papier und eine Unterschrift. Gehen wir kurz in das Mittelalter. Damals war der Handschlag besonders wichtig, weil viele Menschen gar nicht lesen und schreiben konnten. Mit der Entwicklung des Buchdrucks und der Sehhilfen wurde jedoch das geschriebene Wort, also die visuelle Welt, immer wichtiger. Damen trugen Handschuhe, um nicht eine unbedeckte Männerhand oder auch profane Gegenstände berühren zu müssen. Die ehemalige Bedeutung der Bänkelsänger oder auch Minnesänger war im Schwinden, man las Bücher, man unterhielt sich gepflegt zumindest in der höheren Gesellschaft, aber man berührte sich nicht. Dennoch gab es, da der Mensch nun mal ein natürliches Berührungsbedürfnis besitzt, Möglichkeiten, wie sich die Geschlechter auch vor der Hochzeitsnacht körperlich näher kommen konnten, – und das war der Tanz, der sich im dörflichen wie im höfischen Bereich größter Beliebtheit erfreute.

Insgesamt aber war das Leben auch in der Familie im 18./19. Jahrhundert durch große Zurückhaltung gegenüber körperlicher Berührung charakterisiert; dies galt insbesondere auch für den Kontakt zwischen Eltern und Kindern. Hebamme, Kinderfrau und andere weibliche Angestellte im bürgerlichen Haushalt nahmen deshalb eine beherrschende Stellung in der Vermittlung von Körperkontakt ein. Allgemein herrschte die Ansicht, dass die Bezeugung von zu viel Zärtlichkeit einem Kind gegenüber seine Entwicklung zu einem *vernunftbegabten*

Wesen behindert. Vermutlich war aber diese Einstellung in verschiedenen europäischen Ländern unterschiedlich stark ausgeprägt.

Erotisch/sexuelle Berührung war noch im 19. Jahrhundert in Ländern wie Frankreich de facto Vergewaltigung, sei es im bürgerlichen oder im ländlichen Bereich. Sich dagegen zur Wehr zu setzen war für die Frau praktisch unmöglich[10].

Kinder waren bis zum achten Lebensjahr sozusagen geschlechtslose Wesen, danach rechnete man mit dem Auftritt der Vernunft. Ein intensives Verhältnis zwischen Mutter und Baby entwickelte sich eigentlich erst am Ende des 19. Jahrhunderts. Dabei war die Alltagsbeziehung zwischen Eltern und Kindern sehr unterschiedlich in der Stadt und auf dem Land. Im bürgerlichen Haus durften Kinder von ihren Müttern geherzt werden. Schmusen war angesagt. Auch wurde das *Du* dem Kind gegenüber üblicher, – früher duzte man nur seine Dienstboten. Allmählich nahm auch die private und öffentliche Akzeptanz der Prügelstrafe glücklicherweise ab. Geschlagen wurden Kinder aber weiterhin im Bauern- und Arbeitermilieu. Männlichkeit war fast gleichzusetzen mit körperlicher Gewalt.

Die komplexe Entwicklung der ehelichen und nicht-ehelichen Sexualität und Erotik in der zweiten Hälfte des 19. Jahrhunderts kann, obwohl außerordentlich interessant, hier nicht ausführlich beschrieben werden. Es war die Zeit, in der erst allmählich, dann aber geradezu explosiv sich die Sicht auf die weibliche Sexualität und Sinnlichkeit stark veränderte. Die männliche Fantasie galt über lange Zeit der »Frau, dem unbekannten Wesen«. Bilder der Idealisierung wie auch der Erniedrigung färbten die Vorstellung der Wollust. Weibliches Begehren öffentlich zu zeigen war tabuisiert; also musste die Frau die Rolle des Beutetiers spielen, das sich schließlich dem konvulsivischen Ansturm der männlichen, impulsiven, penetrierenden

Lust ergibt. Koitus und der schnelle männliche Orgasmus waren die Eckpunkte dieser gesellschaftlichen, künstlerischen und auch medizinischen Fantasien. Der Fortpflanzungsakt war, so meinte man, umso mehr von Erfolg gekrönt, je heftiger der Koitus war. Aber um die Zeitenwende wird dann der *Flirt*, das berührende Liebesspiel, zunehmend positiv bewertet und auch das Eheleben wird stärker erotisiert. Dabei konnte freilich der Mann sein Berührungspotenzial in verschiedenster Weise aktivieren: Beliebt und akzeptiert waren die erotischen Begegnungen mit den Dienstmädchen im Hause, die ja oft vom Lande kamen, ein eher unverkrampftes Verhältnis zur Sexualität hatten und die Attraktivität eines gut gebauten natürlichen Körpers in den bürgerlichen Haushalt brachten. Auch den heranwachsenden Söhnen wurden diese jungen Frauen gerne unter der Komplizenschaft der Mutter und Gattin anvertraut, um ihre ersten erotischen Geh- und Stehversuche zu machen. »Ménage à trois« (Haushalt zu dritt) nannte man diese spezielle Konstellation.

So war also das Verhältnis der Menschen in jener Zeit zu ihrem Körper und zum Körper der oder des anderen in vielfacher Weise von obsessiven Fantasien bestimmt, die auch die damalige Sexualmedizin zunächst beherrschten. Die Befreiung aus diesen schwülen, wollüstigen Bildern begann u.a. mit der Entdeckung und Propagierung des Volkssports und der dazu assoziierten Freikörperkultur. Man wollte endlich *natürlich* sein, geriet damit aber auch in Gefahr, gewissen politischen Strömungen der Zwanziger- und Dreißigerjahre ungewollt Hilfsdienste zu leisten, wo *Körperertüchtigung* auch bald als vormilitärische Stärkung interpretiert wurde. Es gab einen unbeabsichtigten Weg vom Turnvater Jahn zu »Kraft durch Freude«[11].

Und heute?

Der sich entwickelnde und bis heute anhaltende Körperkult hat viele Facetten. Das körperliche Erscheinungsbild spielt eine zunehmende Rolle, und seine Gestaltung nimmt auch bei Mann und Frau wachsende Zeit in Anspruch. Dazu gehören natürlich Fitness und Sportlichkeit. Der Körper selbst wird das Ziel der verschiedensten Aktivitäten, damit wir uns in unserer Haut wohlfühlen. Der Arbeitswelt wird die Freizeitwelt als gleichwertig gegenübergestellt. Nacktheit in der Öffentlichkeit ist nicht mehr anstößig, sondern attraktiv und sozial in vielen Formen akzeptiert. Das Alter wird damit zu einer uns alle bedrohenden Vorstellung. Mit diesem entfesselten und befreiten Körper ist aber nicht automatisch eine höhere Wertschätzung von gegenseitiger Berührung verbunden. Dies kam erst durch die Hippiebewegung – und andere in den weitgehend puritanischen USA sich entwickelnden Bewegungen zu uns und hat positive Wirkungen erbracht, die ihren Niederschlag auch im Inhalt des vorliegenden Buches gefunden haben.

Wir sollten aber niemals vergessen, dass es Situationen des erzwungenen engen, wenn auch nicht therapeutischen oder erotischen Körperkontakts in neueren Zeiten gab: nicht nur auf dem Lande, wo oft fremde Menschen, Mägde oder Knechte in einem Bett schliefen. Denken wir auch an die Soldaten in den Schützengräben der Weltkriege oder an die Menschen in den Luftschutzbunkern der Städte während der Bombenangriffe. Und auch in den Gaskammern der deutschen KZs starben unendlich viele Menschen in engem, nacktem Kontakt miteinander.

So hat die Berührung von Körper mit Körper immer und in allen Kulturen eine bedeutsame Rolle gespielt, ob freiwillig oder erzwungen, ob mit einem aus unserer heutigen Sicht überholten gedanklich/kulturellen Überbau oder in neuerer Zeit mit einem Gefühl für seine befreiende, lebendig machende Wirkung oder als erduldete Folge der Massengesellschaft und des Terrors. Und dennoch wird in unserer Kultur das Fühlen weniger angesprochen als das Sehen. Wir sind ganz wesentlich eine visuelle Kultur geworden, ertrinken schier in der täglichen Flut der Bilder, der Werbung, der ständig wechselnden, sich immer schneller bewegenden optischen Eindrücke, denen wir kaum noch ausweichen können und die von mächtigen Wirtschaftsmächten uns konstant ins Auge und Gehirn gepumpt werden. Auch unser Hörsinn ist ständig überstrapaziert, wir sind von Geräuschen jeder Art umgeben, die wir meist nicht selbst erzeugt haben – eine Geräuschkulisse, die wir teilweise gar nicht mehr bewusst wahrnehmen, die aber den ständigen Hintergrund unseres alltäglichen Lebens bildet und gegen die unser Gehirn in irgendeiner Weise sich immunisieren muss. Dies ist nicht *Sinnes-Belebung*, sondern ständige *Sinnes-Attacke*, die ein Nachdenken über unsere moderne Existenz verhindern soll. Wir können ihr nur in unseren vier Wänden im lebendigen körperlich-seelischen Miteinander oder vielleicht in einer Klosterzelle zeitweise entgehen, um unsere inneren Batterien aufzuladen und unsere Sinne wahrhaft wieder zu beleben.

Anhang

Anmerkungen

Vorwort

[1] Der Psychiater Manfred Spitzer (a.a.O.) diskutiert einen möglichen Zusammenhang zwischen Smartphone-Benutzung und dem Auftreten von Depressionen bei Kindern und Jugendlichen.

[2] Jaeger, I: Und Marx stand still in Darwin' s Garten. 2017, Ullstein Verlag, Berlin

Einführung

Der Satz von Saint-Exupéry steht im »Flug nach Arras« 1955

[1] Ackerman et al.,2010

[2] Crusco und Wetzel, 1984

[3] Gallace and Spence, 2010

[4] Field, 2010

[5] Hertenstein et al., 2006

[6] Masson and Beeck, 2018

[7] Montagu, 1971

[8] Guéguen, 2010

[9] Guéguen, 2007

[10] Bierhoff und Grau, 1999

[11] Gulledge et al., 2003

[12] Coan et al., 2006

[13] Holt-Lunstad et al., 2008

[14] Zivotofski and Haussdorff, 2007

[15] Goldstein et al., 2018

Berührung – unsere oft vergessene Lebenskraft

Die Überschrift: »Mama, wenn man kuschelt, repariert man sich gegenseitig« findet sich als Tweet von Jan@wortuose bei Twitter, 2014: Spruch seiner dreieinhalb jährigen Tochter.

[1] Winbeck, »Berührt das Leben beginnen«, Erfahrungsbericht, o. J.

[2] Lessiak, in Ekmekcioglu, 2016, S.77

[3] Painter, (1933–2010), studierte Philosophie, Psychologie und Literatur. Er war Professor für vergleichende Philosophie in Miami, USA. Langjährig beschäftige er sich mit Therapieforschung und enwickelte in den 60er-Jahren die Posturale Integration (»Posture«, engl. Haltung des Körpers und die Art sich zu halten bzw. zu verhalten. »Integration« (engl.) Vervollständigung, von integer, (lat.) »unversehrt«. In diesem Sinne bedeutet es die »Wiederherstellung unversehrten Haltens und Verhaltens«.) Posturale Integration ist eine besondere Art, den Körper zu berühren und berührt zu werden. Der Körper oder besser unser Leib formt sich durch unsere Gedanken, Emotionen, Einstellungen und positive wie negative körperliche Erfahrungen, die im Körpergedächtnis gespeichert sind und einhergehen mit muskulären Reaktionen und unserem individuellen Atemrhythmus. Jahrelange Gewohnheiten in Geistes- und Körperhaltung bilden zusammen einen individuellen und unverwechselbaren Charakter*panzer*. Wir erkennen diese Individuation in der Bewegung eines Menschen, oft schon bevor wir das Gesicht sehen. Der Postural-Integrator bearbeitet systemisch alle Körperbereiche mit tiefen Streichungen und Dehnungen von Muskeln und Faszien. Dabei wird der Klient motiviert, den Prozess der Lösung von Spannungen mit bewusstem Atmen, Stimmausdruck und Wahrnehmung seiner aktuellen Körperimpulse zu unterstützen.

Boyesen (1922–2005), norwegische Psychologin und Physiotherapeutin. Sie entwickelte die *Biodynamik* und entdeckte dabei die Rolle der »viszeralen Panzerung« bei der Entstehung psychischer Störungen sowie die Bedeutung der Darm-Peristaltik für deren Behandlung. Sie sagte, dass auch die unwillkürliche glatte Muskulatur der Eingeweide gepanzert sein kann, nicht nur die willkürliche Muskulatur des Bewegungsapparates. Sie entwickelte ihre eigenen Methoden, bezog aber die aus Amerika, England und Europa einströmenden Methoden der humanistischen Psychologie und Psychotherapie mit ein. Dazu gehören Berührungen auf unterschiedlichen Ebenen: der Haut, dem Bindegewebe, den Sehnen und Muskeln, der Knochenhaut und den verschiedenen Schichten des individuellen Energiefeldes. Diese Form der Körpertherapie arbeitet auch intentional, d. h. mit bestimmter Absicht, z. B.

um Harmonie auf allen Ebenen des Energieflusses zu erreichen, Sicherheit zu geben, grundlegenden Kontakt aufzubauen. Es gibt verschiedeneTechniken:

Biorelease-Massage: ein Sammelbegriff für Methoden zur Entlastung von körperlichen- und psychischen Stresserscheinungen, ohne die Tiefen des Unbewussten im Sinne von Freud oder Jung zu berühren (Entspannung-, Wahrnehmungs- und Atemübungen).

Biodynamische Massagen: Sie bewirken den Abbau von körperlichen und psychischen Spannungen und die Wiederherstellung des psychischen und körperlichen Gleichgewichts. Das Stethoskop ist ein wichtiges Instrument in der Biodynamischen Massage. Es wird dem Klienten auf den Bauch gelegt, damit die Geräusche der Darmperistaltik (Psychoperistaltik) gehört werden können. Dies dient dem Therapeuten als Feedback. »Dein Bauch ist klüger als du«; dieser Erkenntnis folgend gibt die Massage mit dem Stethoskop indirekten Aufschluss über den Funktionszustand des autonomen Nervensystems.

Shiatsu: bedeutet auf Japanisch »Fingerdruck« und ist eine Körpertherapie, die sich Anfang des 20. Jahrhunderts aus verschiedenen Formen der energetischen Körperarbeit entwickelt hat. Der Shiatsu-Praktiker baut eine »energetische Beziehung«, zum Behandlungspartner auf und folgt mit seinem »Fingerdruck« dem aus der Traditionellen Chinesischen Medizin (TCM) stammenden Meridiansystem. Shiatsu wird meistens auf einer Matte oder einem speziellen Futon auf dem Boden praktiziert. Neben sanften rhythmischen werden auch tiefergehende physische wie energetische Techniken sowie Dehnungen und Rotationen eingesetzt. Der Praktiker nutzt dabei sein eigenes Körpergewicht und arbeitet vor allem aus der Körpermitte heraus. Das Ziel dieser Körperarbeit ist, die Lebensenergie Qi (auch Chi) über die Energieleitbahnen (Meridiane) durch den gesamten Körper fließen zu lassen. Jeder Meridian hat einen Körperpunkt. Diese Punkte werden durch den Praktiker stimuliert, damit die Selbstheilungskräfte des Körpers aktiviert werden. Je nach Art der Stimulierung wirkt Shiatsu beruhigend oder anregend.

[4] Hüther, 2010b

[5] Karlfried Graf Dürckheim, 1896–1988, Diplomat, Psychotherapeut,

Zen-Lehrer. Gründer der »Initiatischen Therapie« im Hochschwarzwald. Mit Maria Hippius entwickelte er in den 50er-Jahren u. a. eine spezielle »Personale Leibarbeit«, die eine erfahrbare Wandlung des Berührtwerdens und Berührens beinhaltete. Er wollte den »ganzen Menschen in die Hand nehmen« und durchbrach damit das strikte Abstinenzgebot von Sigmund Freud. Die Stufen, auf denen Kontakt zwischen Klient und Behandler über die Leibarbeit zustande kommt, kann man mit Berührung, Beziehung, Begegnung kennzeichnen. Dürckheim, der dem Konzept der Analytischen Therapie von C. G. Jung nahe stand, aber auch während eines zehnjährigen Aufenthaltes in Japan mit der Zen-Tradition in Kontakt kam, sagte: »Du hast einen Körper, aber du bist Leib. Wenn ich einem Menschen an seinem Leib begegne, begegne ich der Einheit dieses Menschen aus Körper, Seele und Geist. Leibarbeit ist weder eine Massage noch eine manuelle Manipulation des Körpers, sie ist eine Berührung der körperlich, seelischen Ganzheit *Leib.*«

Wilhelm Reich, 1897–1957, Arzt, Psychiater, Psychoanalytiker, Sexualforscher und Soziologe. Er bezog den »Körper als Sitz der Seele« mit in seine Arbeit ein und entwickelte die »Orgontherapie«, die davon ausgeht, dass eine selbstregulierende vitale Lebenskraft an allen lebendigen Vorgängen beteiligt ist und die Grundlage von Gesundheit bildet.

Alexander Lowen, 1910–2008, Arzt, Psychotherapeut. Er erweiterte das Konzept von Wilhelm Reich zu einer tiefenpsychologisch fundierten Körperpsychotherapie der »Bioenergetischen Analyse«, um die körperlichen Analogien seelischer Vorgänge sowie diagnostisch als auch therapeutisch nutzbar zu machen.

Rajneesh Chandra Mohan Jain, Osho, 1931–1990, indischer Philosoph und Begründer der Sannyas-Bewegung. Zu seinem Ashram in Poona pilgerten Tausende begeisterter Menschen. Mit seiner charismatischen Ausstrahlung und seinen teilweise provokanten Lehren berührte er die tiefe Sehnsucht der Menschen nach Liebe und Geborgenheit. Seiner Lebenserweckungsbewegung gemäß sagte er: »Menschen müssen schockiert werden, damit sie aufwachen«, und er experimentierte mit allen Möglichkeiten, die das menschliche Bewusstsein heilen und einen Menschen bereichern können. Zur Körperpsychotherapie vgl. Kapitel 6 Störungen des Körpererlebens und ihre Behandlung (S. 157).

[6] Spitzer, 2018

[7] Social Dining, 2016 gründeten Alm, Beseler und Ayhac die Internetplattform Social Dining, mit der Hobbyköche und hungrige Gäste für ein gemeinsames Essen zusammenkommen. Inzwischen kann in vielen Städten diese Möglichkeit genutzt werden, die sich ständig aufgrund der Nachfrage erweitert.

[8] Suvilehto, et al, 2015

[9] Holt-Lunstad et al., 2008

[10] Braithwaite und Holt-Lunstad, 2017; Holt-Lunstad et al., 2010; 2013; 2017

[11] Stadler et al., 2012

[12] Coan et al., 2006

[13] Müller-Oerlinghausen u. Kiebgis, 2017, S. 19–21

Das Körper-Ich. Wie entsteht unser Selbst?

Das Zitat von Nietzsche findet sich bei Rüdiger Safranski: Nietzsche. Biografie seines Denkens. 2000, Carl Hanser-Verlag, München.

[1] Eine solche Situation beschreibt Franz Kafka in seiner Erzählung »Die Verwandlung«.

[2] Eine ältere Philosophie unterschied die »res extensa« (lat. die ausgedehnte Sache), simpel ausgedrückt die Welt der Gegenstände, von der »res cogitans« (denkende Sache), also dem (denkenden) Geist. Und Descartes, ein berühmter französischer Philosoph (1596–1650), der uns, d. h. die abendländische Wissenschaft, jahrhundertelang in die Irre geführt hat, prägte den berühmten Satz: »Cogito, ergo sum.« Zu Deutsch: Weil ich denke, weiß ich, dass ich bin. Innen und außen seien radikal getrennt, eine Ansicht, die bis auf den antiken Philosophen Plato zurückgeht, während Aristoteles ganz anderer Meinung war: Die Seele gebe dem Körper erst Form und Leben und sei deshalb auch gedanklich nicht von ihm zu trennen. Erst im vergangenen Jahrhundert sind einige Forscher und Philosophen langsam von diesen dualistischen Konzepten weggekommen und haben quasi wiederentdeckt, dass Körper, Seele, Geist, um diese vielleicht etwas ausgelaugten Begriffe zu verwenden, eine untrennbare Einheit bilden. Besonders unser Fühlen ist ganz eng mit der Empfindung unserer körperlichen Funktionen verbunden. Wilhelm Reich ist einer der Vertreter dieser eigentlich alten,

wiederbelebten Erkenntnis. Jedoch war sie zunächst eine Provokation für die orthodoxe Psychoanalyse, denn aus verschiedenen Gründen ist der Körper des Klienten für den Analytiker ein Tabu, muss es sein. Und der bedeutende Neurophysiologe Giovanni Damasio, der sich intensiv mit der Frage beschäftigt hat, wie denn unsere Vorstellung, ein *Ich* zu sein, sich bildet, hat eines seiner Bücher provokativ betitelt: «Descartes' Irrtum«. Immer gegen den Stachel vorherrschender naturwissenschaftlicher Vorstellungen setzt sich der britische Biologe Sheldrake ab. Er kritisiert, dass eine dem seit zwei Jahrhunderten vorherrschenden Materialismus verpflichtete Denkweise das Ich-Bewusstsein mit mehr oder weniger diffus verstandener Gehirntätigkeit gleichsetzt. (Sheldrake, S. 249) Und unseren Körper als Ganzes und in seinen Teilen nehmen wir eben in unserem Körper wahr, auch wenn natürlich diese Wahrnehmung nicht ohne Gehirn erfolgen kann. Das heutige Gehirnmodell ist für viele Forscher der Computer. Aber der Mensch denkt und fühlt so nicht. Das Bild, das wir von uns und unserem Körper haben und das unser Ich-Gefühl konstituiert, entsteht nach Sheldrake primär im Körper und nicht im Kopf (Sheldrake S. 287/288). Die modernen Neurowissenschaften dagegen haben aus der Seele das *Bewusstsein* gemacht und dieses zu einem reinen Gehirnprodukt erklärt. Unser eigener Leib, so deklariert es ein von Fuchs zitierter Hirnforscher, sei ein Phantom, das unser Gehirn aus »rein praktischen« Gründen vorübergehend sich ausgedacht habe.

3 Der Begriff *Leib* ist ein wenig altmodisch geworden, aber er ist dem, was wir hier vermitteln wollen, de facto viel näher. Er hat sprachlich nämlich eine direkte Beziehung zu *Leben*, zu dem mittelhochdeutschen *lip*. Die sprachliche Wurzel von Körper ist dagegen lat. corpus, und das bedeutete früher grundsätzlich den toten Körper, wie es auch im Englischen für das Wort corpse im Gegensatz zu body noch heute gilt. Der Heidelberger Psychiater und Philosoph Thomas Fuchs, Vertreter einer modernen phänomenologischen Anthropologie, hat sich in der Nachfolge von Helmuth Plessner, dem Begründer der Philosophischen Anthropologie, sowie Karl Jaspers, Max Scheler u. a. mit der Frage »Körper haben oder Leib sein« intensiv auseinandergesetzt. Er weist etwas ironisch darauf hin, dass wir doch immer noch vom »Unterleib«, aber vom »Oberkörper« sprechen und deutet dies als einen interessanten

Hinweis darauf, dass der Leib eher einer tieferen, vor- oder unbewussten Sphäre des Lebens zugehört, während der Körper dem bewussten Ich näher liegt – »es ist eben mein Leib, der ich selbstverständlich bin, aber es ist mein Körper, den ich als Instrument *habe* und gezielt nutze«. (T. Fuchs, 2011) Und unter Bezug auf Erich Fromms berühmtes Werk »Haben oder Sein« (1976) schreibt er: »Sein ist die Bewegung des Lebens selbst, es strömt nach außen und ruht doch zugleich in sich. Alle lebendigen Prozesse und Tätigkeiten können nicht gehabt, besessen oder gemacht, sondern nur gelebt und erlebt werden – das Einschlafen und Aufwachen, dass Gehen und Stehen, das Sprechen und Tanzen, das Lachen und Weinen, das große Lieben und Hassen.«

[4] Stephan: Das Haar der Frau. Motiv des Begehrens, Verschlingens und der Rettung In: Benthien und Wulf (Hsgb.): Körperteile. 2001

[5] Fuchs (2014a,b) plädiert deshalb für eine neue Kunst der leiblichen Lebensführung, in der wir »so paradox es klingt, das Selbstverständliche wieder einüben«. Auch der Göttinger Psychiater und Neurobiologe Gerald Hüther (2010 a) spricht von der Notwendigkeit des Wiederfindens der verloren gegangenen Einheit durch Wiederentdeckung unseres Körpers, wobei hier lebenspraktisch *Körper* mit *Leib* gleichgesetzt werden kann. Wir werden auch im den nachfolgenden Abschnitten im Allgemeinen von *Körper* sprechen.

[6] Dies ist die Grundthese des amerikanischen Neurowissenschaftlers Antonio Damasio, aber auch von Gerald Hüther (2010 b), S. 73ff.

[7] Damasio, 2011, S.118

[8] Damasio, 2011, S. 213.

[9] Friedrich Nietzsche, 1941. Nietzsche hat diese Verbindung von *unten* und *oben* in unübertroffener Weise in »Also sprach Zarathustra« im Abschnitt »Von den Verächtern des Leibes« formuliert: »Leib bin ich ganz und gar, und Nichts außerdem; und Seele ist nur ein Wort für ein Etwas am Leib … Sinn und Geist möchten dich überreden, sie seien aller Dinge Ende: so eitel sind sie. … Hinter deinen Gedanken und Gefühlen, mein Bruder, steht ein mächtiger Gebieter, ein unbekannter Weiser – der heißt Selbst. In deinem Leibe wohnt er, dein Leib ist er … Es ist mehr Vernunft in deinem Leibe als in deiner besten Weisheit …«

[10] Damasio, 2006, S. 69. Sowohl Fuchs (2014) und Hüther machen klar, dass es nicht, wie Descartes meinte, einen Homunculus-artigen Beob-

achter im Gehirn gibt, der sozusagen von dort aus das vom Gehirn vorgespiegelte Bild der Welt betrachtet, das angeblich doch nur eine Illusion darstellt. Nein, das leibliche Selbst ist mit den organischen Strukturen des Körpers grundsätzlich kongruent.

[11] Harlow, 1958; Harlow und Zimmermann, 1958

[12] Uvnäs-Moberg, 2016, S. 100; Feldman, 2004

[13] Uvnäs-Moberg und Prime, 2013

[14] Gray et al., 2006; Lee et al. 2009

[15] Zu Körpergedächtnis s. a. Servan-Schreiber, 2004, S. 104. Auch Marcel Proust, der große französische Schriftsteller, der sein Leben lang auf der »Suche nach der verlorenen Zeit« war und diese Suche in 10 Bänden seines Hauptwerks beschrieben hat, schildert eine bezeichnende Episode: Er ist in Paris auf einem großen Platz auf dem Weg zu einer Einladung. Er versucht sich krampfhaft an Details einer Reise nach Venedig zu erinnern, denn er möchte darüber etwas schreiben. Es gelingt ihm nicht, auch Fotos helfen nicht weiter. Er schreibt: «In dem Augenblick aber, in dem uns alles verloren scheint, erreicht uns zuweilen die Stimme, die uns retten kann; man hat an alle Pforten geklopft, die auf gar nichts führen … Vor der einzigen aber, durch die man eintreten kann … steht man ohne es zu wissen, und sie tut sich auf …« Hier geschieht es dadurch, dass er plötzlich über einen unregelmäßigen Pflasterstein stolpert und dass er, als er wieder Halt findet, seinen Fuß auf einen Stein setzt, der etwas höher war als der vorige … – und in diesem Augenblick kehrt plötzlich die Erinnerung zurück an zwei unebene Bodenplatten im Baptisterium von San Marco und an alle Details seiner damaligen Venedigreise und die beglückenden Tage, die er dort erlebte. Eine bestimmte Art von Stolpern und Glücksgefühl in Venedig waren in seinem Gehirn (und seinen Füßen?) zusammen abgespeichert. (M.Proust. Die wiedergefundene Zeit. Suhrkamp.1979, S. 3934).

[16] Antonovsky, 1979; Antonovsky u. Sagy,1986; Sack und Lamprecht,1998

[17] Antonovsky u. Franke, 1997.; Lindström u. Eriksson, 2005; s. a. Stiftung für Salutogenese gmbH www.salutogenese-zentrum.de.

[18] Berndt, 2013

[19] Scheler, 1913; Sartre 1943.

[20] Montagu, 2000, S. 35

[21] www.docplayer.org/45358606. Emotionale Anatomie. Körperform-und struktur als Ursprung unserer Gefühle. (Überprüft 05.04.2018.)

[22] www.docplayer.org/20799080. Was Kinder stärkt – Salutogenese und Resilienz. (Dr. Z S Vasic, Transferzentrum für Neurowissenschaften und lernen, Universität Ulm.

Der Tastsinn – Unser Haut-Gehirn

Das Motto bezieht sich auf den Titel des Buches »Die Haut als Spiegel der Seele« von Uwe Gieler, 2007, Knaur Verlag

[1] Die Bibel. 2. Buch Mose, Kap. 34, Vers 27–35

[2] Brosig u. Gieler, 2004, S. 11

[3] Grunwald: Das Sinnessystem Haut und sein Beitrag zur Körper-Grenzerfahrung. 2012, In: Schmidt und Schetsche (Hsgb.), a.a.O., S. 45

[4] Grunwald, 2017

[5] Grunwald, 2012, s. Anmerkung 3

[6] Possemeyer, 2017

[7] Beyer: Haptische Wahrnehmung in Sport- und Trainingsanwendungen, 2001 In: Grunwald und Beyer (Hsgb.) a.a.O., S. 263–270

[8] Adler, 2016, S. 184 ff

[9] Grunwald, 2012 In: Schmidt u. Schetsche (Hsgb.) a.a.O., S. 30

[10] Brosig u. Gieler (Hsgb.), 2004

[11] Becker,T und Lemke-Werner, G: Kommunikation durch Berührung. Die Welt taubblinder Menschen, 2012, In: Schmidt und Schetscher (Hsgb.) a.a.O.

[12] D'Anzieu: Die Signifiants Formels und das Haut-Ich, 2004 In: Brosig und Gieler (Hsgb.) a.a.O., S. 26

[13] Grunwald u. Beyer (Hsgb.) 2001, S. 11

[14] Bremmer u. Spence, 2017

[15] Hüther, 2010: Mein Körper – das bin doch ich. Die neurobiologische Verankerung früher Körpererfahrungen, Vortrag. Jahrestagung MEG, Bad Kissingen

[16] Vallbo, 1999

[17] Croy et al., 2017

[18] Olausson et al.,2010, Vgl. auch McGlone et al., 2014

[19] Olausson et al., 2016

[20] Zottermann, 1939, zitiert bei Olausson et al., 2010

[21] Cole et al., 2016

[22] Guest u. Essik: Psychophysical assessment of the sensory and affective components of touch, 2016 In: Olausson H et al. (Hsgb.) Affective touch and the neurophysiology of CT afferents, a.a.O.

[23] Joensson et al., 2015; Masson u. de Beeck, 2018

[24] Walker et al.,2017

[25] Liljencrantz u. Olausson, 2014

[26] Loseth, Leknes, Ellingsen: The neurochemical basis of motivation for affiliative touch, 2016 In: Olausson H et al. (Hsgb.) a.a.O.

[27] Kirsch et al., 2017; Hertenstein et al., 2006

[28] Vallerand et al., 2018

[29] Niemeier et al., 2015

[30] Rodriguez-Vallecillo u. Woodbury-Farina, 2014

[31] Brown et al., 2015

[32] Koo u. Lebwohl, 2001

[33] Gupta et al., 1993

[34] Ni and Chiu, 2014

[35] Garg et al., 2001

Praxis der Heilsamen Berührung

[1] Das Motto findet sich bei: Constancio Carlos Vigil

[2] Masson u. de Beeck, 2018. Der interessierte Leser findet hier eine Übersicht über die verschiedensten emotionalen Qualitäten, die in einer interpersonellen Berührung übertragen werden können. Diese wurden in einer komplizierten Versuchsanordnung bei gesunden Versuchspersonen herausgearbeitet, wobei die Forscher sich nicht wie sonst nur auf positive, sondern durchaus auch auf negative, aversive Emotionen fokussierten.

[3] Fröhlich, 1997

[4] Reichert, 2015, S. 91

[5] www.dgbm.de

[6] Reich, in: Andreas Meyer, 2015

[7] Müller-Oerlinghausen u. Kiebgis 2017; vgl. auch Jones et al., 2012

[8] Pollak In: Reichert, 2015 a.a.O.

[9] Assmann, 2015

[10] Hollis, 2000

[11] Soden et al., 2004
[12] Wilkinson, et al., 2007
[13] Bienstein u. Fröhlich, 2012
[14] Weydert-Bales, 2013
[15] Müller-Oerlinghausen, 2015, in: Reichert a.a.O
[16] Sharpe et al., 2007
[17] Munk u. Zanjani, 2011
[18] Brand et al., 2013
[19] Baumgart, 2008
[20] Baumgart, 2018
[21] Berg und Müller-Oerlinghausen, 2015
[22] www.slowstrokemassage.de
[23] Kiebgis, 2018, www.vasana.de
[24] Keleman, Stanley, 1985, Das Leben bildet Gestalten … Diese Gestalten sind Teil eines Organisationsprozesses der Gefühle, Gedanken und Erfahrungen in Strukturen verkörpert … später dann wird die Gestalt des Menschen durch innere und äußere Erfahrungen von Geburt, Wachstum, Differenzierung, Beziehung, Partnerschaft, Fortpflanzung, Arbeit, Problembewältigung und den Tod geformt … Alles hinterlässt Spuren im Körper … Begreift man das Leben als Prozess, so ist es eine Folge sich bewegender Gestalten, vergleichbar dem Ablauf eines Filmes. Sobald sich die Bewegung verlangsamt, können wir Veränderungen wahrnehmen. Sigmund Freud sprach von der Anatomie als Schicksal, die Keleman als »Emotionale Anatomie« in seinen unzähligen Illustrationen sehr eindrücklich darstellt.
[25] Hinweise auf Qualitätsmerkmale finden Sie im Anhang Seite 259 ff.
[26] Purohit et al., 2015

Heilsame Berührung – Was sagt die Wissenschaft?

Der Brief von Nietzsche an einen Freund wird im Roman von Martin Walser »Der Augenblick der Liebe«, 2004 zitiert.

[1] Unter Wirkung verstehen wir in der klinischen Medizin und Pharmakologie alle nützlichen und schädlichen Effekte, die eine Substanz, ein Heilmittel oder ein Gift auslösen kann. Wirksamkeit dagegen bezeichnet die heilsame Wirkung, die z. B. ein bestimmtes Medikament bei einer definierten Krankheit besitzt. Wir sagen etwa: Das Antibiotikum

Bact-Ex ist am siebenten Behandlungstag bei 73 Prozent der Frauen mit einer Blasenentzündung wirksam im Sinne einer Reduktion der Schmerzsymptome um mindestens 50 Prozent, oder: Das Antidepressivum »Sonnenaufgang« ist bei Patienten mit mittelschwerer unipolarer Depression in 65 Prozent wirksam im Vergleich zur Wirksamkeit von Placebo in 52 Prozent der Fälle.

[2] Siehe 4.

[3] Oxytocin ist aus zwei griechischen Worten zusammengesetzt und bedeutet »schnelle Geburt«.

[3a] American Massage Therapy Association (AMTA): http:/www.amt.org.au/amt/classified-research-database.html. (geprüft am 16.3.2018)

[4] Evidenzbasierte Medizin bedeutet, dass in der medizinischen Praxis nur solche Verfahren eingesetzt werden sollen, deren Wirksamkeit, wenn irgend möglich, mittels randomisierter kontrollierter Studien (RCT) bewiesen wurde. Zwei Prinzipien definieren den RCT (engl. randomized controlled trial): Das erste Prinzip ist die Kontrolle, d. h. der Vergleich mit einer Patientengruppe, die z. B. das getestete Medikament nicht erhält, sondern ein gleich aussehendes, aber wirkungsloses Präparat, also ein Placebo oder ein für diese spezielle Krankheit etabliertes Standardpräparat. Da der Patient oder auch die gesunde Versuchsperson die beiden Tabletten nicht voneinander unterscheiden kann, spricht man auch von einer Verblindung des Tablettenempfängers und gegebenenfalls auch des die Wirksamkeit beurteilenden Untersuchers. Das zweite Prinzip ist die Randomisierung, d. h. die zufällige Verteilung der Versuchsteilnehmer auf die beiden »Therapiearme«. Großer Wert wird auf eine adäquate statistische Auswertung gelegt. Hier spielt die sogenannte Signifikanz eine wichtige Rolle: Sie sagt aus, inwieweit das erhaltene Ergebnis, z. B. die stärkere blutdrucksenkende Wirkung in der Versuchsgruppe A gegenüber der Versuchsgruppe B dem Zufall geschuldet sein könnte. Eine Zufallswahrscheinlichkeit von weniger als fünf oder besser noch ein Prozent bedeutet, dass es sich um einen signifikanten Unterschied handelt Voraussetzung für die Teilnahme an einem solchen Versuch ist, dass er nach einem vorher festgelegten Protokoll abläuft, an dem später nichts mehr geändert werden darf, und dass der Patient über den Ablauf zuvor informiert wurde und seiner Teilnahme zugestimmt hat. Ferner besteht die Verpflichtung, die erhal-

tenen Ergebnisse in der Fachwelt zu veröffentlichen. In Pharmastudien wird gegen dieses Prinzip leider häufig verstoßen, wenn die Versuchsergebnisse nicht den Erwartungen und Hoffnungen des Sponsors entsprechen. Heutzutage besteht auch die Verpflichtung, bei einer Veröffentlichung für jeden Autor anzugeben, ob und welche finanziellen Verbindungen er zu Pharmafirmen, insbesondere zum Sponsor der Studie hat. Für moderne medizinische Leitlinien spielen die Ergebnisse von seriösen RCTs eine sehr wichtige Rolle sowie auch qualifizierte Literaturübersichten oder sogenannte Metaanalysen, in die alle Ergebnisse sorgfältig auf Qualität geprüfter publizierter RCTs nach vorgegebenen Regeln eingehen.

[5] Weinberg et al., 1988

[6] Shulmanand, 1996

[7] Bost et al., 2010

[8] Black et al., 2006

[9] Kiebgis et al., 2018

[10] Müller-Oerlinghausen et al., 2004

[11] V. Knorring et al., 2008

[12] Beider and Moyer, 2006

[13] Field et al. 1996 (= Zitat 23 in Beider und Moyer)

[14] www.deutsche-depressionshilfe.de

[15] Cipriani et al., 2018

[16] S3 Leitlinie Unipolare Depression 2017

[17] Müller-Oerlinghausen et al., 2008

[18] Sloterdijk, 2004. In seinem dreibändigen Werk »Sphären« nimmt er Bezug auf das sphärische Sein, das Sein in der Kugel als quasi menschliche Grundverfassung. »Die Grunderfahrung der Depression sagt: Die Wände sind so nahe gerückt, dass sinnvolle Bewegungen in dem von ihnen gezogenen Bereich unmöglich sind. Für den Deprimierten ist der Kreis eine umzingelnde Form; was Bergung hätte bieten sollen, schließt sich als Gefängnismauer um das vereinzelte Leben …Was nirgendwohin führt, ist nicht als Weg zu erkennen, weder als der hin noch der zurück … In sphärologischer Sicht drückt Depression die Vernichtung des Beziehungsraums aus. Dem Deprimierten scheinen nur Wiederholungen von Rotationen in sich selbst möglich, nirgendwo bietet sich ihm der Angriffspunkt für eine Raum-schaffende Aktion. Im Gegenteil,

der Raum zieht sich für ihn immer weiter zusammen.« (Sphären II, S. 612 ff.).

[19] Friedrich Gaede, Prof. Dr. em, Germanistik, Philosophie, pers. Mitt., 2017

[20] Theunissen, 1997

[21] Broocks et al., 2000; Meyer und Broocks, 2000; Herring at al, 2012

[22] Hallgren et al.,2016

[23] Ernst et al., 1998

[24] Unützer et al., 2000

[25] Kessler et al., 2001

[26] Field, 1998

[27] Moyer et al., 2004

[28] Moyer, 2008

[29] Baumgart et al., 2011

[30] Peters, 1999

[31] Hamre et al., 2006

[32] Listing et al., 2009

[33] Darabpour et al., 2016

[34] Fernandez-Lao et al., 2012

[35] Cassileth and Vickers, 2004

[36] Berg et al., 2007

[36a] Arnold, Michaela: Randomisierte, kontrollierte Studie zur Wirksamkeit von Psychoaktiver Massage bei ambulanten, depressiven Patienten. (2019). Inaugrual-Diss. an der Med. Fakultät der Universität Würzburg, i.V.

[37] Coelho et al., 2008

[38] Furlan et al., 2008

[39] Tsao, 2007

[40] Chou et al., 2017

[41] Baumgart, 2018

[42] Siemers, 2018

[43] In einschlägigen Forschungsdatenbanken zeichnet sich seit der Jahrtausendwende eine rasante Zunahme an Studien ab, die sich mit der Interozeption beschäftigen https://www.ncbi.nlm.nih.gov/pubmed/?-term=interoception)

[44] Der soziale Rückzug infolge eines Infekts sowie weitere Symptome wie Müdigkeit, Schwäche und Schläfrigkeit werden innerhalb der klinischen

Forschung als »sicknessbehavior« (in Deutsch etwa: Krankheitsverhalten) bezeichnet. Forscher vermuten, dass dieses Verhalten einen Überlebensvorteil für Mensch und Tier bietet: Es schützt die Umgebung vor Ansteckung und einer weiteren Ausbreitung des Infekts (Shakhar u. Shakhar, 2015).

45 Eine einflussreiche Arbeit, die sich mit der Wahrnehmung von körperlichen Beschwerden auseinandersetzt, wurde von Pennebaker im Jahre 1982 veröffentlicht. Darin diskutiert der Autor ausführlich das Konzept der Interozeption und setzt es in Bezug zu Körpersymptomen.

46 Berührungen wurden bislang ausschließlich den Exterozeptionen (also dem Tastsinn) zugerechnet. Besonders die Forschungsergebnisse von schwedischen Wissenschaftlern zeigten, dass zwischen zwei Arten von Berührungen unterschieden werden kann (McGloneu.Reilly, 2010): Während die diskriminativen Berührungen der Unterscheidung zwischen Berührungsreizen dienen (man wird beispielsweise gestupst und kann den Stupser genau lokalisieren), sind die affektiven oder sinnlichen Berührungen nicht eindeutig lokalisierbar. Stattdessen lösen sie eine vage und wohlige Interozeption aus (Bjornsdotter et al., 2010), die wir als einen neuen Ansatzpunkt zur Erklärung der antidepressiven Wirksamkeit von Massagen betrachten.

47 Craig, 2002

48 Zur Entstehung des Begriffs »Gemeingefühl« vgl. Fuchs, 1995

49 Damasio (2004, 2006) stellte mit seiner Hypothese der somatischen Marker ein Modell vor, welches Entscheidungsprozesse von Menschen in den Kontext ihrer körperlichen Empfindungen stellt. Dies entspricht der weitläufigen Ansicht innerhalb der Bevölkerung, dass Körperempfindungen eine Entscheidung leiten können (z. B. sogenannte Bauchentscheidungen).

50 Es sei auf den Artikel von Herbert und Pollatos, 2008, verwiesen, der einen fundierten Überblick über wesentliche Ergebnisse der Interozeptionsforschung aus einer psychologischen Perspektive aufzeigt.

51 Durlik u. Tsakiris, 2015

52 Paulus u. Stein, 2010

53 Eggart et al., in Vorb.

54 Schleip, 2009

55 Eggart, i. Vorb.

[56] Weig, 2010. Die Salutotherapie ist auf dem Hintergrund der Forschung zum Kohärenzgefühl und zur Resilienz (siehe auch Kapitel 2 – Das Körper-Ich. Wie entsteht unser Selbst?) entstanden. Sie betont die Wichtigkeit gesundheitsfördernder Faktoren und dient dazu, über die Förderung von Wohlbefinden und Lebensqualität das durch die Krankheit bedingte Leid abzumildern. Im Vordergrund steht also nicht das Bemühen, einzelne depressive Krankheitssymptome zu kurieren, sondern den Kranken fähig zu machen, seine Krankheit besser zu bewältigen. Psychotherapeutische Ansätze spielen dabei eine wichtige, aber keineswegs ausschließliche Rolle. Befremdlich erscheint uns, dass in Publikationen zwar gelegentlich Körpertherapie zum Beispiel in Form von Laufen erwähnt wird, die therapeutische Berührung etwa in Form von Psychoaktiven Massagen aber nicht erscheint. Eine systematische Literatursuche in einer einschlägigen Datenbank zu den Stichworten Massage und Salutotherapie ergab 0 Treffer im April 2018. Ergänzend sei angemerkt, dass die derzeit in der Depressionsbehandlung viel diskutierte Wohlbefindens-Therapie (vgl. Fava und Linden 2011) ausschließlich verhaltenstherapeutisch orientiert ist. Dies sollte unseres Erachtens nicht ausschließen, dass innerhalb dieser kognitiven Therapie der Depressive motiviert wird, für sein Wohlbefinden auch Heilsame Berührungen zu nutzen.

[57] Uvnäs-Moberg, 2016

[58] Lee et al., 2009

[59] Uvnäs-Moberg1998

[60] Massey et al., 2016

[61] Ballner, 2000

[62] Emrich, H. Prof. Dr. med., Psychiater, Philosoph. Medizin. Hochschule Hannover. Emrich geht von der im deutschen Idealismus entwickelten Transzendentalphilosophie Fichtes, d. h. von der Spontaneität des Ich aus. Wahrnehmen bedeutet für Fichte die Brechung des in Spontaneität »selbst gesetzten Ichs« an der Wirklichkeit – und dies ist nichts anderes als Berührung in der Sprache der Sensomotorik. Im Kontrast zur in unserer Zeit zunehmenden Abstraktheit aller Lebensvorgänge schafft Berührung Realität. »Die Grundlage allen Erlebens«, so Emrich, «ist Sensomotorik. Realität wird nicht gewusst, sondern geglaubt, weil man der Wahrnehmung der Berührung glaubt.«

[63] Iljine, 1965 In: Le corps et le coeur. Skriptum zur gleichlautenden Vorlesung am Institut St. Denis, Paris, WS 1 in: https://www.hs-nb.de/fileadmin/hs-neubrandenburg/ppages/Kampmeie/ANKESDIS.pdf

Störungen des Körpererlebens und ihre Behandlung: Körpertherapie und Körperpsychotherapie

[1] Gendlin, 1997

[2] Rudolf, 2006, S. 64

[3] Grunwald, 2017, S. 278

[4] Röhricht, 2000, S. 29 ff, S. 47 ff

[5] Legrand, 2010,

[6] Ben-Tovim et al., 2001

[7] Tonella, In: Die orale Depression. In: Marlock u. Weiss (Hsgb.), 2006 a.a.O

[8] Moser, 2001, S. 28. Moser ist dem »Verhungern auf der Couch« in seiner Arbeit als Psychoanalytiker entgegengetreten, indem er die klassische Psychoanalyse durch die Arbeit mit dem Körper erweiterte.

[9] Geuther, 2015

[10] Küchenhoff, 1992

[11] Röhricht u. Priebe, 1996

[12] Johnson, 2000

[13] Fogel, 2009

[14] Geuther: Historischer Abriss zur Entwicklung der körperorientierten Psychotherapie. In: Röhricht, 2000, a.a.O., S. 53–76

[15] Geuther, 2015

[16] Röhricht, 2000, S. 64. Vgl. auch die »Funktionelle Entspannung« nach Marianne Fuchs

[17] Röhricht, 2000, S. 131 »Wir sind gewohnt, unsere ganze Kreativität und geistige Beweglichkeit unserem Intellekt zuzuordnen, – in Wirklichkeit aber ist eine elaborierte und nicht endende, aus der Tiefe kommende Kreativität immer schon auf der Ebene unserer sinnlichen Wahrnehmung unterwegs.« Der englische Originaltext bei Abrams 1997, zitiert bei Tree Staunton a.a.O., S. 99.

[18] Müller-Oerlinghausen et al., 2008. In: Wollschläger M, a.a.O.

[19] Rothschild: Body psychotherapy without touch: Application for trauma therapy, 2002 In: Staunton T (Hsgb) a.a.O.

[20] Grunwald u. Weiss, 2005

Praxis: Ich berühre mich – Ich berühre dich – Du berührst mich

[1] Pennac, 2012: Der französische Schriftsteller beschreibt in seinem bekannten Buch fast jeden Tag, den er mit seinem Körper seit der Kinderzeit erlebt hat, bis ins Alter hinein und bis unmittelbar vor seinem Tod.
[2] Keleman 1985: Stanley Keleman, Jahrgang 1931, gilt als Pionier der Körperarbeit. Er wurde von Dürckheim und Lowen sehr beeinflusst und war Direktor des »Center for Energetic Studies« in Kalifornien. Er hat viele Seminare/Vorträge auch im deutschsprachigen Raum gehalten. Er hat 1985 das mit zahlreichen Illustrationen versehene Buch »Verkörperte Gefühle« veröffentlicht und damit, wie auch Damasio oder Hüther, das Zusammenspiel von Körper-Gedanken-Seele sichtbar gemacht. (vgl. Kapitel 4 Praxis der Heilsamen Berührung – Anmerkung 24)
[3] Field, 2001, S. 112
[4] Rytz, 2007
[5] van Tilburg et al., 2009
[6] Büntig, o.J.

Die sinnlich-erotische Berührung

Das Motto ist von Regina Heckert, aus: connection special, 91/2012
[1] Inzwischen werden in vielen Städten Workshops im Argentinischen Tango für Parkinson-Kranke und Menschen mit Down Syndrom angeboten. Hierzu gibt es auch spannende wissenschaftliche Studien, z.B. Pinniger et al., 2012.
[2] Ganze Bücher beschäftigen sich mit der Entwicklungsgeschichte des Tangos, deren Ursprung in den Einwandererviertеln und Bordellen am Rio de la Plata zu finden ist. Sein Charakter wurde in dieser Zeit durch die Gegenpole von Freud und Leid des Lebens geprägt. Die meisten Tangotexte handeln von Verrat, Verlust, Hoffnung und unerfüllter Liebe. Lange war der Tango für die Oberschicht Ausdruck von Zweideutigkeit, Verkommenheit und Hoffnungslosigkeit. Dennoch faszinierte er viele, sehr viele Menschen, gerade auch deshalb, weil der Tango in der Betrachtung des Menschen ein Wesen aus Fleisch und Blut sieht. Tanzen konnte jeder mit jedem, egal welcher Herkunft oder Bildung. Der Tango öffnet Tore für die essenzielle Begegnung zwischen zwei Men-

schen, *in der Worte keine Rolle spielen*. Denn für den Tango existiert kein Volk als abstrakte Einheit oder als Ideal. Der Tango kennt nur den Menschen aus Fleisch und Blut.

[3] Feuerbach, o. J.

[4] Grunwald, 2017, S. 156

[5] Auf die zahlreichen Schulen und Sekten des Tantrismus kann hier nicht eingegangen werden. Grundsätzlich aber gilt tantrische Philosophie immer den verschiedenen Erscheinungsweisen des Göttlichen. Darunter werden z. B. Bewusstseinszustände, Gottheiten aber auch der Energie-Körper des Yogi verstanden. Auch das Kundalini-Yoga hat seinen Ursprung in dieser Gedankenwelt und vor allem den damit verbundenen Praktiken.

[6] Im Tantrismus existieren zwei verschiedene Wege zur Erleuchtung, die in alchimistischer Terminologie der »trockene« und der »nasse« Weg genannt werden können. Der erstere zeigt sich in asketischen Übungen, die die Bindung unseres Bewusstseins an die materielle Welt und an unsere Sexualität reduzieren sollen. Der nasse Weg dagegen akzeptiert die Kraft der sexuellen Energie.

[7] Wesentliche Elemente des indischen oder auch buddhistischen Tantrismus (Vajrayana oder Tantrayana) sind Verkörperungen eigentlich geistiger Prinzipien in der Sexualität, eine Denkweise, die landläufigem christlich-westlichem Denken fremd ist, wenngleich z. B. in der deutschen Mystik derartige Verbindungen durchaus vertreten waren. Die aktive Beschäftigung mit Mandalas und Mantras gehört ebenso dazu wie auch die Idee *feinstofflicher* Energien, die sich z. B. in den Chakren konzentrieren und über ebenfalls nicht anatomische, sondern feinstofflich gedachte Kanäle, die Nadis, transportiert werden. Die sexuelle Vereinigung ist ein spezieller Weg, um diese Energien zu wecken.

[8] C. G. Jung hat sich mit tantrischen Vorstellungen intensiv beschäftigt. Den Kennern seiner Psychologie wird es geläufig sein, dass zwischen seinem Begriff der Anima und der Kundalini-Energie durchaus Parallelen bestehen, worauf auch Schwery, 2008, hinweist.

[9] Osho, 2006

[10] Andro, 1993

Berührung in unterschiedlichen Kulturen und Religionen – Heute und in der Vergangenheit

Das Zitat stammt aus: O. v. Glasenapp: Indische Gedichte aus Vierjahrtausenden. Berlin, 1925.

[1] Schetsche: Erotische Berührungen. Eine (mikro)-soziologische Annäherung. (2012) in Schmidt und Schetsche (Hsgb.) a.a.O. »... Ob eine Berührung als erotisch gelesen wird oder nicht, ist also in hohem Maße von den angewendeten sozialen Deutungsmustern und ihren Situationsdefinitionen abhängig. ... Diese Deutungsmuster sagen dem berührten Subjekt, ob eine ganz bestimmte Berührung eines Gegenübers als erotisch konnotiert verstanden werden kann und muss.«

[2] Spitzer, 2017

[3] Wilkens, 2011, S. 44

[4] Mit der »Treue« ist in diesem Zusammenhang die Bundestreue gemeint d. h. die Treue zum und das Vertrauen in den Bund, den Gott mit dem Volk Israel geschlossen hat. Die Frau, die Jesus zunächst nur von hinten sehen kann, sieht mit ihrer Empathie in ihm den Lebensmut, der die Bundestreue auszeichnet, denn Gott ist die Quelle des Lebens. Dazu aber kommt die Sensibilität für die Integrität genau dieser Eigenschaft im anderen. Und dieser Lebensmut wiederum kann durch die Empfindung auf andere übertragen werden, so wie es dieser Frau auch geschieht, die empfindsam ist für Jesu mediale Kraft. Denn sie ist durch die nicht stillbare Menstrualblutung »unrein«. Das bedeutet, dass sie vom kultischen Leben ausgeschlossen ist. In der Deutung von Lorenz Wilkens ist sie damit auch Teil der sie umgebenden kollektiven Pathologie, aus der sie aber wiederum hervortritt durch ihren Mut, Jesu zu berühren in dem Vertrauen, er wird sie reinigen und damit vom seelischen Tod befreien. Nicht zufällig ist diese Heilungsgeschichte verknüpft mit dem Bericht von der Auferweckung der Tochter des Jairus. So wie dieses gerade gestorbene Mädchen auferweckt wird, nachdem Jesus es an der Hand gefasst und gesagt hat: «Ich sage dir, steh auf!«, so wird auch sie in einem geistlichen Sinne auferweckt zu neuem Leben nach 12 Jahren seelischen Todes. Mit »Geistheilung« im populären Sinn hat dies nichts zu tun. Vielmehr teilt sich hier die unmittelbar fühlende Vitalität, der Körpergeist in der Berührung und im Segen dem anderen heilend mit. (Wilkens, 2011,

S. 191–193, und Pf. Dr. Lorenz Wilkens, persönliche Mitteilung vom 23.3.2018.)

[5] Gerson, o. J.

[6] Ramm, o. J.

[7] Özuguz und Özuguz, o.J.

[8] Der Koran, Übers. von Rudi Paret, 1980, S.29,

[9] Hagin, 2006

[10] Aries und Duby, 1992

[11] Friedrich Ludwig Jahn (1778–1852) eröffnete 1811 einen ersten allgemeinen Turnplatz in der Hasenheide (Berlin), um dadurch zur inneren Erneuerung Preußens beizutragen. Als Mitbegründer der Burschenschaften wurde er 1819 verhaftet und stand bis 1840 unter Polizeiaufsicht. Er machte Turnen als Volkssport populär, schrieb auch zusammen mit Eiselen ein Buch »Deutsche Turnkunst« (1816). »Kraft durch Freude« (KdF) hieß die 1933 gegründete nationalsozialistische Organisation, die der Gleichschaltung und Überwachung der Freizeitaktivitäten arbeitender Menschen dienen sollte. Sportliche Aktivitäten, die gleichzeitig schon vormilitärische Übungen darstellten, spielten dabei eine wichtige Rolle.

Glossar

ADHS: Attention Deficit Hyperkinetic Syndrom: eine vor allem bei Kindern und Jugendlichen auftretende psychiatrische Erkrankung, die durch Konzentrationsstörungen und motorische Übererregbarkeit charakterisiert ist.

affektorientiert: Bezeichnung für eine der vielen Richtungen der Körperpsychotherapie, die v. a. auf die Freisetzung der Gefühle fokussiert ist. (z. B. Wilhelm Reich und seine Nachfolge).

Analytiker: Ein psychologisch oder medizinisch ausgebildeter Psychotherapeut, der gemäß den triebpsychologischen Konstrukten von Freud u. a. oder auch auf der Basis der Analytischen Psychologie von C. G. Jung behandelt.

Anhedonie: Freudlosigkeit (typisches Symptom bei Depression).

Autismus: Mangel an Kontaktfähigkeit mit der Außenwelt inkl. anderen Menschen.

Burn-out: Ein durch äußere Gegebenheiten z. B. durch die Bedingungen am Arbeitsplatz ausgelöster Überlastungszustand, der verschiedene Phasen durchläuft und ggf. in einer akuten oder chronischen Depression enden kann (vgl. Kapitel 2: Das Körper-Ich. Wie entsteht unser Selbst?).

Bipolare Störung: Manisch-depressive Erkrankung mit abwechselnd depressiven und meist selteneren manischen Krankheitsphasen.

C-Fasern: Gut isolierte und deshalb schnell leitende Nervenfasern, die z. B. Schmerzreize aus der Peripherie dem Gehirn vermitteln.

Chakren: Nach hinduistisch-buddhistischer Vorstellung Hauptenergiezentren des Menschen. Sie werden entlang der Wirbelsäule bzw. in der senkrechten Mittelachse des Körpers lokalisiert und sollen durch den angenommenen mittleren Energiekanal (sushumna) verbunden sein (vgl. Kapitel 9 – Die sinnlich-erotische Berührung).

Cochrane Review: eine nach bestimmten Regeln erarbeitete kritische Literaturübersicht.

Coenästhesien: Körperhalluzinationen, z. B. nicht organisch bedingte Organschmerzen oder das Gefühl, es würde elektrischer Strom durch den Körper fließen. Bei Patienten mit Schizophrenie treten sie unvorhersehbar plötzlich auf und dauern meist nur wenige Sekunden oder Minuten.

Cortina: (span. Vorhang), ein kurz angespieltes Musikstück, das auf einer Tanzveranstaltung des Tango Argentino, Milonga, als Abgrenzung zwischen zwei Tanzrunden, den Tandas, eingesetzt wird.

Cortisol: Körpereigenes Hormon, das in Stresssituationen vermehrt ausgeschüttet wird. Die Reduktion der Cortisolmenge im Blut wird als Maß von Entspannung gewertet.

dualistisch: Konzepte der Welt oder des Menschen, die von einer strikten Trennung von Geist und Materie (also auch Körper) ausgehen.

Dysphorie: eine Körper und Psyche betreffende generelle Unlust und Herabstimmung.

Dysthymie: ein chronischer depressionsartiger Verstimmungszustand.

Effleurage: ein Massagegriff = Streichung, (vgl. Kapitel 4 – Praxis der Heilsamen Berührung).

Embodiment: eine Therapiemethode, bei der durch Veränderung körperlicher Funktionen versucht wird, seelische Vorgänge (günstig) zu beeinflussen (Vgl. Weiterführende Literatur: M. Storch et al.).

Epigenetik: Veränderung der Erbanlage durch im Leben erfahrene äußere Einflüsse, z. B. Isolation, Folter oder chemische Gifte.

Expression: Die Art und Weise bzw. Stärke, mit der die genetische Information in biologische Aktivität, z. B. Entstehung oder Aktivierung bestimmter Enzyme / Katalysatoren, umgesetzt wird.

Evidenzbasierte Medizin: Eine moderne Medizin, deren Therapien strikt auf wissenschaftlichen Ergebnissen basieren, im Gegensatz zu einer Erfahrungsmedizin, wie sie etwa die Naturheilkunde in vielen Teilen verkörpert.

Faszien: Flächige, bindegewebige Strukturen, die den ganzen Körper als ein Netzwerk durchziehen. Sie umhüllen z. B. die einzelnen Muskeln, haben aber auch verbindende, kommunikative Funktionen. Es werden oberflächliche und tiefe Faszien unterschieden, wobei sich die oberflächlichen Faszien im Unterhautgewebe gebunden an die Lederhaut befinden. Verklebungen der Faszien können erhebliche Beschwerden verursachen. Therapieverfahren wie die Bindegewebsmassage oder die Osteopathie zielen speziell auf die Veränderung dieser Strukturen ab.

haptisch: Die Berührungsempfindung, die ich habe, wenn ich bewusst z. B. einen Gegenstand oder ein lebendes Wesen berühre.

Hetären: im alten Griechenland eine käufliche Geliebte. Hetären konnten durchaus gebildet sein und aus gutem Hause stammen.

Homöostase: Der Zustand, wenn sich aufeinander bezogene Körperfunktionen in der Balance befinden.

Indikation: Ein definierter Krankheitszustand, der nach allgemeinem ärztlichen Verständnis einer bestimmten Behandlung bedarf.

Insel-Region: In der Neurophysiologie Bezeichnung für einen bestimmten Hirnbereich, der insbesondere für die Verarbeitung von Emotionen eine wichtige Rolle spielt.

Interozeption: Wörtlich »Innenwahrnehmung«, d.h. die Summe der Eindrücke und Signale, die wir beständig von unseren Organen empfangen und bewusst oder unbewusst wahrnehmen.

Khajuraho: Ca. 1000 Jahre alter Tempelkomplex in Mittelindien mit zahlreichen sehr expliziten tantrisch-erotischen Darstellungen.

Kern-Selbst: vgl. Kapitel 2 – Das Körper-Ich. Wie entsteht unser Selbst?

Körperbild: Die subjektive Wahrnehmung und Bewertung meines eigenen Körpers.

Körperschema: Die Repräsentation unseres gesamten Körpers im Gehirn, so wie er im Augenblick ist.

Körper-Selbst: vgl. Kapitel 2 – Das Körper-Ich. Wie entsteht unser Selbst?

Kohärenz: Kohärenzgefühl, das positiv getönte Grundgefühl eines sinnvollen Zusammenhangs, einer Harmonie zwischen meiner Innen- und Außenwelt.

Kundalini: In altindischer Vorstellung die als aufgerollte Schlange im Wurzel-Chakra symbolisierte Lebensenergie (Prana), die auch sexuelle Energie bedeutet.

Lingam: In der Sprache des Tantra das erigierte männliche Geschlechtsteil, das im hinduistisch-buddhistischen Raum auch in vielen bildlichen Darstellungen verehrt wird.

manisch: krankhaft hochgestimmt, überaktiv – der Gegenpol zum depressiven Zustand.

Mechanorezeptoren: Sinnesorgane z. B. in der Haut, die durch Druck, Temperatur oder Schmerz aktiviert werden und dann Signale zum Gehirn senden.

Meridiane: In der Vorstellung der chinesischen Medizin und insbesondere der Akupunktur gibt es sogenannte Energiebahnen, für die der Akupunkteur präzise Vorstellungen hat, die sich aber seitens der westlichen Schulmedizin nicht verifizieren lassen.

Metaanalyse: nach bestimmten Regeln erstellte zusammenfassende statistische Auswertung publizierter Studien.

Namaste: eine Geste (ind.: mudra), die Ausdruck für die Verehrung des Göttlichen im anderen ist und somit auch ein Danke bedeutet.

Neurodermitis: eine Hautkrankheit, die mit starkem Juckreiz einhergeht und häufig auch psychische Ursachen hat.

Neurophysiologie: Die Wissenschaft von den biologischen Vorgängen im gesamten Nervensystem.

Oxytocin: das sogenannte Bindungshormon. (In populären Darstellungen auch »Kuschelhormon« genannt, was seine zahlreichen und sehr verschiedenen Wirkungen unpräzise verkürzt.)

Pathogenese: Krankheitslehre – die Wissenschaft von den biologischen und psychologischen Ursachen von Krankheiten.

pathologisch: krankhaft.

Pétrissage: ein Massagegriff = Knetung, (vgl. Kapitel 4 – Praxis der Heilsamen Berührung).

Placebo: Scheinmedikament, das so aussieht wie ein echtes Medikament, aber keinen Wirkstoff enthält.

Progressive Muskelrelaxation: Entspannungs-Methode nach Jacobsen.

Propriozeptoren: Sensoren in der Muskulatur, den Faszien oder in den Gelenken, die dem Gehirn den jeweiligen Zustand z. B. die Gelenkposition oder die muskuläre Spannung übermitteln.

Psoriasis: Schuppenflechte.

Psychoanalyse: Form der Psychotherapie, die nach den Konzepten von Freud, Jung oder anderen Vertretern der Tiefenpsychologie arbeitet. Sie ist eine sogenannte aufdeckende Therapie, die sich oft über Jahre erstreckt, im Gegensatz etwa zur Verhaltens-oder Gesprächstherapie.

Randomisierung: In klinischen vergleichenden Studien die zufällige Verteilung der einzelnen Studienteilnehmer auf die verschiedenen experimentellen Gruppen, z. B. Medikament/Placebo oder Massage/Meditationsgruppe.

Rasul: Orientalische Badezeremonie, bei der spezielle Pflegeschlämme auf die Haut aufgetragen werden, die einen leichten Peelingeffekt besitzen.

Rating Skala: Fragebogen, der für eine bestimmte Fragestellung, z. B. zur Messung eines depressiven Zustands, des momentanen Wohlbefindens oder der Lebensqualität entwickelt und auf seine Zuverlässigkeit (Reliabilität und Validität) getestet worden ist.

RCT: engl. randomized controlled trial, d.h. eine Studie, in der nach dem Zufallsprinzip Patienten der Versuchsgruppe A oder B zugeteilt werden. Es existiert also eine Vergleichsgruppe B, in der beispielsweise die Patienten ein Placebo erhalten.

Resilienz: Psychische bzw. psychophysische Widerstandskraft gegenüber Faktoren, die die Kohärenz beeinträchtigen; ein wichtiger Faktor zur Erhaltung der seelischen und körperlichen Gesundheit.

responsiv: auf die Aktion einer anderen Person reagierend.

Salutogenese: Im Gegensatz zur Pathogenese die Lehre von den körperlichen und seelischen Faktoren, die Gesundheit erhalten.

Schizophrenie: eine schwere psychiatrische Erkrankung, die u. a. als paranoide Psychose durch akustische und optische Halluzinationen sowie wahnhafte paranoide Denkinhalte (Verfolgungswahn) gekennzeichnet ist.

Shakti: (hind.) weibliche Urkraft, Bezeichnung der göttlichen Mutter.

Shiva: der Liebevolle. Er ist einer der Hauptgötter aus der hinduistischen Götter-Trinität (Brahma, Vishnu, Shiva).

signifikant: ein statistisch berechnetes Ergebnis einer Studie, das jenseits der Zufallswahrscheinlichkeit liegt.

Spiegelneuronen: Körperliche Ausdrucksformen in einem Subjekt aktivieren in einem anderen Subjekt die dazugehörigen Hirnaktivitäten. Beispiel: Ich lächle, und mein Gegenüber lächelt auch. Ich schlage im Sitzen die Beine übereinander oder verschränke die Arme, mein Gegenüber tut daraufhin das Gleiche. Der andere weint, und auch ich werde traurig, obwohl ich den Grund seines Weinens gar nicht kenne.

Sushumna: Hinduistischer Begriff. Er stellt eine der wichtigsten feinstofflich gedachten Nadis (Energiekanäle) in der Wirbelsäule dar.

Tapotement: ein Massagegriff = Klopfung, (vgl. Kapitel 4 – Praxis der Heilsamen Berührung).

taktil: der Berührungsreiz, den ich spüre, wenn jemand oder etwas mich berührt.

Trauma – traumatisch: Ein körperlicher oder seelischer Schaden, der u. U. langanhaltende seelische Störungen verursacht.

*Vegetatives (autonomes) Nervensystem: D*er Teil unseres Nervensystems, der unserer bewussten willkürlichen Steuerung entzogen und u. a. durch das Wechselspiel von Sympathicus und Parasympathicus bestimmt wird. Körperliche Reaktionen wie Erröten, Blutdruckanstieg, Schwitzen oder Durchfall sind dadurch ausgelöste Reaktionen.

Verblindung: Im Rahmen einer randomisierten klinischen Versuchsmethode, um den Probanden oder Patienten unwissend darüber zu lassen, welche Substanz sich in der jeweils ihm verabreichten Tablette, Spritze, Salbe etc. befindet.

Yoni: In der Sprache des Tantra Bezeichnung für die weiblichen Genitalien (vgl. Kapitel 9 – Die sinnlich-erotische Berührung).

Praktische Hinweise

Qualitätsmerkmale für Massagen und Körperbehandlungen

Je nachdem, in welchem Kontext eine Massage oder Körperbehandlung gewünscht wird, ergeben sich unterschiedliche Behandlungskriterien. Dennoch gelten grundlegende und allgemeine Qualitätsmerkmale:

Professionelle »Berührungsberufler« werden Sie immer nach gesundheitlichen Einschränkungen und nach einer evtl. Unverträglichkeit auf Massageöle befragen. Sie werden sich auch dafür interessieren, ob es Körperbereiche gibt, an denen Sie nicht massiert werden wollen. Es gibt Menschen, die überempfindlich auf Berührungen an den Fußsohlen oder auf dem Bauch reagieren, an Operationsnarben oder im Gesicht keine Berührung wünschen. Sie werden dafür sorgen, dass Sie sich von Anfang bis zum Ende Ihrer Behandlung gut betreut fühlen und stets dafür sorgen, dass Ihre Intimsphäre bewahrt bleibt.

Anwendungen in einem Spa-/Wellness- Hotel

Für ein entspannendes Wellnesserlebnis spielt das schöne und saubere Ambiente und die persönliche Fürsorge für den einzelnen Gast eine wichtige Rolle: Es gibt warme und kalte Getränke, frisches Obst, einen ansprechenden Wartebereich, Informationsmöglichkeiten über die Mitarbeiter und die angebotenen Anwendungen. In gut geführten Hotels werden die Therapeuten Sie mit einem zugewandten Händedruck, mit Namensnennung und ggf. mit Angabe Ihrer Berufsbezeichnung begrüßen sowie die oben aufgeführten Fragen an Sie stellen.

Im Behandlungsraum sollten Sie sich wohlfühlen: Ein warmer, sauberer Raum, der ansprechend eingerichtet und beleuchtet ist, sollte auch über eine Ablagemöglichkeit für Ihre Kleidung und Ihre Wertsachen verfügen, die Massagebank sollte mit einem speziellen Kopfteil ausgestattet sein, die Wäsche, auf der Sie liegen, sauber und wohlriechend. Achten Sie darauf, dass Ihnen ein Abdecktuch wie auch ein Massageslip bereitgelegt werden. Während der Massage gewährt Ihnen ein guter Therapeut die Berührungszeit und offeriert Ihnen kein Gesprächsangebot.

Ein erfahrener Therapeut wird Ihnen das Gefühl vermitteln, dass er sein Handwerk versteht, Ihnen empathisch begegnen, sodass Sie sich ihm anvertrauen können. Von Anfang bis zum Ende der Behandlung steht Ihr Wohlbefinden im Vordergrund. Dazu gehört auch die Nachsorge: eine kleine Nachruhezeit, das ungestörte Ankleiden, ein heißer Tee oder ein Glas frisches Wasser im Wartebereich. Die kurze Nachfrage, wie es Ihnen geht, rundet eine qualifizierte Körperbehandlung ab.

Praxen oder private Adressen

Wie bei allen Angeboten für professionelle Berührung gelten auch in Praxen oder privaten Studios die zuvor genannten Qualitätsmerkmale, die je nach Anwendung etwas variieren können. Bei einer physiotherapeutischen Behandlung mit einem Rezept werden die angenehmen Rituale des Verwöhnens reduzierter ausfallen als in einem Spa- oder Wellnesshotel oder einem privaten Wellness-Beauty-Studio.

Ein professioneller Therapeut wird Ihnen in den Zeitfenstern, die ihm zur Verfügung stehen, das Gefühl geben, dass Sie mit Ihren gesundheitlichen oder nach Entspannung suchenden Anliegen gut betreut sind und Sie sich ihm anvertrauen können. Das gilt auch für Studios, die sich auf einzelne Techniken spezialisiert haben, z. B. Thai-, Ayurveda- oder Lomi Lomi-Massagen.

Qualitätsmerkmale körpertherapeutischer Berührungsberufler erweitern sich durch die jeweilige qualifizierte Berufsausbildung. Hierzu steht Ihnen heute das Internet zur Verfügung, aus dem Sie gerade bei Angeboten selbstständiger Berührungsberufler Informationen erhalten können.

Berufsbezeichnungen

Masseur und Medizinischer Bademeister: Die Berufsbezeichnung Masseur und medizinischer Bademeister gilt in Deutschland für einen Gesundheitsfachberuf, in dem Therapien wie Massagen, Elektrotherapien oder Bäder zur Heilung oder Linderung bei Erkrankten angewendet werden. Ihre Tätigkeit erfolgt aufgrund fachärztlicher Verordnung durch niedergelassene Ärzte oder aufgrund von Therapieplänen in Krankenhäusern, Reha-Zentren und Kurheimen. Die Ausbildung und die Berufsbezeichnung sind in Deutschland seit 1994 durch das Masseur- und Physiotherapeutengesetz (MPhG) geschützt. Die Ausbildung erfolgt im Allgemeinen in privaten Schulen mit staatlicher Anerkennung.

Physiotherapeuten sind Personen, die einen Gesundheitsfachberuf erlernt haben und zur Ausübung der Physiotherapie befähigt sind. Auch für diesen Berufszweig regelt das Masseur- und Physiotherapeutengesetz (MPhG) in Deutschland seit 1994 die Ausbildung. Zu dem MPhG gehört eine Ausbildungs- und Prüfungsverordnung, die die dreijährige Ausbildung näher regelt. Sie umfasst derzeit 2900 Stunden theoretische und 1600 Stunden praktische Ausbildung. Der Theorie-Unterricht findet nur in staatlich zugelassenen Schulen statt. Der praktische Anteil wird teilweise in zugelassenen Praktikumseinrichtungen absolviert. Den Abschluss bildet eine staatliche Prüfung (Examen) mit schriftlichem, mündlichem und praktischem Teil.

Körpertherapeut: Körpertherapie bezeichnet Behandlungsmethoden zur Verbesserung von Körperhaltungen und Bewegungsabläufen. Je nach Methode werden spezielle manuelle Techniken, etwa wie bei der Massage oder der Physiotherapie, eingesetzt oder es werden Anleitungen zur Besserung der Körperhaltung und Bewegung gegeben. In fast allen Beschreibungen definierter Körpertherapiemethoden wird die Bedeutung psychosomatischer Wechselwirkungen betont, und es wird davon ausgegangen, dass die Körpertherapie positive psychische Veränderungen bewirkt. Im Unterschied zur Körperpsychotherapie sind körpertherapeutische Behandlungen aber nicht grundsätzlich in ein bestimmtes psychotherapeutisches Konzept eingebettet.

Die Bezeichnungen Körpertherapeut und Körpertherapie sind in Deutschland nicht geschützt. Körpertherapie als Selbsterfahrung und als Instrument zur Selbstentwicklung unterliegt keiner Beschränkung der Ausübung.

Einige körpertherapeutische Methoden seien hier als Beispiel kurz genannt: (siehe auch Kapitel Praxis der Heilsamen Berührung)

- Akupunktur-Massage nach Penzel – eine der chinesischen Akupunktur nahestehende Meridian-anregende Technik.
- Alexander-Technik von Frederick Matthias Alexander – Eine Lehrmethode, mit welcher der Schüler lernt, seine Haltungs- und Bewegungsgewohnheiten zu beobachten und zu analysieren und körperlich dysfunktionale Gewohnheiten abzulegen.

- Feldenkrais-Methode von Moshé Feldenkrais – Eine körperorientierte Lernmethode, anhand derer man sich mehr über den eigenen Körper und seine Bewegungsmuster bewusst werden kann.
- Biodynamische Psychologie nach Gerda Boyesen.
- Esalen-Massage – Eine ganzheitliche Form von spezieller Massage und Körperarbeit, die am Esalen-Institut in Kalifornien entwickelt wurde.
- Eutonie von Gerda Alexander – Eine Körpertherapie bzw. Schulung mit dem Ziel, das Körperbewusstsein mittels Wahrnehmung in Ruhe und Bewegung zu verbessern. Körperliches und seelisches Wohlbefinden soll durch Spannungsausgleich hergestellt werden.
- Funktionelle Entspannung nach Marianne Fuchs – Körpertherapiemethode, bei der spezielle minimale Bewegungen einzelner Gelenke und bewusstes Atmen im Vordergrund stehen.
- Rolfing von Ida Rolf – Eine komplementärmedizinische manuelle Behandlungsmethode, die auch Strukturelle Integration genannt wird. Es handelt sich um eine Verbindung von Bindegewebsmassage und Körperarbeit. Die Methode hat Ähnlichkeit mit Rebalancing.
- Posturale Integration von Jack Painter vereinigt, ähnlich wie Rolfing, Bindegewebsarbeit mit Atemarbeit, Reichianische Körpertherapie, Energiearbeit und Elemente aus der Gestalt-Therapie. Es wird der Zusammenhang zwischen äußeren Haltungen (Posture) und inneren Haltungen erforscht.
- Shiatsu wurde in Japan entwickelt und ist aus der traditionellen chinesischen Massage Tuina hervorgegangen ist. Verschiedene Formen der energetischen Körperarbeit und manuellen Behandlungsmethoden werden im Shiatsu, »Fingerdruck«, kombiniert.

Bei Therapeuten, die ihr Können durch fachspezifische Ausbildungen und Erfahrungen begründen und immer wieder weiterentwickelt haben, wird sich diese über Jahre erworbene Kompetenz auch in ihren Honoraren widerspiegeln. Dabei soll nicht heißen, was teuer ist, ist auch gut. Zu allen genannten Qualitätsmerkmalen gehört ein wichtiger zusätzlicher Aspekt: Das ist Ihr Bauchgefühl, welches Ihnen eine Rückmeldung gibt, ob das Angebot für Sie richtig ist.

Aus- und Fortbildungsmöglichkeiten für Berührungsberufler

Auch die in diesem Buch beschriebenen Psychoaktiven Massagen gehören zu körpertherapeutischen Anwendungen. Eine Aus- bzw. Fortbildung in diesen speziellen Massagemethoden erhalten Sie bei den folgenden Ausbildern:

Psychoregulierende Massage

Fortbildungen hierzu werden ab 2019 in der Praxis von Sabine Baumgart, nahe Hamburg, in kleinen Gruppen durchgeführt. Der Kurs umfasst 25 Unterrichtseinheiten. Zusätzlich können Kurse in atmungsaktiven Massagen mit je 10 Unterrichtseinheiten gebucht werden. Die Fortbildung kommt vornehmlich für Teilnehmer mit abgeschlossener Berufsausbildung als Physiotherapeut oder Medizinischer Masseur in Frage. Sabine Baumgart: edelbaumgart@web.de

Slow Stroke® Massage

Fortbildungen in dieser Methode werden von Claudia Berg sowohl in Berlin als auch bundesweit für den Verband für Physikalische Therapie (VPT) und für andere Veranstalter angeboten. Die Technik der Slow Stroke® Massage wird an einem Wochenende, Freitag bis Sonntag, mit Zertifikatsabschluss vermittelt. Die Kurse sind im Allgemeinen für Interessenten konzipiert, die eine abgeschlossene Berufsausbildung als Physiotherapeut oder Medizinischer Masseur besitzen. Claudia Berg: www.slowstrokemassage.de

Vasana® Psychoaktive Massage

Die Ausbildung in dieser Methode wird von der Autorin, Gabriele Mariell Kiebgis, ausgeführt. Die Grundausbildung umfasst 120 Unterrichtsstunden und schließt mit einem Zertifikat ab. Voraussetzung für die Teilnahme sind fundierte Massagekenntnisse. Die Ausbildung richtet sich an Körpertherapeuten und andere Berührungsberufler. Vorbereitende Grundmassagekurse sowie Zusatzmodule zum Einstieg oder als Spezialisierung für die Psychoaktive Massage sind möglich. Gabriele Mariell Kiebgis: www.koerpertherapie-am-bodensee.de

Weiterführende Literatur

Die folgenden ausgewählten Bücher sind geeignet, einige Aspekte, die in diesem Buch angesprochen wurden, für den interessierten Leser zu verbreitern und zu vertiefen. Vollständigkeit ist nicht angestrebt. Nur in einzelnen Fällen, wo die Buchbeschaffung etwas schwierig sein könnte, z. B. bei Eigenverlagen, nennen wir die ISBN-Nummer. Ältere Bücher sind häufig über die Internetadresse ZVA antiquarisch erhältlich.

Berührung und einzelne Massage-Techniken sowie körpertherapeutische Übungen

Karin Schutt: Massagen – einfach und wirkungsvoll. 2007, Gräfe und Unzer Verlag GmbH, München

Klaus Renn: Dein Körper sagt dir, wer du werden kannst, Focusing – Weg der inneren Achtsamkeit, 2006, Herder, Freiburg im Breisgau

Thea Rytz: Körpertherapeutische Übungen zur Achtsamkeit im Alltag, 2007, Huber Verlag, Bern

Tiffany Field: Touch, 2001 The MIT Press, Cambridge, London (in englischer Sprache)

Wissenschaftliche Grundlagen

Martin Grunwald: Homo hapticus. Warum wir ohne Tastsinn nicht leben können. 2017. Droemer Verlag, München

Maja Storch, Benita Cantieni, Gerald Hüther, Wolfgang Tschacher: Embodiment. Die Wechselwirkung von Körper und Psyche verstehen und nutzen. 2. Auflage 2011, Verlag Hans Huber, Bern

Ashley Montagu: Körperkontakt. Die Bedeutung der Haut für die Entwicklung des Menschen. 10. Auflage, 2000, Klett-Cotta, Stuttgart

Håkan Olausson, Johan Wessberg, India Morrison, Francis McGlone (Hsgb.): Affective touch and the neurophysiology of CT afferents. 2016, Springer Science Business Media, New York (in englischer Sprache)

Kerstin Uvnäs Moberg: Oxytocin, das Hormon der Nähe. Gesundheit – Wohlbefinden – Beziehung. 2016, Springer Verlag, Berlin-Heidelberg

Tantra, Erotik

Margot Anand: Ekstase für jeden Tag. Der Weg zum tantrischen Lebensgefühl. 1999, Wilhelm Heyne Verlag, München.

Andro: Berühre mich. Anregungen für erotische Massagen. 1998, H. Nietsch. ISBN: 9783929475197. Eine überarbeitete Ausgabe dieses Standardwerks ist erschienen bei Amantara GmbH: Andreas Rothe alias Andro: Die Tantramassage nach Andro. ISBN: 978-3-033-05031-0

Ulrike Kleynmans-Nemeth und Malte Burdekat: Hingabe und Auflösung. Orgasmus als Reset im Gehirn. 2017, Ulrike Kleynmans-Surholt. ISBN: 978-3-00-056564-9

David Schnarch: Intimität und Verlangen. 2011, J. G. Cotta'sche Buchhandlung, Stuttgart

Tango-Argentino

Guillermo Bruzzero und Ana Vela: Tango, Colecciones für Tanzende … fa(s)t alles. 2008, Books on Demand GmbH, Norderstedt, ISBN-13: 9783837074390

Körperpsychotherapie

Ulfried Geuther: Körperpsychotherapie. 2015, Springer Verlag, Berlin

Ron Kurtz: Hakomi. Eine körperorientierte Psychotherapie, 2002, Kösel Verlag, München

Quellenverzeichnis

Ackerman, JM; Nocera,CC; Bargh, JA: Incidental haptic sensations influence social judgements and decisions. (2010) Science 328:1712–1715

Adler, Y: Hautnah. Alles über unser größtes Organ. (2016) Droemer Verlag, München

Alm, E; Benseler, P; Ayhac, D: www.chef.one

Andro: Berühre mich. Anregungen für erotische Massagen. (1993) Verlag Gesundheit, Berlin, http://www.tantramassage-andro.de

Antonovsky, A: Health, stress and coping. (1979) Jossey-Bass, San Francisco

Antonovsky, A and Sagy, S: The development of a sense of coherence and its impact on responses to stress situations. (1986) J Social Psychology 126: 213–225

Antonovsky, A und Franke, A: Salutogenese. Zur Entmystifizierung der Gesundheit. (1997) Dgvt Verlag, Tübingen

Anzieu, D: Das Haut-Ich. (1991) Suhrkamp Verlag, Frankfurt

Aries, P und Duby, G (Hsgb.): Geschichte des privaten Lebens. 2. Auflage (1992) Bd.4. S. Fischer Verlag, Frankfurt a.M.

Assmann, K: Lomi-Lomi. Die Tempelmassage aus Hawaii. (2014) AURUM Mediengruppe, Kamphausen

Ballner, M: Streichelmassage für Katzen. (2000) Franckh-Kosmos Verlag, Stuttgart. ISBN 9783440076514

Baumgart, S; Müller-Oerlinghausen, B; Schandera, CFG: Wirksamkeit der Massagetherapie bei Depression und Angsterkrankungen sowie bei Depressivität und Angst als Komorbidität. Eine systematische Übersicht kontrollierter Studien. (2011) Phys Med Rehab Kuror 21: 167–182

Baumgart, SB: Psychoaktive Massage und Atemtherapie, Konzept und Fallbericht. (2008) Physikalische Therapie, 6: 718–724

Baumgart, SB: Wirkung psychoregulativer Massagetherapie auf Schmerz und Depressivität bei Frauen mit chronischem und/oder somatoformem Rückenschmerz. Eine randomisierte Studie im ambulanten Bereich. (2018) Dissertationsarbeit. Eingereicht bei Medizinische Fakultät der Martin-Luther-Universität Halle-Wittenberg

Beider, S and Moyer, CA: Randomized controlled trials of pediatric massage: A review. (2007) Advance Access Publication. eCAM 4:23–34.doi: 10.1093/ecam/nel1068

Benthien, C und Wulf, C (Hsgb.): Körperteile. Eine kulturelle Anatomie. (2001) Rowohlt Taschenbuch Verlag, Hamburg

Ben-Tovin, DI; Walker, K; Gilchrist, P et al.: Outcome in patients with eating disorders: A 5-year study. (2001) Lancet 357:1254-1257

Berg, C; Müller-Oerlinghausen, B: Slow Stroke®Massage. (2015) In: Reichert, B (Hrsg) a.a.O.

Berg, C; Droll, W; Müller-Oerlinghausen, B: Slow Stroke®Massage bei Patienten mit verschiedenen psychiatrischen Störungen – ein Erfahrungsbericht. (2007) Physikal Therapie 28: 153–156

Berndt, C: Resilienz. Das Geheimnis der psychischen Widerstandskraft. (2013) dtv, München

Bienstein, C und Fröhlich, A: Basale Stimulation in der Pflege. (2003), Kallmeyer-Verlag, Seelze

Bierhoff, HW und Grau, I: Romantische Beziehungen: Bindung, Liebe, Partnerschaft. (1999) Huber Verlag, Bern. Zitiert nach: Henrik Walter: Liebe und Lust. Ein intimes Verhältnis und seine neurobiologischen Grundlagen. (2003) In: Buschlinger und Lütke (Hsgb.): Kaltblütig. Hirzel Verlag, Stuttgart. S.330–390

Bjornsdotter, M; Morrison, I; Olausson, H: Feeling good: or the role of C fiber mediated touch in interoception. (2010) Exp Brain Res 207: 119–155

Black, S; Jacques, K; Webber A et al.: Chair massage for treating anxiety in patients withdrawing from psychoactive drugs. (2010) J Altern Complement Med 16: 979–987

Bost, N and Wallis, M: The effectiveness of a 15 minute weekly massage in reducing physical and psychological stress in nurses. (2006) Austral J Advanced Nursing 23: 28–33

Boyesen, G: Gesellschaft für biodynamische Psychologie und Körperpsychotherapie: http://www.gbpev.de/was-ist-die-biodynamik/nachruf-gerda-boyesen/

Boyesen, G: Über den Körper die Seele heilen. (1987) Kösel-Verlag, München

Brainthwaite S, Holt-Lunstad J: Romantic relationships and mental health. (2017) Curr Opin Psychol 13: 120–125

Brand, LR; Munroe, D; Gavin, J: The effect of hand massage on preoperative anxiety in ambulatory surgery patients. (2013)AORN Journal, 97: 708–717

Bremmer, AJ; Spence, C: The development of tactile perception. (2017) Adv Child Dev Behav 52: 227–268

Broocks, A: Körperliche Aktivität und psychische Gesundheit. (2000) Steinkopf Verlag, Darmstadt

Brosig, B und Gieler, U (Hsgb.): Die Haut als psychische Hülle. (2004) Psychosozial Verlag, Gießen

Brown, GE; Malakout,i M; Sorenson, E et al.: Psychodermatology. (2015) In: Balon R and Wise TN (Hsgb.): Clinical challenges in the biopsychosocial interface. Update on psychosomatics for the 21st century. AdvPsychosom Med Vol 34: 123–134, Karger Verlag, Basel

Büntig, W: Wie nutze ich meine Potenziale?, Seminarmitschnitt: Die Wirklichkeit der Seele, Garmisch-Patenkirchen. (2006) Auditorium Netzwerk, Müllheim, www.auditorium-netzwerk.de

Cassileth, BR and Vickers, AJ: Massage therapy for symptom control: Outcome study at a major cancer center. (2004) J Pain and Symptom Management 28: 244–249

Chou, R; Deyo, R; Friedly, J et al.: Non pharmacologic therapies for low back pain: A systematic review for an American College of Physicians clinical practice guideline. (2017) Ann Int Med 166 . doi: 10.7326/M16-2459

Cipriani,A; Furukawa, TA; Salandi, G et al.: Comparative efficacy and acceptability of 21 antidepressant drugs for the acute treatment of adults with major depressive disorder: a systematic review and network meta-analysis. (2018) Lancet 391:1357–1366

Coan, JA; Schaefer, HS; Davidson, RJ: Lending a hand: social regulation of the neural response to threat. (2006) Psychol Sci 17: 1032–1039

Coelho, HF; Boddy, K; Ernst, E: Massage therapy for the treatment of depression: a systematic review. (2008) Int J Clin Pract 62: 325–333

Cole, JD; Bushnell, MC; McGlone, F et al.: Unmyelinated tactile afferents underpin detection of low-force monofilaments. (2006) Muscle Nerve 34: 105–107

Craig, AD: How do you feel ? Interoception: The sense of the physiological condition of the body. (2002) Nature Rev Neuroscience 3: 655–666

Croy, I; Sehlstedt, I; Wasling, HB et al.: Gentle touch perception: From early childhood to adolescence. (2017) Dev Cogn Neuroscidoi: 10.1016/j.dcn.2017.07.009

Crusco, AH und Wetzel, CG: The Midas touch: The effects of interpersonal touch on restaurant tipping. (1984) Personality and Social Psychology Bull. 10: 512–517

Damasio, AR: Descartes Irrtum. Fühlen, Denken und das menschliche Gehirn. (2004). List Verlag, Berlin

Damasio, AR: Ich fühle, also bin ich. Die Entschlüsselung des Bewusstseins. 6.Auflage. (2006) List Verlag, Berlin

Damasio, AR: Selbst ist der Mensch. Körper. Geist und die Entstehung des menschlichen Bewusstseins. (2011) Siedler Verlag, München

Darabpour, S; Kheirkhah, M; Ghasemi, E: Effects of Swedish massage on the improvement of mood disorders in women with breast cancer undergoing radiotherapy. (2016) Iran Red Crescent Med J 18: e25461. Doi: 10.5812/ircmj.25461

Der Koran. Übersetzung von Rudi Paret. 2. Auflage (1980). Verlag W. Kohlhammer, Stuttgart, Berlin

Deutsche Gesellschaft für Baby- und Kindermassage e.V., Babymassage, www.dgbm.de

DGPPN, BÄK, KBV, AWMF: S3-Leitlinie/Nationale VersorgungsLeitlinie Unipolare Depression. Kurzfassung/Langfassung. 2. Auflage (2017) www.depression.versorgungsleitlinien.de

Dürckheim: Gespräch mit Andreas Krüger und der ZeitschriftKGS, Körper-Geist-Seele, http://andreaskruegerberlin.de/praxis/leibarbeit/

Durlik, C and Tsakiris, M: Decreased interoceptive accuracy following social exclusion. (2015) Int J Psychophysiol 96: 57–63

Eggart, M; Lange, A Binser, M et al.: Major depressive disorder is associated with impaired interoceptive accuracy: A systematic review and clinical implications. (2018) in Vorb.

Ekmekcioglu, C: Das Glück der Berührung. Halt und Geborgenheit finden durch Zärtlichkeit. (2016) Verlag Herder, Freiburg im Breisgau

Ernst, E; Rand, JL; Stevinson, C: Complementary therapies for depression: An overview. (1998) Arch Gen Psychiatry 55: 1026–1032

Fava, GA und Linden, M: Wohlbefindenstherapie (Well-being therapy) In: Linden M und Hauzinger M (Hsgb.): Verhaltenstherapiemanual (2011) Springer Verlag, Berlin-Heidelberg, S. 477–482

Feldman, R: Mother-infant skin-to-skin contact (Kangaroo Care). Theoretical, clinical and empirical aspects. (2004) Infants Young Child 17: 145–161

Fernández-Lao, C; Cantarero-Villanueva, I; Diaz-Rodriguz, L et al.: Attitudes towards massage modify effects of manual therapy in breast cancer survivors: a randomized clinical trial with crossover design. (2012) Eur J Cancer Care 21: 233–241

Feuerbach, J: Beziehung, die man tanzen kann, www.feuerbach.biz

Field, T: Touch (2001) MIT Press, Cambridge, London

Field,T; Seligman, S; Scafifi, F et al.: Alleviating posttraumatic stress in children following hurricane Andrew. (1996) J Appl Dev Psychol 17:37–50

Field, T: Touch for socioemotional and physical well-being. A review. (2010) Development Rev 30: 367–383

Field, TM: Massage therapy effects. (1998) American Psychologist 53: 1270–1281

Fogel, A: The psychophysiology of self-awareness. Rediscovering the lost art of body sense. (2009) Norton, New York. (dt. Selbstwahrnehmung und Embodiment in der Körperpsychotherapie. (2013) Schattauer Verlag, Stuttgart)

Fröhlich, A: Zu früh für diese Welt. Zeitschrift für Heilpädagogik, (1997) Heft 5, S.178–183

Fromm, E: Haben oder Sein. Die seelischen Grundlagen einer neuen Gesellschaft. (1980) dtv, München

Fuchs, T: Coenaesthesie: Zur Geschichte des Gemeingefühls. (1995) Zschr Klin Psychologie, Psychiatrie und Psychotherapie 43: 103–112

Fuchs, T: Kopf oder Körper. Dem Ich auf der Spur. (2014a) Ruperto Carola Nr. 5 (Nov.) 18–23

Fuchs, T: Körper-haben oder Leib-sein. (2011) Scheidewege. Jahresschrift für skeptisches Denken 41: 122–137

Fuchs, T: Verkörperte Emotionen – Wie Gefühl und Leib zusammenhängen. (2014 b) Psychol Med 25: 13–20

Furlan, AD; Brosseau, L; Imamura, M; Irvin, E: Massage for back pain (Review) (2008) The Cochrane Collaboration. John Wiley & Son Ltd.

Gallace, A und Spence, C: The science of interpersonal touch: An overview. (2008) Neurosci Biobehav Rev 34: 246–259

Garg, A; Chren, MM; Sands, LP et al.: Psychological stress perturbs epidermal permeability barrier homeostasis. (2001) Arch Dermatol137: 53–59

Gendlin, E: Experiencing and the Creation of Meaning. 2. Aufl. (1997) Northwestern University Press., Evanston

Gerson, J: Oeuvres complètes. (1960–1973) 10 Bde. Palémon Glorieux, Paris. Vgl. http://www.prophecyfilm.com/german/kusse-und-beruhrungen.php

Geuther, U: Körperpsychotherapie. Grundriss einer Theorie für die klinische Praxis. (2015) Springer Verlag, Berlin-Heidelberg

Goldstein, P; Weissman-Fogel, I; Dumas, G et al.: Brain-to brain coupling during handholding is associated with pain reduction. (2018) Proc Natl Acad Sci USA 115: e528–e537

Gray, PB; Yang, CF; Pope, HG: Fathers have lower salivary testosterone levels than unmarried men and married non-fathers in Beijing. (2006) Proc BiolSci 273: 333–339

Grunwald, M: Homo hapticus, Warum wir ohne Tastsinn nicht leben können. (2017) Droemer Verlag, München

Grunwald, M und Beyer, L (Hsgb.): Der bewegte Sinn. Grundlagen und Anwendungen zur haptischen Wahrnehmung. (2001) Birkhäuser Verlag, Basel (Schweiz)

Guéguen, N: The effect of a woman's incidental tactile contact on men's later behavior. (2010) Social Behavior and Personality 38:257–266

Guéguen, N: Courtship compliance: The effect of touch on women's behavior. (2007) Social Influence 2:81–97

Gulledge, AK; Gulledge, M; Stahmann, RF: Romantic physical affection types and relationship satisfaction. (2003) Am J Family Therap 31:233 –242

Gupta, MA; Schork, NJ; Gupta, AK et al.: Suicidal ideation in psoriasis. (1993) Int J Dermatol 32: 188–190

Hagin, KE: Die Salbung, Persönliche Salbung, Salbung der Dienstgaben, Gemeinsame Salbung, 4. Auflage. (2006) Durchbruch-Verlag, Augsburg

Hallgren, M; Helgadottir, B; Hering,MP et al.: Exercise and internet-based cognitive behavioural therapy for depression: A multicenter randomised controlled trial with 12-month follow-up. (2016) Brit J Psychiatry 209: 414–420

Hamre, HJ; Witt, CM; Glockmann, A: Anthroposophic therapy for chronic depression: a four-year prospective cohort study. (2006) BMC Psychiatry, doi: 10.1186/1471-244X-6-57

Hamre, HJ; Witt, CM; Glockmann, A et al.: Rhythmical massage therapy in chronic disease: A 4-year prospective cohort study. (2007) J Altern Complement Med 13:635–642

Harlow, HF: The nature of love. (1958) American Psychologist 13: 673-685

Harlow, HF und Zimmermann, RR: The development of affectional response in infant monkeys. (1958). Proc. Am PhilosophSoc 102: 501–509

Heimann, H (Hsgb.): Anhedonie. Verlust der Lebensfreude. Ein zentrales Phänomen psychischer Störungen. (1990) Gustav Fischer Verlag, Stuttgart, New York

Herbert, BM und Pollatos, O: Interozeptive Sensitivität, Gefühle und Verhaltensregulation. (2008) Zschr Neuropsychol 19: 125–137

Herring, MP; Puetz,TW; O'Connor, PJ et al.: Effect of exercise training on depressive symptoms among patients with a chronic illness. (2012) Arch Int Med 172:101–111

Hertenstein, M; Verkamp, JM; Kerestes, AM et al.: The communicative functions of touch in humans, nonhuman primates and rats: A review and synthesis of the empirical research. (2006) Genetic, Social and General Psychology Monographs 132: 5–94

Hertenstein, MJ; Keltner, D; App, B et al.: Touch communicates distinct emotions. (2006) Emotion 6: 528–533

Hollis, M: Therapeutische Massage. (2000) Urban & Fischer Verlag, München

Holt-Lunstad, J; Smith, TB; Baker, M et al.: Loneliness and social isolation as risk factors for mortality: a meta-analytic review. (2015) Perspect Psychol Sci 10: 227–237

Holt-Lunstad, J; Birmingham, WA; Light, KC: Influence of »warm touch« support enhancement intervention among married couples on ambulatory blood pressure,oxytocin,alpha amylase and cortisol. (2008) Psychosom Med 70: 976–985

Holt-Lunstad, J; Smith, TB; Layton, JB: Social relationships and mortality risk: a meta-analytic review. (2010) doi: 10.1371/journal.pmed.1000316 PLOS Med.

Hüther, G: Mein Körper – das bin doch ich. Die neurobiologische Verankerung früher Körpererfahrungen. (2010b) Vortrag auf der Jahrestagung der MEG. CD. MEG10-V2C. info@auditorium-netzwerk.de

Hüther, G: Wie Embodiment neurobiologisch erklärt werden kann. In: Storch, M et al. (Hsgb.): Embodiment. Die Wechselwirkung von Körper und Psyche verstehen und nutzen. (2010a) 2. Aufl. Huber Verlag, Bern

Hüther, G und Krens, I: Das Geheimnis der ersten neun Monate. Unsere frühesten Prägungen. (2005) Patmos Verlag, Düsseldorf-Zürich

Jan@wortuose, (2014): https://www.tollabea.de/wenn-man-kuschelt-repariert-man-sich-gegenseitig-ein-tweet-direkt-ins-herz/

Joensson, EH; Wasling, HB; Wagenbeck, V et al.: Unmyelinated tactile cutaneous nerves signal erotic sensations. (2015) J Sexual Med 6: 1338–1345

Johnson, DH: Intricate tactile sensitivity. A key variable in western integrative bodywork. (2000) In: Mayer EA and Saper CB (Eds.) The Biological Basis for Mind Body Interactions S. 479–490, Elsevier, Amsterdam

Kafka, F: Die Verwandlung. (1988) Fischer Taschenbuch Verlag, Frankfurt a.M.

Keleman, S: Verkörperte Gefühle. Der anatomische Ursprung unserer Erfahrungen und Einstellungen (1992), Kösel Verlag, München

Kessler, RC; Soukup, J; Davis RB et al.: The use of complementary and alternative therapies to treat anxiety and depression in the United States. (2001) Am J Psychiatry 158: 289–294

Kiebgis, GM: Handbuch zur Technik der psychoaktiven Massage, (2018), www.vasana.de

Kiebgis, GM; Eggart, M; Thormählen, C; Müller-Oerlinghausen, B: Psychophysische Kurzzeit-und Langzeiteffekte einer einmaligen Massageanwendung. Ergebnisse einer naturalistischen Studie. (2018) Phys Med Rehab Kuror. Advanced online publishing. doi: 10.1055/s-0043-124471

Kirsch, LP; Krahé, C; Blom, N et al.: Reading the mind in the touch: Neurophysiological specificity in the communication of emotions by touch. (2017) Neuropsychologia doi.org/10.1016/j.neuropsychologia.2017.05.024

Koo, J and Lebwohl, A: Psychodermatology: the mind and skin connection. (2001) Am Fam Physician 64: 1873–1878

Küchenhoff, J.: Zur kommunikativen Funktion psychogener Körperstörungen. (1992). Zschr. Psychosomat Med Psychoanalyse 38: 240–250

Lee, HJ; Macbeth, AH; Pagani, J; Young, WS: Oxytocin: The great facilitator of life. (2009) ProgNeurobiol 88: 127–151

Legrand, D.: Subjective and physical dimensions of bodily self-consciousness, and their disintegration in anorexia nervosa (2010). Neuropsychologia, 48, 726–737.

Liljencrantz, J and Olausson, H: Tactile C fibers and their contributions to pleasant sensations and to tactile allodynia. (2014) Front BehavNeurosci 8: 37 .doi: 10.3389/fnbeh.2014.00037

Lindström, B; Eriksson, M: Salutogenesis. (2005) J Epidemiol Community Health 59: 440–442

Listing, M; Krohn, M; Liemann, C et al.: The efficacy of classical massage on stress perception and cortisol following primary treatment of breast cancer. Arch Women Ment Health 13: 165–173

Listing, M; Reißhauer, A; Krohn, M et al.: Massage therapy reduces physical discomfort and improves mood disturbances in women with breast cancer. (2009) Psycho-Oncology 18: 1290–1299

Lowen, A: Bioenergetik. Therapie der Seele durch Arbeit mit dem Körper. (1995) Rowohlt Verlag, Reinbek

Marlock, G. und Weiss, H. (Hsgb.): Handbuch der Körperpsychotherapie. (2006) Schattauer, Stuttgart, New York

Massey, SH; Backes, KA; Schuette, SA: Plasma oxytocin concentration and depressive symptoms: A review of current evidence and directions for future Research. (2016) Depress Anxiety 33: 316–322

Masson, HL und de Beeck, HO: Socio-affective touch expression database. (2018) PLOS one, doi.org /10.1371/journal.pone 0190921

McGlone, F; Wessberg, J; Olausson, H: Discriminative and affective touch: Sensing and feeling. (2014) Neuron 82:737–755

Meyer, A: Sanfte Schmetterlingsmassage. (2015), Info3-Verlagsgesell schaft Brüll und Heisterkamp, Rinteln

Meyer, T und Broocks, A: Therapeutic impact of exercise on psychiatric diseases. Guidelines for exercise testing and prescription. (2000) Sports Med 30: 269–279

Montagu, A: Körperkontakt. Die Bedeutung der Haut für die Entwicklung des Menschen. 10. Auflage. (2000) Klett-Cotta, Stuttgart

Moyer, CA: Affective massage therapy. (2008) Int J Massage Bodywork 1: 3–5

Moyer, CA; Rounds, J; Hannum, JW: A meta-analysis of massage therapy research. (2004) Psychol Bull 130: 3–18

Müller-Oerlinghausen, B; Berg, C; Droll, W: Die Slow Stroke® Massage – ein körpertherapeutischer Ansatz bei Depressionen und anderen psychiatrischen Störungen. (2008) In: Wollschläger M (Hsgb.) Hirn – Herz-Seele – Schmerz. Psychotherapie zwischen Neurowissenschaften und Geisteswissenschaften. Dgvt Verlag, Tübingen.

Müller-Oerlinghausen, B; Berg, C; Scherer, P et al.: Wirkungen einer »Slow Stroke«-Massage als komplementäre Therapie bei stationären depressiven Patienten. Ergebnisse einer kontrollierten Studie. (SeSeTra) (2004) Dtsch Med Wochenschr 129: 1363–1368

Müller-Oerlinghausen, B: Psychische Effekte von Massage und ihre klinische Wirksamkeit, in Reichert, B (Hrsg) a.a.O.

Müller-Oerlinghausen, B; Kiebgis, GM: Ich fühle, also bin ich. (2017) Deutsche Hebammen Zeitschrift (2): 18–21

Munk, N; Zanjani, F: Relationship between massage therapy usage and health outcomes in older adults. (2011) J Bodywork Movement Ther, 15: 177–185

Ni,C and Chiu, MW: Psoriasis and comorbidities: Links and risks. (2014) ClinCosmetInvestigDermatol 7: 119–132

Niemeier, V; Peters E; Gieler, U: Skin-Picking-Syndrom. (2015) Hautarzt 66: 781–792

Nietzsche, F: Also sprach Zarathustra. (1910) Kröner, Leipzig

Olausson,H; Wessberg, J; Morrison, I et al.: The neurophysiology of unmyelinated tactile afferents. (2010) Neurosci Biobehav Rev 34: 185–191

Olausson, H; Wessberg, J; Morrison, I; McGlone, F (Hsgb.): Affective touch and the neurophysiology of CT afferents. (2016) Springer Science and Business Media, New York.

Osho: Die tantrische Vision. Weisheit, Liebe, Spontaneität und Sex. (2006), Edition Innenwelt, Köln

Osho: Rajneesh Chandra Mohan Jain:www.osho.com

Özuguz, F und Özuguz, M: Faszination Frau im Islam. Wir berühren nicht jeden. In: Enzyklopädie des Islam. htpp://www.eslam.de/manuskripte/buecher /faszination_frau_im_islam

Painter, J: Forum Körpertherapie. http://www.forum-koerpertherapie.de/html/pi.html Technical Manual of Deep Wholistic Bodywork, Postural Integration, (1984)

Pennac, D: Der Körper meines Lebens (2015) Kiepenheuer und Witsch, Köln

Peters RM: The effectiveness of therapeutic touch. A meta-analytic review. (1999) Nursing Science Quarterly, 12: 52–61

Pinniger, R; Brown, RF; Thorsteinsson, EB: Argentine tango dance compared to mindfulness meditation and a waiting-list: A randomised trial for treating depression. (2012) Complement Ther Med 20, 377–384

Pollak, B: Geschichte der Massagepraxis. (2015) In: Reichert, B (Hrsg) a.a.O.

Proust, M: Auf der Suche nach der verlorenen Zeit. Bd.10: Die wiedergefundene Zeit. (1979) Suhrkamp Verlag, Berlin

Purohit, MP; Zafonte, RD; Sherman, LM et al.: Neuropsychiatric symptoms and expenditure on complementary and alternative medicine. (2015) J Clin Psychiatry, 76: e870–e876

Ramm, PM: Beichtspiegel. Praktische Beichthilfe für Erwachsene. 1. Aufl.o.J. Erhältlich über email: p.ramm@fssp.ch

Reich, W: Charakteranalyse. (1975) Fischer-Taschenbuchverlag, Frankfurt am Main. Erstausgabe im Selbstverlag, 1933, Charakteranalyse. Technik und Grundlagen.

Reichert, B (Hsgb.): Massage-Therapie, Physiolehrbuch. (2015), Thieme Verlag, Stuttgart

Rodriguez-Vallecillo, E und Woodbury-Farina, MA: Dermatological manifestations of stress in normal and psychiatric populations. (2014) PsychiatrClin N Am 37: 625–651

Röhricht, F: Körperorientierte Psychotherapie psychischer Störungen. (2000) Hogrefe Verlag für Psychologie, Göttingen, Bern.

Röhricht, F und Priebe, S: Das Körpererleben von Patienten mit einer akuten paranoiden Schizophrenie. (1996) Nervenarzt, 67, 602–607.

Rudolf, G: Strukturbezogene Psychotherapie. Leitfaden zur psychodynamischen Therapie struktureller Störungen. 2. Aufl. (2006) Schattauer Verlag. Stuttgart

Rytz, T: Bei sich und in Kontakt. Körpertherapeutische Übungen zur Achtsamkeit im Alltag. (2007) Hans Huber Verlag, CH-Bern

Sack, M und Lamprecht, F: Kohärenzgefühl und Salutogenese: Aron Antonovskys Konzept gesundheitsprotektiver Ressourcen. (1998) Handbuch der Salutogenese. Konzept und Praxis. Ullstein Medical Wiesbaden. S. 325–356

Safranski, R: Nietzsche. Biografie seines Denkens. (2000) Carl Hanser Verlag, München

Saint-Exupéry, A de: Flug nach Arras. (1955) Karl Rauch Verlag, Düsseldorf.

Sartre, JP: Das Sein und das Nichts. (1993) Rowohlt, Hamburg. (Die französ. Originalausgabe erschien 1943).

Scheler, M: Über Scham und Schamgefühl. (1913) In: Gesammelte Werke. Bd. 10. Francke Verlag, Bern. S. 67–154

Schleip, R; Findley, TW; Chaitow, L; Huijing, PA (Hsgb.): The tensional network of the human body. (2012) Elsevier Ltd, Edinburgh - London

Schmidt, R-B und Schetsche, M (Hsgb.): Körperkontakt. Interdisziplinäre Erkundungen. (2012) Psychosozial Verlag, Gießen.

Schwery, W: Der Stein des Weisen: Kundalini-Yoga und analytische Psychologie. (2008) In: Klein D und Weyerstraß H (Hsgb.): Jung heute. Verlag dieterklein.com, ISBN 978-3-937907-30-7

Serres, M: Die fünf Sinne. Eine Philosophie der Gemenge und Gemische. (1998) Suhrkamp Verlag, Frankfurt

Servan-Schreiber, D: Die neue Medizin der Emotionen. Stress, Angst, Depression: Gesund werden ohne Medikamente. (2004) Antje Kunstmann GmbH, München

Sharpe, PA; Williams, HG; Granner, ML: A randomised study of the effects of massage therapy compared to guided relaxation on well-being and stress perception among older adults. (2007) Complementary Therapies in Medicine 15: 157v163

Sheldrake, R: Der Wissenschaftswahn. Warum der Materialismus ausgedient hat. (2015) Droemer Knaur, München

Shulman, KR and Jones, GE: The effectiveness of massage therapy intervention on reducing anxiety in the workplace. (1996) J Appl Behav Sci 32: 160–173

Siemers, B: Wirkung einer konstanten Therapeuten-Patientenbeziehung am Beispiel einer Massagetherapie bei chronischem Schmerz. (2018). Masterarbeit an der Europa-Universität Viadrina Frankfurt (Oder) email: bsiemers@osteopathie-schule.de

Sloterdijk, P: Sphären - Eine Trilogie. Band 1: Blasen, Mikrosphärologie. (2004) Suhrkamp Verlag, Frankfurt/M.

Soden, K; Vincent, K; Craske, S et al.: A randomized controlled trial of aromatherapy massage in a hospice setting. (2004) Palliat Med 18: 87–92

Solomon, GF; Levine, S; Kraft, JK: Early experiences and immunity. (1968) Nature 220: 821–823

Spitzer, M: Einsamkeit. Die unerkannte Krankheit. (2018) Droemer Verlag, München

Spitzer, M: Narzissmus rauf, Empathie runter. Singularisierung in der Nervenheilkunde. (2017) Nervenheilkunde 36: 550–556

Stadler, G; Snyder, KA; Horn, AB et al.: Close relationships and health in daily life: a review and empirical data on intimacy and somatic symptoms. (2012) Psychosom Med 74: 398–409

Staunton, T. (Hsgb.): Body Psychotherapy. (2002) Taylor and Francis, New York.

Suvilehto, JT; Glerean, E; Dunbar, R et al.: Topography of social touching depends on emotional bonds beetween humans. (2015) Universität Oxford und Universität Aalto, Finnland. http://www.pnas.org/content/112/45/1381

Theunissen, M: Negative Theologie der Zeit. (1991) Suhrkamp Verlag, Frankfurt/M

Tsao, JCI: Effectiveness of massage therapy for chronic, non-malignant pain: A review. (2007) Evid Based Complement Alternat Med 4: 165–179

Unützer, J; Klap, R; Sturm, R et al.: Mental disorders and the use of alternative medicine: results from a national survey. (2000) Am J Psychiatry 157: 185–1857

Uvnäs-Moberg, K: Oxytocin may mediate the benefits of positive social interaction and emotions. (1998) Psychoneuroendocrinology 23: 819–835

Uvnäs-Moberg, K: Oxytocin, das Hormon der Nähe. (2016) Springer Spektrum, Berlin-Heidelberg

Uvnäs-Moberg, K und Prime, DK: Oxytocin effects in mothers and infants during breastfeeding. (2013) Infant 9: 201–206

Vallbo, AB; Olausson, H; Wessberg, J: Unmyelinated afferents constitute a second system coding tactile stimuli of the human hairy skin. (1999) Aps. doi.org/10.1152/jn. 1999.81.6.2753

Vallerand, IA; Lewinson, RT; Parsons, LM et al.: Risk of depression among patients with acne in the U.K.: a population – based cohort study. (2018) Brit J Dermatoldoi: 10.1111/bjd.16099 van Tilburg, MA; Chitkara, DK; Palsson, OS et al.: Audio-recorded guided imagery treatment reduces functional abdominal pain in children: A pilot study. (2009) Pediatrics 124: e890–e897

Von Knorring, AL; Söderberg, A; Austin, L; Uvnäs-Moberg, K: Massage decreases aggression in preschool children: a long-term study. (2008) Acta Paediatr 97: 1265–1269

Walker, SC; Trotter, PD; Swaney, WT et al: C-tactile afferents: Cutaneous mediators of oxytocin release during affiliative tactile interactions? (2017) Neuropeptides 64: 27–38

Weinberg, R; Jackson, A, Kolodny, K: The relationship of massage and exercise to mood enhancement. (1988) The Sport Psychologist 2: 202–211

Weydert-Bales, G: Die Effektivität von Therapeutic Touch im klinischen Bereich. Eine Literaturanalyse. Masterarbeit. (2013) Ebook, GRIN

Wilkens, L: Deine Treue hat dich geheilt. Studien über die Heilungsmacht Jesu und die apokalyptische Erwartung im Markusevangelium. (2011) Peter Lang GmbH Internationaler Verlag der Wissenschaften, Frankfurt a.M.

Wilkinson, SM; Love, SB; Westcombe, AM et al.: Effectiveness of aromatherapy in the management of anxiety and depression in patients with cancer: A multicenter randomized controlled trial. (2007) J Clin Oncology 25: 532–539

Winbeck, S: Berührt das Leben beginnen. Erfahrungsbericht. http://www.thaiyoga.de/blog/16-blog/149-beruerht-das-leben-beginnen-ein-erfahrungsbericht.html

Zivotofski, AZ and Haussdorff, JM: The sensory feedback mechanisms enabling couples to walk synchronously: An initial investigation. (2007) Neuroengineering and Rehabilitation 4: 28

Zotterman, Y: Touch, pain and tickling: an electrophysiological investigation on cutaneous sensory nerves. (1939) J Physiol 95: 1–28

Danksagung

Viele Menschen waren mit oder ohne ihr Wissen an der Entstehung dieses Buches beteiligt. Ihnen allen gilt unser herzlicher Dank. Karin Stuhldreier, Programmleiterin des Ullstein leben Verlags, hat uns in allen Phasen des Buches – von den ersten inhaltlichen Überlegungen an bis zu den einzelnen Kapiteln – mit ihrem erfahrenen Rat begleitet und uns Zuversicht auch in Phasen aufkommender Selbstzweifel gegeben. Ebenso möchten wir Stefan Linde danken, der angeregt durch eine Fernsehsendung uns erstmals vorgeschlagen hat, zum breiten Thema *Berührung* ein Buch zu schreiben und erste Konzepte im Detail mit uns diskutiert hat. Gehen wir in länger zurückliegende Zeiten, so denken wir insbesondere an Gisela Dietz, die uns und vielen anderen Interessierten die praktische Basis ganzheitlicher sensitiver Massagen erstmals gelehrt hat. Auch die Teilnehmer an unseren gemeinsam veranstalteten Kursen und Seminaren haben uns immer wieder neue und lebenspraktische Anregungen zum Weiterdenken und -handeln gegeben. Und last but not least sind es die Klienten und Patienten, die in der praktischen körpertherapeutischen Arbeit oder auch innerhalb von wissenschaftlichen Studien uns ihre individuellen Erfahrungen mit heilsamer Berührung kommuniziert und sich für unsere Forschung zur Verfügung gestellt haben. Ohne sie hätten wir dieses Buch nicht schreiben können. Ganz besonders danken möchten wir Michael Eggart, der uns in vielfacher Hinsicht unterstützt und einen auf der Basis seiner intensiven Beschäftigung mit dem Interozeptionskonzept wichtigen Beitrag zu diesem Buch geliefert hat. Pf. Manon Althaus und Pf. Dr. Lorenz Wilkens sowie Dr. Klaus Mengel gaben wichtige Hinweise für die Bedeutung und Bewertung von Berührung in verschiedenen religiösen Bereichen. Ebenso danken wir Andrea Scholz, die uns die Ideenwelt des modernen Tantra aufgeschlüsselt hat. Michael Schäke hat uns mit seiner enormen fotografischen Begabung Wege geöffnet, unsere praktische Arbeit größeren Kreisen von Interessierten zugänglich zu machen.

Jeder von uns hat darüber hinaus seine eigenen dankbaren Gefühle gegenüber Personen, die unser individuelles berufliches und privates Leben bereichert und damit auch der Realisierung dieses Projektes geholfen haben. Sie seien deshalb in zwei getrennten Abschnitten genannt.

Großen Dank schulde ich meinen Eltern, die mich in einer unverkrampften, berührungsfreundlichen Atmosphäre haben aufwachsen lassen. Nacktheit war im Haus eines Bildhauers kein Tabu. Viel zu verdanken habe ich meinem beruflich veranlassten zweijährigen Aufenthalt in Thailand. Ich konnte all meine Sinne verfeinern und mein Verständnis von Sinnlichkeit entwickeln und erweitern. Ich gedenke mit großer Dankbarkeit meines zu früh verstorbenen Freundes Pf. Friedrich Karl Krause, der mir die Untrennbarkeit von Körper, Geist und Seele auf biblischem Grund hat vermitteln können. Claudia Berg, Tänzerin und Masseurin, war mir eine treue Begleiterin und Mitarbeiterin nicht nur in der Vorbereitung und Durchführung unserer großen Depressionsstudie, sondern auch in der Vermittlung unserer Ergebnisse an die Fachwelt und die allgemeine Öffentlichkeit. Der Verband für Physikalische Therapie (VPT) und insbesondere auch Bernhard Reichert, Leiter der Massageschule in Stuttgart-Fellbach, Sabine Baumgart und der verstorbene Bruno Blum, langjähriger Vorsitzender des VPT, haben unsere Arbeit von Anfang an mit lebhaftem Interesse wohlwollend aufgenommen und zur Anerkennung des Stellenwertes einer Psychoaktiven Massage innerhalb der deutschen Physiotherapie wesentlich beigetragen. Unbedingt genannt werden muss Paul Haslauer, langjähriger Direktor der Haslauer GmbH, der unermüdlich und mit bis heute nicht erlahmendem Erfindergeist an neuartigen Wellness-Methoden gearbeitet hat. In vielen Gesprächen haben wir die konzeptuellen Grundlagen echter Wellness miteinander diskutieren und unsere Vorstellungen erfahrenen Hoteldirektoren und Leitern großer Wellness-Institute vermitteln können. Dankbar bin ich auch den psychiatrisch tätigen Kollegen und Kolleginnen, die unsere Ergebnisse mit Interesse aufgenommen und diskutiert haben. Ich nenne stellvertretend für viele nur Prof. Paul Grof (Toronto), Prof. Michael Linden (Berlin) und Prof. Aleksandra Suwalka (Posen).

Und schließlich bedanke ich mich ganz besonders bei meiner Frau Renate, die meine vielen projektbedingten Abwesenheiten mit Geduld und Verständnis mitgetragen hat.

Bruno Müller-Oerlinghausen

Eine tiefe Verbundenheit und Dankbarkeit empfinde ich für meine vielen Ausbilder. Insbesondere Irmtraud und Anton Eckert. Sie haben mir mit liebevoller Zuwendung und Wertschätzung den Weg geebnet, meine Persönlichkeit und mein Talent zu entfalten. Sie zählen zu den wichtigsten Menschen in meinem Leben.

Verbunden und dankbar fühle ich mich mit Marius Enrico Hannig. Er hat mir die Möglichkeit geschenkt, meine Wahrnehmung über geistige Grenzen hinaus auszudehnen und dabei das vielfältige Panorama dahinter zu sehen.

Dankbar bin ich meinen Klienten, die mir Vertrauen schenken und sich von mir berühren lassen. Durch sie konnte ich mir ein umfangreiches Berührungsrepertoire und ein reichhaltiges Wissen aneignen. Dies macht es erst möglich, dass ich diese Erfahrungen auch an andere weitergeben kann.

Michaela und Janos Kocsis gebührt mein Dank, sie haben mir für meine Arbeit ihre Praxisräume vertrauensvoll zur Verfügung gestellt.

Ulrike Meffle begleitet kompetent und warmherzig die Ausbildungsgruppen. Sie hat mit Sorgfalt einige Kapitel dieses Buches durchgelesen und sich nicht gescheut, komplizierte Formulierungen mit Fragezeichen zu versehen.

In der Zeit des Schreibens haben mich Freunde unterstützt, denen ich an dieser Stelle auch einen Dank aussprechen möchte: Günter Stauß, Uschi Rapp, Renate Neitzert und Karla Rühle.

Einen Menschen möchte ich besonders nennen: Christian Schrot. Ich bin ihm in seinem letzten Lebensjahr begegnet. Durch ihn haben sich die losen Fäden der Erfahrungen von Berührung durch Massage gebündelt. Er hat mir nicht nur gezeigt, wie ich Ergebnisse schwarz auf weiß dokumentieren kann, sondern auch, dass im Abschied nur der Mut zur Trauer helfen kann, egal wie lange sie dauert.

Gabriele Mariell Kiebgis